Friedrich Dimmer

Die Photographie des Augenhintergrundes

Verlag
der
Wissenschaften

Friedrich Dimmer

Die Photographie des Augenhintergrundes

ISBN/EAN: 9783957004628

Auflage: 1

Erscheinungsjahr: 2015

Erscheinungsort: Norderstedt, Deutschland

Hergestellt in Europa, USA, Kanada, Australien, Japan
Verlag der Wissenschaften in Hansebooks GmbH, Norderstedt

Die Photographie

des

Augenhintergrundes.

Die Photographie

des

Augenhintergrundes.

Von

Dr. Friedrich Dimmer,

o. ö. Professor der Augenheilkunde und Vorstand der k. k. Universitäts-Augenklinik in Graz.

Mit 53 Figuren im Text und 15 Tafeln.

Wiesbaden.

Verlag von J. F. Bergmann.

1907.

Die Experimente sowie die Herstellung des Apparates wurden durch Subventionen der **kaiserlichen Akademie der Wissenschaften in Wien** gefördert.

Die Kosten für die Herstellung der diesem Buche beigehefteten Tafeln wurden mittels einer Subvention bestritten, welche die **Gesellschaft zur Förderung deutscher Wissenschaft, Kunst und Literatur in Böhmen** bewilligte.

Vorwort.

Die Versuche, den Augenhintergrund zu photographieren, haben mich seit dem Jahre 1897 beschäftigt. Es war der damalige, seither leider verstorbene Vorstand des physikalischen Instituts der Innsbrucker Universität, Professor Klemenčič, der mir die Hilfsmittel seines Instituts in liberalster Weise zur Verfügung stellte und mir, ebenso wie Professor P. Czermak, zu jener Zeit Professor der kosmischen Physik in Innsbruck, manchen Rat erteilte.

Nach meiner Übersiedlung nach Graz wurde ich in gleicher Weise von Prof. Klemensiewicz gefördert, in dessen Institut für allgemeine und experimentelle Pathologie ich meine Versuche fortsetzte. Bei der Bestimmung der Geschwindigkeit der Momentverschlüsse haben mich Hofrat Prof. Pfaundler und Prof. Zoth mit Rat und Tat unterstützt. Es ist mir eine Freude, allen diesen Herren für ihr kollegiales Entgegenkommen meinen wärmsten Dank zu sagen.

Als so endlich die Möglichkeit erwiesen war, auf dem eingeschlagenen Weg zu einem Ziel zu gelangen, erwuchs die weitere Aufgabe nach den einmal festgelegten Prinzipien einen Apparat konstruieren zu lassen, der die rasche und prompte photographische Abbildung des Augenhintergrundes ermöglichen sollte. Die Photographie des Augeninneren sollte ja nicht im physiologischen Laboratorium geübt, sondern in den Dienst der Klinik gestellt werden.

Wenn die Lösung dieser Aufgabe gelungen ist — und ich hoffe, dass der Leser des Buches diesen Eindruck gewinnen wird — so verdanke ich dies einzig und allein der Firma Zeiss in Jena, die sich in der tatkräftigsten Weise der Sache annahm. Besonders hat Herr Dr. A. Köhler viele Einzelheiten des Apparates angegeben, andere den von mir aufgestellten Anforderungen angepasst. Auf viele dieser Punkte — so das Beleuchtungsobjektiv, die Kondensorlinsen, das Stativ, die Einstelllupe, den Schaltapparat und anderes — werde ich im Verlaufe der Darstellung noch zurückkommen. Endlich hat durch freundliche Vermittelung des Kollegen Herrn Prof. Gullstrand Herr Dr. v. Rohr die Berechnung und Konstruktion eines ersten Abbildungsobjektivs übernommen und ausgeführt, wodurch der Apparat inbezug auf Schärfe der Bilder und gleichmässige Beleuchtung der Platten noch weiter vervollkommnet wurde. So fühle ich mich verpflichtet, wie bei meinen früheren Publikationen über diesen Gegenstand, nun auch an dieser Stelle, der Firma Zeiss und deren Mitarbeitern meinen besten Dank abzustatten.

Viel verdanke ich ferner der Munifizenz gelehrter Gesellschaften. Die kaiserliche Akademie der Wissenschaften in Wien hat mir durch zwei namhafte Subventionen die Geldmittel für die Vorversuche und die Herstellung der Modelle zur Verfügung gestellt. Die Drucklegung dieses Buches erfolgte mit Unterstützung der Gesellschaft zur Förderung deutscher Wissenschaft, Kunst und Literatur in Böhmen, die durch Bewilligung einer bedeutenden Summe die Herstellung der Tafeln ermöglichte, ohne die der Zweck dieser Monographie nicht erreicht worden wäre. Es sollte ja hier nicht nur eine Beschreibung des Apparates, sondern auch eine Darstellung der damit zu gewinnenden Bilder gegeben werden.

Die Reihe derjenigen, denen ich hier zu danken habe, wäre unvollständig, wenn ich nicht auch der Kunstanstalt für Lichtdruck von J. B. Obernetter in München gedenken würde. Herr Obernetter hat bei der Reproduktion der Bilder, wie alle bezeugen werden, die über diese schwierige Aufgabe ein Urteil haben, vorzügliches geleistet.

Notizen und Exzerpte, besonders über die ausländische Literatur haben mir Dr. Adelheim in Moskau, Dr. O. Gerloff in Nauheim, Dr. R. Gruber in London und Prof. Dr. H. Knapp in New-York freundlichst zur Verfügung gestellt.

Indem ich nun das Buch den Fachgenossen vorlege, erkläre ich mich stets bereit, jenen Herren, die sich für den Apparat interessieren, denselben in meiner Klinik zu demonstrieren und in ihrer Gegenwart in Funktion zu setzen.

Schliesslich bemerke ich noch, dass das Manuskript dieses Buches der Verlagsbuchhandlung schon im Mai 1906 eingesendet wurde. Die Publikation, die jetzt ohne wesentliche Änderungen oder Zusätze erfolgt, hat sich nur deshalb so lange verzögert, weil mit der Drucklegung des Buches erst nach Bewilligung der für die Herstellung der Tafeln erbetenen Subvention begonnen werden konnte.

Graz, im Mai 1907.

Professor **Dimmer.**

Inhalt.

I. Kapitel.

Literaturübersicht.

Bei der Durchsicht der Literatur unseres Gegenstandes findet man teils wirklich erprobte Methoden angegeben, deren Resultate vorliegen, wenn sie auch nicht immer einen stetigen Fortschritt erkennen lassen, teils aber bloss Vorschläge zur Photographie des Augenhintergrundes, über deren praktische Brauchbarkeit die Autoren keine Mitteilung machen. Naturgemäss soll hauptsächlich auf die ersteren ausführlicher eingegangen werden.

In Tafel I und II habe ich die bisher gewonnenen Bilder des menschlichen Augenhintergrundes in möglichst guten Reproduktionen vereinigt, so weit sie in den betreffenden Arbeiten mitgeteilt und nicht etwa bloss auf Kongressen oder Sitzungen gelehrter Gesellschaften demonstriert wurden. Wo mehrere Bilder von einem Autor publiziert wurden, habe ich das beste ausgewählt.

Im Jahre 1862 hat Noyes (1)[1]), wie es scheint als der erste, versucht, den Augenhintergrund zu photographieren, und zwar zunächst beim Kaninchen, von dessen Auge er unvollkommene Bilder erhielt. Die Schwierigkeiten, die nach Noyes in der damals ungenügenden Empfindlichkeit der photographischen Platten, in den Reflexen an den brechenden Medien und in der Ruhigstellung des Auges bestanden, verhinderten den Erfolg beim menschlichen Auge vollständig. Ebenso erging es Dr. Wharton Sinclair und Dr. Oliver in Toronto, wie von Noyes erwähnt wird.

Im Jahre 1864 hat Rosebrugh (2) die Resultate seiner Versuche veröffentlicht. Er benützte einen Apparat (Fig. 1), das Photoophthalmo-

1) Die Zahlen beziehen sich auf das Literaturverzeichnis am Schlusse des Buches.

skop. In L ist die Lichtquelle, in m eine Kondensorlinse von $^1/_4$ Zoll Durchmesser und $2^1/_2$ Zoll Fokaldistanz, in S eine unbelegte Glasplatte, welche das Licht in das Auge wirft. Das Objektiv O der Kamera besteht aus 2 Linsen von 5 Zoll Brennweite, $1^2/_3$ Zoll voneinander entfernt und bringt das Bild auf die photographische Platte in f. Die Beleuchtung fand mit direktem Sonnenlichte statt und Rosebrugh konnte den Augenhintergrund einer chloroformierten Katze mit 5 Sekunden Expositionszeit abbilden. Die Reflexe an der Kornea, die bei der Katze kein wesentliches Hindernis bildeten, machten aber die Photographie des menschlichen Augenhintergrundes für Rosebrugh unmöglich.

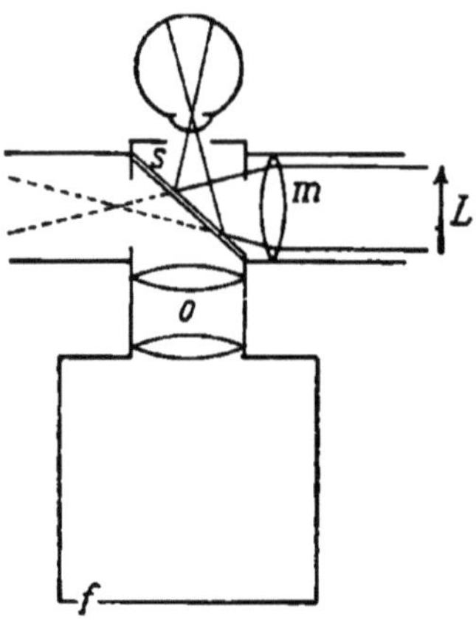

Fig. 1.

Liebreich (3) hat zur Photographie des Augengrundes einen Konkavspiegel von kurzer Brennweite mit zentraler Bohrung empfohlen, welcher am Objektivende einer Camera obscura befestigt wird. Die das Spiegelloch passierenden Strahlen sollen dann durch das Objektiv am Hintergrunde der Camera obscura zur Abbildung kommen.

In dem Werke von Th. Stein (4) ist der von Liebreich konstruierte grosse stative Augenspiegel in Verbindung mit einer photographischen Einrichtung abgebildet. Es wird das verkehrte Bild des Augenhintergrundes, das im Liebreich'schen Augenspiegel durch eine Konvexlinse von 2 Zoll Brennweite geliefert wird, durch ein photographisches Objektiv, das an Stelle des beobachtenden Auges angebracht ist, auf der Einstellplatte entworfen. Zur Abschwächung der das Auge blendenden Strahlen wird ein blau-violettes Glas oder ein mit Kupferoxydammoniak gefüllter Glastrog eingeschaltet. Als Lichtquelle soll Sonnenlicht, elektrisches Licht oder Magnesiumlicht angewendet werden. Stein gibt das Bild einer Anzahl Blutgefässe des Kaninchenauges wieder, welches seiner Angabe nach bei Magnesiumdrahtbeleuchtung von einem atropinisierten, nicht chloroformierten Tiere aufgenommen wurde. Die Expositionszeit dauerte je nach der Stärke der Lichtquelle und der Empfindlichkeit der Platte $^1/_4$ bis 2 Sekunden.

Im Jahre 1884 beschrieb Dor (6) seinen Apparat. Er war dem von Rosebrugh benutzten sehr ähnlich. Die vorgezeigten Bilder waren teils von dem künstlichen Perrin'schen Auge gemacht, 2 stammten von einer chloroformierten Katze und 2 von Kaninchen. Als Lichtquelle wurde elektrisches Licht benutzt. Die Bilder waren noch sehr unvollkommen, liessen aber auf Verbesserung hoffen.

Albertotti (7) ersann eine besondere Art der Beleuchtung des Augenhintergrundes mittelst einer ringförmigen, elektrischen Glühlampe, durch deren Öffnung die vom Augenhintergrunde kommenden Strahlen hindurchtreten und von einer vorgesetzten Linse zum umgekehrten, reellen Bilde vereinigt werden. Albertotti bemerkt zu seiner Demonstration in der königl. Akademie der Medizin zu Turin, dass diese Methode für die Photographie des Augenhintergrundes anwendbar wäre.

Zwei Jahre später begegnen wir einer Arbeit von Jackman und Webster (8). Sie verwendeten eine kleine quadratische Camera von 2½ Zoll Seitenlänge, die mittelst eines hölzernen Rahmens und eines elastischen Bandes am Kopfe der betreffenden Person fixiert wurde. Das Objektiv war ein zweizölliges Mikroskopobjektiv, das mit seiner Öffnung bis auf 1¼ Zoll dem Auge genähert wurde. Die Lichtquelle (Albokarbonlicht) wurde in gleicher Höhe mit dem Ohr aufgestellt, genau zentriert und war ca. 8 Zoll von der Camera entfernt. Der Spiegel befand sich dicht vor dem Auge und war durchbohrt. Der Abstand zwischen Objektiv und Lichtquelle war 20 cm., zwischen Visierscheibe und Objektiv ca. 5 cm. Die Beleuchtungszeit dauerte 2½ Minuten. Die Bilder zeigten hauptsächlich den Kornealreflex und liessen daneben nur mit Schwierigkeit einzelne Details des Augenhintergrundes erkennen.

Rosebrugh (9) machte 1887 mit seinem bereits 1864 benützten Apparat neuerdings Versuche an chloroformierten Katzen mit direktem Sonnenlicht und einer Exposition von 5 Sekunden. Viermal vergrösserte Bilder wurden erhalten. Die Bestrebungen, den menschlichen Augenhintergrund zu photographieren, waren erfolglos.

Die Arbeit von Panel (10) über unseren Gegenstand enthält nur Vorschläge und zum Teil sehr abenteuerliche. Er empfiehlt als Lichtquelle eine Petroleumlampe, die Lider sollen mit dem Sperrelevateur auseinandergehalten, das Auge mit der Fixationspinzette festgehalten werden. Um so merkwürdiger berührt es, wenn Panel die Hoffnung ausspricht, dass es gelingen werde, die Photographie des Augenhintergrundes jedem Arzte zugänglich zu machen, so dass des Ophthalmoskopierens Unkundige das Photogramm dem Spezialisten zuschicken könnten, um von demselben Diagnose und Therapie angegeben zu erhalten. Von den Resultaten seiner Versuche spricht der Autor dagegen nichts.

Im Jahre 1887 hat L. Howe (11) in Buffalo ein Bild des menschlichen Augenhintergrundes erhalten und machte, um die Expositionszeit möglichst abzukürzen, ein sehr kleines Bild mit grossem Gesichtsfeld, das nachher eventuell zu vergrössern war. Die Versuchsanordnung war folgende: Ein gewöhnlicher Argandbrenner war im Brennpunkte eines Hohlspiegels von 13 Zoll (englisch) Brennweite aufgestellt, dessen Öffnung 1/2 Zoll betrug. Das reflektierte Licht passierte eine Plankonvexlinse von 2 Zoll Brennweite und zur Vermeidung der Wärmestrahlen noch eine Alaunzelle. Das Auge war kokainisiert, die Platte mit Erythrosinrot empfindlich gemacht.

E. Starr (12,13) fand die Hauptschwierigkeit darin, dass die gewöhnlichen photographischen Platten für rot nur wenig empfindlich waren. Auch die käuflichen orthochromatischen Platten ergaben eine zu lange Expositionszeit. Er erzeugte selbst eine Platte, die jedoch auch nicht vollkommen entsprach. Der Apparat ist bloss eine Modifikation von Carters Demonstrationsophthalmoskop. Ein Argandbrenner ist 8 Zoll von einem Konkavspiegel von 7 cm Brennweite aufgestellt. Die Öffnung des Spiegels ist 1 Zoll im Durchmesser. Auch Starr verwendet eine Alaunzelle, um die Wärmestrahlen abzuhalten. Der Spiegel ist 24 Zoll vom Auge entfernt und 2 Zoll vor dem Auge befindet sich eine Linse von 2 Zoll Brennweite. Hinter der Spiegelöffnung ist die Kamera, die eine Linse von 3 Zoll als Objektiv hat. Die Expositionszeit beträgt 6—10 Sekunden. Die Bilder sind sehr klein und müssen vergrössert werden. Reproduktionen sind nicht beigegeben.

Cohn (14), der sich schon vor 1888 seit 23 Jahren mit unserem Problem beschäftigt hat, berichtet in diesem Jahre über seine Versuche. Er verweist auf die Erfindung des Blitzpulvers von Gaedicke und Miethe in Berlin. Er benützte dasselbe zur Aufnahme des äusseren Auges, wobei sich auch die Grösse der Pupille im Dunklen ergab. Es gelang ihm damit auch eine Aufnahme des im Perrinschen Phantomauge abgebildeten Sehnerven. Dieses Photogramm demonstrierte Cohn auf dem Berliner internationalen medizinischen Kongresse und stellte weitere Versuche zur Photographie des Augenhintergrundes am Lebenden in Aussicht. Auf dem internationalen Ophthalmologenkongress in Heidelberg zeigte Cohn in demselben Jahre seinen Magnesium-Benzinapparat (15). Er hebt zugleich die Schwierigkeit hervor, die für die Augenhintergrundphotographie darin liegt, dass das Auge zwischen dem Momente der Einstellung und jenem der Aufnahme eine Bewegung macht und bezeichnet es als notwendig, eine Doppelkamera herzustellen, bei der man das Spiegelbild auf einer matten Scheibe auffangen und dasselbe zugleich mittels des Magnesiumblitzlichtes photographieren kann. In der auf diesen Vortrag folgenden Diskussion erwähnt Galczowski, dass er ebenfalls mit Versuchen über die Photographie des Augenhintergrundes beschäftigt sei, ohne aber bisher einen genügenden Erfolg erzielt zu haben. Von Interesse ist es, dass Javal bei dieser Gelegenheit seiner Überzeugung Ausdruck gab, dass die Photographie auch in der Ophthalmometrie sehr wesentliche Dienste leisten werde, eine Voraussage, die seither durch die Arbeiten Gullstrands zur Tatsache geworden ist. In der Versammlung der Société française d'ophthalmologie vom Jahre 1888 empfahl Leroy (16) für die Photographie des Augenhintergrundes behufs Vermeidung des Kornealreflexes ein Prisma mit totaler Reflexion. Die von Cohn angekündigte Vorrichtung zur gleichzeitigen Beobachtung und Aufnahme des Fundus wurde 1889 als Rhomboëderkamera von ihm beschrieben (17).

Segal (18) schildert einen Apparat zur Photographie des Augenhintergrundes, in welchem die Aufnahme mittelst einer Petroleumlampe, eines Reflektors und einer zweizölligen Linse erfolgte. Es wurden nur Aufnahmen vom Perrin'schen Augenphantom gemacht. Doch ist der Autor überzeugt, dass sich durch Vervollkommnung der Vorrichtung auch der Augenhintergrund des lebenden Menschen wird photographieren lassen.

Einen neuen Gedanken hatte Bagneris in Nancy (19). Er benützte nur die eine Hälfte der Pupille zum Einfall des Lichtes welches dem Auge durch ein gleichseitiges Prisma zugeführt wurde. Eine Gaslampe machte einen konvergenten Strahlenkegel mit Hilfe einer Linse von 6D, die 6 cm von dem Auge entfernt war. Die aus dem Prisma hervortretenden Lichtstrahlen bildeten einen Strahlenkegel, dessen Spitze in der Ebene der Pupille lag. Das Objektiv war 45 mm vom Auge entfernt und nahm das aufrechte Bild auf. B. konnte vom künstlichen Auge von Perrin eine Aufnahme mit 15 Sekunden Expositionszeit machen, welche 5 cm gross und nicht von Reflexen gestört war. (Diese Daten sind der Arbeit von Guilloz [23], dem Nachfolger Bagneris in Nancy, und einem Briefe des letzteren entnommen, der mir von Herrn Dr. Gerloff freundlichst zur Verfügung gestellt wurde).

E. Fick (20) bemerkte auf dem Heidelberger Kongress im Jahre 1891, dass man bisher immer das virtuelle Bild, nicht aber das umgekehrte reelle Luftbild des Fundus aufgenommen habe. (Es ist dies, wie aus dem Vorigen hervorgeht, nicht richtig.) Er weist darauf hin, dass man, wenn man sich beim Photographen aufnehmen lasse, ein Bild erhält, das ca. 20 mal kleiner ist als die Person selbst. Dies erleichtert dem Photographen seine Arbeit in zweierlei Richtung, einmal dadurch, dass er dann einen Aplanaten von kurzer Brennweite und grosser Lichtstärke verwenden kann, so dass eine kurze Expositionszeit garantiert wird und zweitens dadurch, dass etwaige Fehler verkleinert werden. Gerade umgekehrt ist es aber beim Photographieren des Augenhintergrundes. Die weiteren Schwierigkeiten liegen aber noch in den vom Augenhintergrunde zurückgeworfenen langwelligen Strahlen und in der Spiegelung an den Trennungsflächen der brechenden Medien. Das letztere Hindernis kann durch Bedecken der Kornea mit einer Wasserschichte beseitigt werden. F. verschaffte sich eine Wasserkammer dadurch, dass er den Boden eines Reagensglases absprengte und auf den so gewonnenen Zylinder ein Deckglas aufkittete. Man hat so eine Kontaktbrille, durch welche das Auge stark hypermetropisch, das Gesichtsfeld aber für die Beobachtung im aufrechten Bilde wesentlich grösser wird. Was an Vergrösserung verloren geht, kann durch Annäherung des virtuellen Objektes an den Aplanaten ersetzt werden. In dieser Weise hat F. zusammen mit Otto Müller in Zürich Photogramme des Augenhintergrundes von weissen Kaninchen aufgenommen, welche die Papille, einige Netzhaut- und Aderhautgefässe zeigten.

Im gleichen Jahre 1891 publizierte Gerloff (22) ganz unabhängig von Fick ein ähnliches Verfahren. Gerloff hat das erste gute Bild des menschlichen Augenhintergrundes geliefert. Es ist unrichtig, dass wie Howe (24) angibt, Gerloff sich gescheut habe, seine Methode an normalen Augen auszuführen und daher ein durch Sehnervenatrophie blindes Auge benützt habe. Das Bild, welches von Gerloff in seiner Arbeit veröffentlicht wurde, und das wir auf Taf. I, Fig. 1 wiedergeben, ist vielmehr das Bild eines gesunden Auges. In der Einleitung zur Beschreibung seiner Methode erwähnt Gerloff auch, dass es einer durch die Tagesblätter gegangenen Notiz zufolge Herrn cand. med. Paelchen in Breslau gelungen sei, die Papille zu photographieren. In dem Protokoll der „schlesischen Gesellschaft von Freunden der Photographie“ (Sitzung vom 15. Mai 1891) wird dasselbe erwähnt mit dem Zusatze, dass nähere Mitteilungen folgen sollen. Eine Abbildung war nicht beigefügt. Gerloff hat die Ausschaltung der Reflexe ebenfalls durch eine vor das Auge geschaltete Wasserkammer erreicht. Es werden die oben schon erwähnten Vorteile auseinandergesetzt und dazu bemerkt, dass wohl auch mit dem Deckglas nach Coccius-Bellarminoff Ähnliches zu erreichen wäre. Bei den Versuchen, die Gerloff zusammen mit cand. med. P. Meissner ausgeführt hat, wurde zum Einstellen Zirkonlicht benützt. Bei einem amaurotischen Auge wurde das Licht einer Ney'schen Lampe und endlich das Magnesiumblitzlicht angewendet. Sonnenlicht und elektrisches Bogenlicht wurde nicht benützt. Die Aufnahme geschah mit einem Objektiv von Dalot von kurzer Brennweite. Vor das atropinisierte Auge wurde die Wasserkammer (Fig. 2) gebunden und mit erwärmter physiologischer Kochsalzlösung gefüllt. Das Kinn wurde auf eine Stütze gesetzt, der Kopf gelegentlich (und zwar nur bei Zeitaufnahmen) durch eine erwärmte Siegellackstange, in welche hineingebissen wurde, fixiert. Das andere Auge blickte nach einer in weiter Entfernung angebrachten Kerze. Die Beleuchtungsquelle wurde zur Seite der zu photographierenden Person angebracht, der Einfall des direkten Lichtes auf das Auge durch einen Schirm abgehalten. Als Reflektor diente ein genau zentrierter Kehlkopfspiegel. Das dicht hinter dem Spiegel befindliche

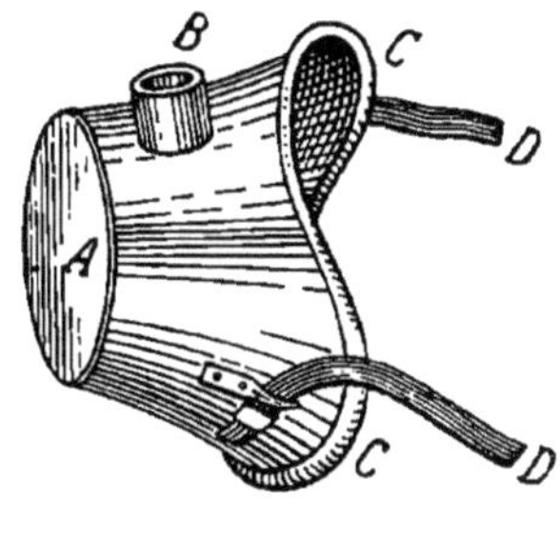

Fig. 2.

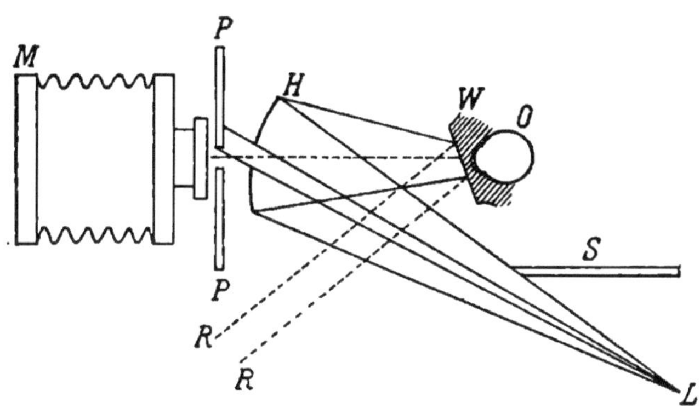

Fig. 3.

Objektiv war gegen direkten Lichteinfall geschützt und wurde ohne Blende benützt. Die Anordnung war also die in Fig. 3 dargestellte. Das von L kommende Licht wird vom Hohlspiegel H gegen die Wasserkammer W geworfen, deren vordere Wand das regelmässig reflektierte Licht nach R R leitet. Das übrige Licht beleuchtet den Augenhintergrund des Auges O und das Bild desselben wird durch das hinter der Öffnung des Spiegels aufgestellte Objektiv auf der matten Scheibe

M der Kamera entworfen. Um das direkt von L ausstrahlende Licht vom Objektiv abzuhalten, ist zwischen diesem und dem Hohlspiegel ein durchbohrter Schirm P P angebracht. Ein zweiter Schirm S dient dazu, um den Patienten vor dem etwa umherspritzenden Blitzpulver zu schützen. Bei Zirkonlicht betrug die Expositionszeit $^1/_2$ Minute, bei der Ney'schen Magnesiumlampe $^1/_4$ Minute. Vom Blitzlichtpulver wurden Dosen von $^1/_2$—1 Gramm in Gebrauch gezogen. Der Reflex an der vorderen Fläche der Glasplatte, welche die Wasserkammer abschliesst, ist leicht durch eine geringe Seitwärtswendung des Kopfes abzulenken. Ein weiterer Vorteil der Wasserkammer, auf den Meissner (28) aufmerksam gemacht hat, besteht darin, dass das vom Spiegel reflektierte Licht sehr diffus in das atropinisierte Auge dringt, so dass eine schädliche Blendung bei der Aufnahme ausgeschlossen ist. Auch ist eine umfangreiche Beleuchtung des Augenhintergrundes ermöglicht. Mit Magnesiumblitzlicht gelang Gerloff etwa jede vierte Aufnahme. Die Platten waren Chromoplatten von Gaedicke, die mit Hydrochinon, Eikonogen oder Pyrogallol entwickelt wurden. Das der Abhandlung von G. beigefügte Bild (Fig. 1, Taf. I) zeigt den Augenhintergrund mit guter Schärfe in der Ausdehnung von ca. 2,5 Papillendurchmessern. Das Bild, soweit es Details des Augenhintergrundes zeigt, hat einen Durchmesser von etwa 9 mm, die Papille ist 3,5 mm gross. Die Vorzüge des Bildes bestehen also in der Schärfe und in der Abwesenheit störender Reflexe, die Mängel desselben in dem relativ zu kleinen Gesichtsfelde. Gerloff bezeichnet zum Schlusse seiner Auseinandersetzungen seine Methode selbst als noch „immerhin mühselig und unsicher". Jedenfalls ist ihm das bleibende Verdienst zuzusprechen, dass er als erster durch zielbewusste Anwendung einer neuen Methode ein gutes Bild des menschlichen Augenhintergrundes hergestellt hat, das in der Tat weit besser ist als die Bilder mancher seiner Nachfolger.

Der nächste, der sich mit der Photographie des Augenhintergrundes beschäftigte, war Guilloz, dessen Arbeit im Jahre 1893 erschien (23). G. bezieht sich zunächst auf eine Methode, die er im Jahre 1892 zu dem Zwecke angegeben hat, um den Augenhintergrund auf einfache Weise binokulär zu untersuchen. Sie besteht darin, dass man mit einem undurchbohrten Spiegel und einer Lupe das umgekehrte Bild des Fundus leicht sehen kann, wenn der Rand des Spiegels der Gesichtslinie des Untersuchten angenähert ist. Man kann aber auch den Spiegel weglassen und die Lichtquelle direkt 30—50 cm vor dem Auge aufstellen. Um nun auf diesem Wege ein Photogramm des Augenhintergrundes zu erhalten, benötigt man eine Lampe, eine Lupe und den photographischen Apparat. Die Lupe ist eine Linse von 15—20 D, mit der das umgekehrte Bild erzeugt wird. Sie ist in einem Halter fixiert und wird in geeigneter Stellung vor das Auge gebracht. Die Lampe ist eine gewöhnliche Gaslampe, welche mit einem Blechzylinder bedeckt ist, der 2 zylindrische Ansätze hat (Fig. 4). In dem einen dieser Ansätze befindet sich am Ende in L eine Linse von 18 D, deren Brennpunkt etwa in der Lampenflamme liegt. Hinter dieser Linse ist noch bei V eine planparallele Glasplatte eingesteckt, die leicht entfernt werden kann. In dem anderen zylindrischen Ansatze C ist eine Pistole für Magnesium angebracht, welche folgendermassen konstruiert ist: Ein vierkantiger Metallstab T ist in eine gleiche Öffnung der Verschlussplatte des Zylinders eingeschoben. Am anderen Ende dieses Stabes, welcher in dem zylindrischen Ansatze steckt, ist ein Löffel zur Aufnahme des Blitzpulvers befestigt. Der ganze Stab samt dem Löffel wird durch eine in dem zylindrischen Ansatze verborgene Feder dann gegen die Lampenflamme zu vorgeschnellt und das Blitzpulver in die Flamme geschleudert, wenn ein kleiner Hebel O, der in eine Vertiefung der Stange T eingreift, gehoben wird. Dies geschieht auf pneumatischem Wege durch den Druck auf den Kautschukballon P.

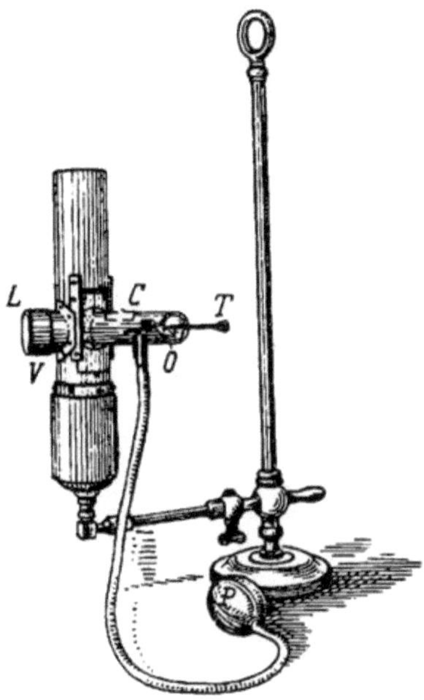

Fig. 4.

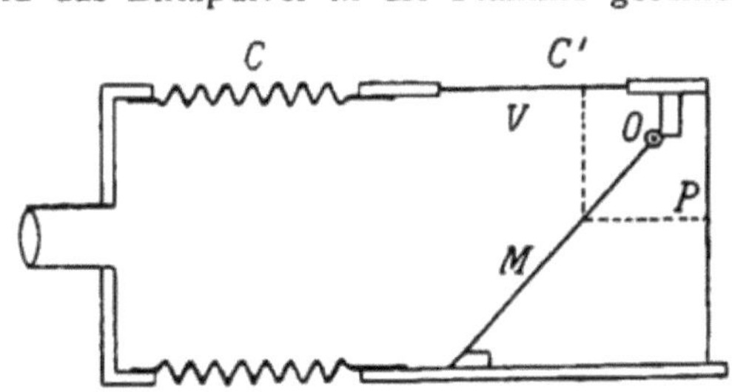

Fig. 5.

Der photographische Apparat (Fig. 5) hat einen Auszug C, und im hinteren Teile der Kamera C1 befindet sich eine matte Scheibe V und ein schiefgestellter Planspiegel M, der um eine Achse O beweglich ist. Wird der Spiegel hinaufgeschlagen, so bewegt sich mit ihm ein Stab m (Fig. 6), welcher den Kautschukballon P zusammendrückt und damit das Losgehen der sogenannten Pistole bewirkt. Als Kopfstütze wurde jene des Javal'schen Ophthalmometers verwendet, vor der in einem Halter e die Konvexlinse zur Erzeugung des umgekehrten Bildes befestigt ist.

Guilloz führt aus, dass der Leuchtapparat ein Bündel paralleler Strahlen aussendet. Würde die Lichtquelle punktförmig sein, so würden die beiden Reflexe an der das umgekehrte Bild erzeugenden Konvexlinse ebenfalls punktförmig sein. Da aber die Lichtquelle eine gewisse Ausdehnung hat, so haben die Strahlen, die von der Beleuchtungslinse ausgehen und auf die Beobachtungslinse fallen, alle Richtungen, die man erhält, wenn man den obersten Punkt der einen Linse mit dem untersten der anderen verbindet. Die Untersuchung zeigt, dass die Ausdehnung der Strahlen kreisförmig ist. Durch eine

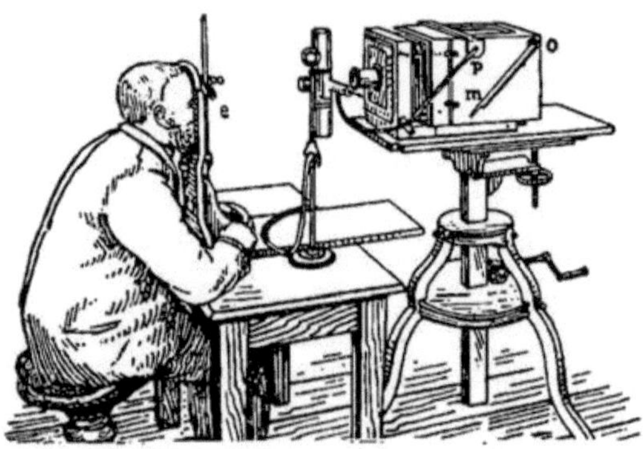

Fig. 6.

Neigung der Linse kann man diese Reflexe beseitigen oder wenigstens an die Peripherie des Gesichtsfeldes bringen. Diese Neigung der Linse bewirkt keine astigmatische Verziehung des Bildes, wie Versuche der Aufnahme am Perrin'schen Augenphantom gezeigt haben. Der Kornealreflex entsteht durch die Strahlen, die, von der Kornea regelmässig reflektiert, durch die Untersuchungslinse in das Objektiv gelangen. Bei einer bestimmten Stellung des Beobachters kann nun der Kornealreflex durch eine seitliche Verschiebung der Konvexlinse zum Verschwinden gebracht werden. Das reelle Bild, das die Untersuchungslinse liefert, liegt dann dicht am Limbus. Ein Teil der Strahlen dringt in das Auge und beleuchtet den Fundus, ein anderer Teil wird von der Kornea reflektiert. Es gibt ein Reflexfeld sowie es ein Beobachtungsfeld für das Bild gibt. Liegt das Objektiv in dem letzteren, ohne das erstere zu berühren, so wird man auf dem Photogramm keinen Reflex haben. Greift das Objektiv ein wenig in das Reflexfeld ein, so entsteht auf dem Bilde ein peripher gelegener Reflex.

Zur Erweiterung der Pupille diente Guilloz am besten eine Mischung einer 3% Kokainlösung mit einer 1% Homatropinlösung. Die Augen vertragen das Blitzlicht sehr gut, ja die photographierten Augen wurden davon weniger belästigt als die der Zuschauer. Der Grund liegt, wie Guilloz meint, darin, dass im ersten Falle sich die Beleuchtung über einen grossen Teil des Augenhintergrundes verteilte, im anderen Falle aber ein scharfes Bild der Lichtquelle auf dem Augenhintergrunde entstand. Der Autor glaubt daher, dass, wenn ein Kranker den Anblick des Magnesiumblitzes ertragen könne, man auch ohne Bedenken seinen Augenhintergrund photographieren dürfe. Die von Guilloz angeführten Resultate sind 4 Bilder, 2 vom normalen Auge, ein drittes von einem myopischen Auge, ein viertes von einem Kolobom der Chorioidea. Auf Tafel I, Fig. 2 und 3 sind das Bild des normalen Auges und das Bild von „Sclero-chorioiditis post.“ wiedergegeben. Wir sehen in ersterem ein immerhin recht gutes Bild der Papille und seiner Umgebung, freilich nicht ganz scharf und sehr eingeengt durch die Reflexe; jedenfalls hat aber Guilloz zuerst das umgekehrte reelle Luftbild des Augenhintergrundes mit einem gewissen Erfolge aufgenommen und manche Beiträge zur Frage der Beleuchtung geliefert.

Howe, der schon 1887 die oben erwähnten Versuche gemacht hat, nimmt im Jahre 1893 neuerlich in der Sache das Wort (24). Er demonstrierte in der Londoner ophthalmologischen Gesellschaft Photogramme von einem künstlichen Auge und auch ein Bild des normalen menschlichen Augenhintergrundes, welches „deutlich die Grenzen der Papille und 3 oder 4 Gefässe zeigte, welche ziemlich weit zu verfolgen waren“, und von Howe als das beste bisher erhaltene Bild bezeichnet wird. Der Apparat war der früher schon gebaute. Erwähnenswert ist die Verwendung von isochromatischen Platten, auf welchen Umstand Howe ganz besonderes Gewicht legt.

Beckmann (25) beschreibt ein neues Reflektor-Ophthalmoskop, in welchem durch 4 Linsen das Augeninnere beleuchtet wird (Fig. 7). Die Linsen a, b, c und d dienen zur Beleuchtung und in t, in der Ebene der Pupille, entsteht ein Bild der Lichtquelle l. Die aus dem Auge parallel austretenden Strahlen werden durch d in s in der Ebene des Spiegels m m vereinigt, an welcher Stelle auch der Brennpunkt von C liegt. Die c parallel verlassenden Strahlen gelangen dann auf einen zweiten Spiegel n n, der dann das Licht wiederum zur Linse e ablenkt, so dass auf dem Schirme u v ein Bild des Fundus entsteht. Es wird nur angegeben, dass der Apparat zur Photographie des Augenhintergrundes dienen solle, aber nicht, ob damit auch Aufnahmen gemacht würden.

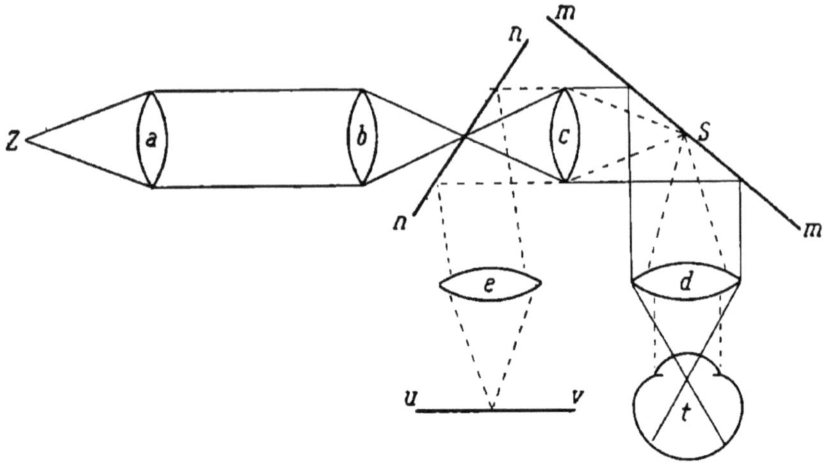

Fig. 7.

In einer Arbeit von Aarland (26) finden wir die Angabe, dass Dr. Grebe in Kassel, der zusammen mit Greeff die Praxis der Methode studiert hat, folgenden Weg empfiehlt: Es wird die Wasserkammer nach Gerloff verwendet und als Spiegel eine schiefgestellte Glasplatte G (Fig. 8); dahinter ein Kasten mit pneumatisch verschliess-

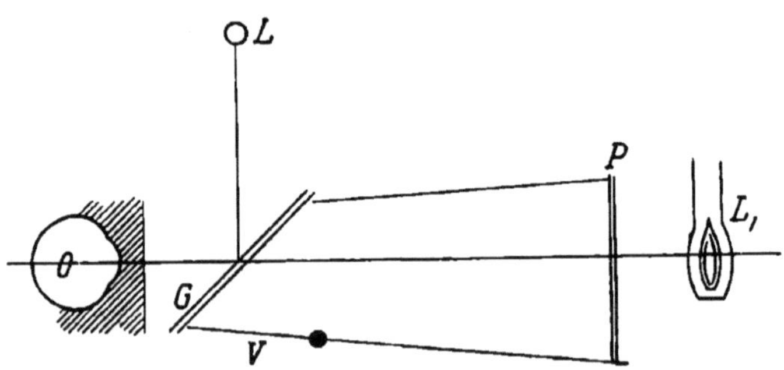

Fig. 8.

barem Deckel. Die Einstellplatte P wird durch rotes unwirksames Licht von der Lampe L_1 von rückwärts beleuchtet und hat ein Fadenkreuz. Die Einstellung der Lichtquelle wird zunächst so gemacht, dass der Verschlussdeckel V hinaufgeklappt wird und das Bild der

Lichtquelle L auf die Mitte von G gebracht wird. Dann wird der Deckel V wieder heruntergeschlagen und das Auge fixiert im sonst dunklen Raume das Fadenkreuz bei P. Zur Aufnahme wird an Stelle von L das Blitzlicht angebrannt. Die photographische Platte muss offenbar an die Einstellplatte P angelegt werden. Mit einem Lichtminimum könne man so eine ansehnlich grosse Aufnahme machen. Die Schärfe des Bildes ist die denkbar grösste, weil sie vom Auge selbst besorgt wird. Myopische Augen wird man sehr gut photographieren können. Ausserdem wäre die Anwendung passender Korrektionsgläser gewiss zulässig. Es ist nicht angegeben, ob mit dieser Anordnung auch wirklich Resultate erzielt worden sind.

In dem von Jankau geschriebenen Rückblick auf die medizinisch-wissenschaftliche Photographie (27) ist eine Übersicht der bisherigen Verfahren enthalten, sowie auch ein Referat über eine Arbeit von Londe im Bulletin de la Société francaise de Photographie 1893 p. 389. In dieser sind die Postulate, welche bei der Photographie des Augenhintergrundes in bezug auf Resultate und Methoden zu erfüllen sind, auseinandergesetzt.

Im Jahre 1896 hat Thorner (29) seine Versuche und deren Resultate veröffentlicht. Er betont zunächst, dass der günstigste Fall derjenige sei, wo die eine Hälfte der Strahlen zur Beleuchtung, die andere Hälfte zur Erzeugung des Bildes benutzt wird. Er hat Versuche angestellt mit einem Planspiegel, an dem senkrechte, 2 mm breite, mit Spiegelbelag versehene Streifen mit unbelegten abwechseln und so das mit einer Linse erzeugte umgekehrte Bild direkt zu photographieren versucht. Später hat er dann den Apparat der Betrachtung im umgekehrten Bilde angepasst, indem er an Stelle des Auges die photographische Kamera setzte. Der Apparat Thorners ist in einer schematischen Zeichnung in Fig. 9 dargestellt. In einem Kasten aus schwarzem Karton CDEF ist vorne eine Öffnung ab, an die das Auge angehalten wird. In diesem Kasten ist die Linse cd von 20 D zur Erzeugung des umgekehrten Bildes angebracht, welch letzteres vom Punkte O im Auge A in O_1 entsteht. Der Kasten hat eine seitliche Öffnung EG, durch welche das Licht einfällt. Die Achse des einfallenden Strahlenkegels bildet mit der Achse des Abbildungssystems einen Winkel von 30°. An der vorderen Wand eines Ansatzrohres EGHJ, das an der Öffnung EG des Hauptkastens befestigt ist, befindet sich die Lupe JH, deren Durchmesser 5 cm ist und die 30 cm vom Spiegel ef entfernt ist. Dieser Spiegel hat 17 cm Abstand von der Linse cd und 15 cm Brennweite. 15 cm vor der Lupe JH ist das

Zirkonlicht Z, das als Lichtquelle verwendet wurde, 5 cm vor c d entsteht ein Bild dieser Lichtquelle, die Strahlen fallen also parallel auf das Auge und werden bei Emmetropie wieder auf der Netzhaut vereinigt. Hinter der Öffnung des Hohlspiegels e f ist der photographische Apparat mit dem Objektiv m l und der empfindlichen Platte p p angebracht. Das Objektiv hatte 2,6 cm Durchmesser und 7,5 cm Brennweite, es war das Objektiv eines Opernglases. Unter einem Winkel von 45° zur Achse steht in m n ein Deckglas, das dem Auge des Beobachters P das Bild des Augenhintergrundes sichtbar macht und liegt in O_{II}. Das eingestellte Bild des Augenhintergrundes wird mit eingeschobener und geöffneter Kasette betrachtet, während nur unwirk-

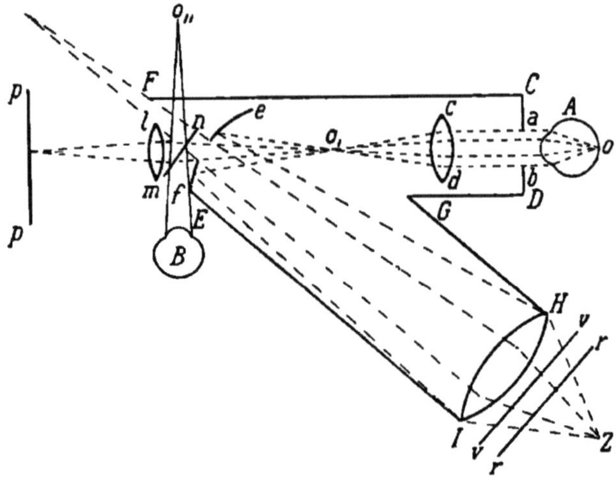

Fig. 9.

sames rotes Licht in das Auge fällt. Dieses Licht wird durch Vorschieben eines roten Glases vor die Lichtquelle bei r r erhalten. Vor dieser ist bei vv eine blaue Glasscheibe, mit der die Aufnahme gemacht wird. Zur Exposition wird bloss die rote Scheibe r r auf eine Sekunde entfernt.

Von den Reflexen konnte Thorner jenen an der Linse c d überhaupt nicht beseitigen. Der Kornealreflex ist nach Thorner dadurch unschädlich gemacht, dass der Beobachtete sein Auge fast niemals so stellt, dass der Krümmungsmittelpunkt der Kornea in die Achse des Apparates fällt. Die Bilder von Thorner (Taf. I, Fig. 4) sind sehr mangelhaft. Sie zeigen, wie dies bei der Anordnung nicht anders sein kann, nur einen sehr kleinen Teil des Augenhintergrundes, einen grossen Reflex in der Mitte, manche ausserdem auch am Rande.

Die Mitteilung, die Guinkoff (30) im Jahre 1896 der Pariser Akademie gemacht hat, stellt nur fest, dass er einen Apparat zur Aufnahme des Augenhintergrundes konstruiert habe, mit dem er von seinem eigenen Auge die Papille und die Gefässe der Makula abgebildet hat, welche Bilder er der Akademie vorzeigte. Er werde noch Verbesserungen anbringen, welche es gestatten sollen, den ganzen Augenhintergrund (totalité du fond de l'oeil) aufzunehmen. Die mittlere Expositionszeit war 2 Sekunden. Demgegenüber erinnert Guilloz (31) an seine Publikation in der Société de Biologie 6. April 1895, in der er eine neue Art der Beleuchtung zur Vermeidung der Reflexe angegeben hat, ferner an seine Arbeit in Archives d'ophth. April 1895, die die Bedingungen festgesetzt hat, unter welchen das Gesichtsfeld im umgekehrten Bilde zu erweitern ist. Auch weist Guilloz in dieser Mitteilung auf die von ihm schon 1893 ermittelte Unschädlichkeit des Magnesiumblitzlichtes hin und auf seine, mir unzugängliche Arbeit in der Revue médicale de l'Est Mai 1895, in der er eine automatische Einstellung für die Photographie des Augenhintergrundes angegeben hat.

Borghi (32) hat sich 1898 zunächst hauptsächlich mit der Photographie des Augenhintergrundes von Tieren beschäftigt. Er hat wegen der angeblich gerade bei der Momentphotographie zahlreichen Reflexe diese wenigstens vorläufig verlassen. Über den Apparat und die Lichtquelle stellt Borghi Mitteilungen in Aussicht, wenn derselbe vollständig ausgearbeitet ist. Die Tafeln mit 13 Photogrammen des Augengrundes verschiedener Tiere (Kaninchen, Hund, Ochs, Ente) sind recht mangelhaft, unscharf und zeigen den Fundus nur in geringer Ausdehnung. Die Versuche, die der Autor am Menschenauge gemacht hat, sind wie er selbst sagt, in ihren Resultaten noch hinter jenen bei Tieren zurückgeblieben.

Die nächste Mitteilung über den Gegenstand war mein Vortrag auf dem internationalen Kongresse in Utrecht 1899 (33). Das Verfahren bestand darin, dass das Licht durch einen Glasstab in das Auge geschickt wurde, welcher eine schräge, zur totalen Reflexion dienende Fläche angeschliffen hatte. Die Oberfläche des Glasstabes gegenüber dieser Fläche trug eine ebene Fazette. Dieser Stab wurde so nahe als möglich vor die eine Hälfte der erweiterten Pupille gebracht. Aus der anderen Hälfte der Pupille wurden die Strahlen herausgeleitet und nun durch eine Konvexlinse von 16D das umgekehrte Bild erzeugt. Zwischen dem Auge und der Konvexlinse war ein innen geschwärzter, kegelförmiger Ansatz angebracht, der ebenfalls bis ganz in die Nähe der Kornea reichte. Das von der Linse entworfene umgekehrte Bild wurde dann von einem in geeigneter Weise aufgestellten Anastigmaten von Zeiss (Brennweite = 136 mm) ungefähr in der gleichen Grösse aufgenommen. Auch der Raum zwischen der Konvexlinse und dem photographischen Objektiv wurde behufs Abhaltung fremden Lichtes abgeschlossen und hinter dem Objektiv befand sich eine gewöhnliche photographische Kamera. Die ganze Aufstellung ist in ihrem Prinzipe in Fig. 22 dargestellt. Die Fixation des Kopfes wurde durch eine Einbeissvorrichtung erzielt. Zur Feststellung des Auges diente ein kleiner Planspiegel, in dem das andere, nicht photographierte Auge, das Spiegelbild einer kleinen Lampe erblickte. Zur Einstellung benutzte ich eine kleine Glühlampe, die auf den Glasstab geschoben wurde, die Aufnahme wurde aber mit elektrischem Bogenlicht gemacht, das durch eine grössere Konvexlinse in den Glasstab hineingeschickt wurde. Die Expositionszeit war freilich noch eine recht lange — 4—5 Sekunden. Das Bild, das ich dem Kongresse vorwies, war allerdings frei von jedem störenden Reflexe und zeigte den Fundus schon in der Ausdehnung von ca. 4 Papillendurchmessern bei 36 mm Durchmesser, war aber ziemlich unscharf und noch ungleichmässig beleuchtet. Es wurden gewöhnliche Momentplatten von Schleussner benutzt. In der auf diesen Vortrag folgenden Diskussion erwähnte Grunert, dass er zusammen mit Hans Gudden Versuche mache, bei welchen das Auge sich in einer Wasserkammer befindet, deren vordere Wand ein photographisches Objektiv trägt. Die Beleuchtung wird durch zwei seitlich angebrachte rechtwinkelige Prismen ermittelt, die eine Durchbohrung in der Mitte der aneinanderliegenden Kanten haben.

Im Jahre 1900 findet sich in Pflügers Archiv eine vorläufige Mitteilung über die Photographie des Augenhintergrundes von W. Nikolaew und J. Dogiel (34). In derselben wird zunächst erwähnt, dass sich Dogiel schon im Jahre 1897 mit dem Ophthalmologen Dr. Egorow und mit Prof. Tretiakow bemüht habe, den Augenhintergrund zu photographieren, ohne aber ein gutes Resultat zu erzielen. Die späteren Versuche der beiden obengenannten Autoren führten besonders zu folgender Versuchsanordnung: die angebundenen Tiere werden mittelst des Liebreich'schen Augenspiegels bei Benutzung eines Auerschen oder einfachen Gasbrenners ophthalmoskopiert. Nach erfolgter Einstellung wird eine photographische Kamera mit einem Objektiv von kurzer Brennweite (Steinheil F = 12; Orthostigmat T_{II} 1:6.8) der Röhre des Ophthalmoskops stark angenähert. Es wurde so der Augenhintergrund von Katzen, Hunden und Kaninchen aufgenommen und auch Veränderungen an den Gefässen des Augenhintergrundes bei Asphyxie und nach Strychninvergiftung festgehalten. Nähere Mitteilungen werden für später in Aussicht gestellt. Über die Belichtungszeit ist nichts angegeben. Zwei Abbildungen zeigen den Augengrund einer Katze einmal im normalen Zustande, das andere Mal 1 Minute und 45 Sekunden nach Beginn der Asphyxie. In letzterer sind die Venen etwas weiter. Die Bilder sind unscharf, zeigen einen zentral gelegenen Reflex von der Grösse der Papille, haben aber ein ziemlich grosses Gesichtsfeld.

Sehr wenig erfolgreich war Shirls Jackson in Pittsburg, der in einer kurzen Notiz seinen Apparat mitteilte (35). Dieser war eine Kamera, sozusagen ein künstliches Auge, das hinter einem durchbohrten Augenspiegel befestigt war. Mit der Kamera war eine Glühlampe verbunden und das Ganze konnte vor das Auge des Patienten gebracht werden. Die Expositionszeit war natürlich sehr lang — 14—28 Sekunden. Die beigegebenen Bilder lassen überhaupt nichts vom Augenhintergrunde erkennen.

Im Jahre 1901 teilte ich dem Heidelberger Kongresse die Resultate meiner weiter fortgesetzten Versuche mit (36). In Verfolgung der Absicht, einen möglichst grossen Teil des Fundus abzubilden, war ich dazu gekommen, das Licht vor einem knapp vor dem Auge angebrachten Planspiegel so stark konvergent ausgehen zu lassen, dass ein Bild der Lichtquelle in der Pupillarebene entstand. Damit wurde zugleich der Kornealreflex teilweise ausgeschaltet. Ich verwendete wie früher 2 Objektive, durch deren Stellung zueinander die übrigen Reflexe, besonders die von den Linsenflächen gelieferten beseitigt wurden. Der Planspiegel S (Fig. 10) liegt vor der einen Hälfte der erweiterten Pupille, nur einige Millimeter von der Kornea entfernt. Das Licht einer starken Bogenlampe L wird durch 2 Kondensorlinsen C, wie sie bei Projektionsapparaten in Verwendung stehen, auf eine matte Scheibe M geworfen, die eine runde Öffnung von 15 mm Durchmesser in einem Schirme verdeckt. Das Licht gelangt dann weiter durch ein Linsen-Doublet von sehr grosser Öffnung und kurzer Brennweite auf den Planspiegel S. Das kleine von B gelieferte Bild der matten Scheibe hat 2,6 mm Durchmesser und fällt in die Pupillarebene, so dass die von da wieder divergierenden Strahlen einen grossen Teil des Augenhintergrundes beleuchten. Zur Erzeugung des umgekehrten Bildes des Augenhintergrundes verwendete ich jetzt statt der einfachen Linse ein Ramsden'sches positives Fernrohrokular mit grosser Öffnung und 6 cm Brennweite. Es ist als 1. Objektiv O_1 zu bezeichnen. Dieses ist so aufgestellt, dass die Pupille des Auges etwas ausserhalb der

Brennweite des Okulars lag. Das Bild der von dem Planspiegel nicht verdeckten Hälfte der Pupille wird nun durch O_1 jenseits der optischen Achse in O_2 entworfen und an dieser Stelle ist das zweite Objektiv O_2, ein Zeiss'scher Anastigmat von 136 mm Brennweite aufgestellt. Diese Dezentration des zweiten Objektivs ergibt sich eigentlich schon von selbst, wenn man die vom Fundus kommenden Strahlen auffangen will, zugleich wird aber dadurch die Beseitigung der Reflexe von den brechenden Medien, die noch neben dem Rande des Spiegels sichtbar sein könnten, erreicht. O_2 ist etwa um seine doppelte Brennweite von dem reellen Luftbilde des Fundus entfernt, welches durch O_1 entworfen wird, so dass das auf der Einstellplatte P schliesslich zustande kom-

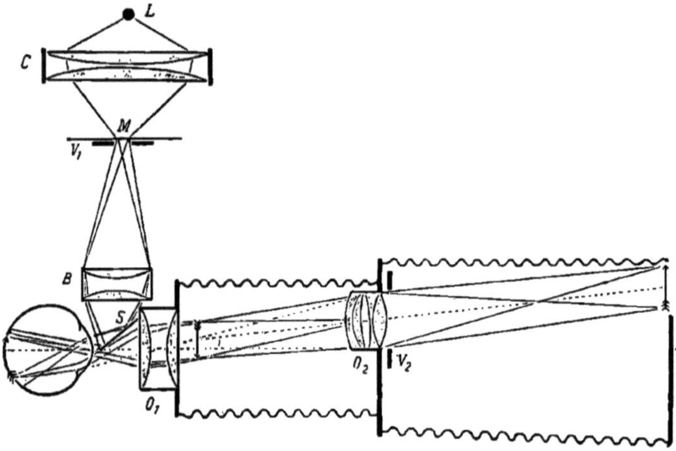

Fig. 10.

mende Bild des Augenhintergrundes ungefähr ebenso gross ist wie jenes Luftbild. Der ganze Raum zwischen dem ersten Objektiv und dem zweiten Objektiv, sowie zwischen diesem und der empfindlichen Platte ist lichtdicht gemacht.

Der ganze Apparat ist auf einem beweglichen Stativ befestigt und kann in allen 3 Richtungen bewegt werden; der Kopf ist wieder durch eine Einbeissvorrichtung fixiert, das andere Auge betrachtet einen kleinen durch ein Glühlämpchen hervorgebrachten Lichtpunkt.

Bei der Einstellung wurde die matte Scheibe M mit Gasglühlicht beleuchtet. Die Aufnahme erfolgte mit der elektrischen Bogenlampe. Bei V_1 und bei V_2 befinden sich Verschlussapparate, die vor dem Einschieben der Plattenkassette geschlossen werden. Zur Exposition wird zuerst V_2, dann V_1 auf kurze Zeit, ca. $^1/_5$ Sekunde geöffnet.

Es waren also kurze Zeitaufnahmen. (Im Kongressberichte war bezüglich der Expositionszeit ein Irrtum unterlaufen, indem dieselbe nur mit $^1/_8$—$^1/_{10}$ Sekunde angegeben wurde. Bei Gelegenheit der Publikation meines zweiten Vortrages vom Jahre 1902 wurde dieser Irrtum im Kongressberichte korrigiert.) Als Platten wurden die sehr empfindlichen orthochromatischen Platten von Edwards in London (snap-shot-plates) verwendet. Die dem Kongressberichte beigegebenen Photogramme hatten 45 mm im Durchmesser und zeigten den Fundus in einer Ausdehnung von $6^1/_2$ Papillen Durchmessern. Die Bilder waren also schon recht ausgedehnt, aber meist nicht genügend scharf, was, wie sich später herausstellte, wohl hauptsächlich durch die zu lange Belichtungszeit bedingt war. Die Bilder einer Retinitis albuminurica mit zahlreichen weissen Herden und Hämorrhagien, das Bild einer Retinochorioiditis mit glaukomatöser Exkavation sind die ersten Photogramme des menschlichen, pathologisch veränderten Augenhintergrundes, die wirklich den Befund aus dem Bilde zu diagnostizieren gestatten. Tafel II, Fig. 1 und 2 zeigen 2 dieser Bilder (Fig. 1 Atroph. n. optici, Fig. 2 Retinitis albuminurica).

Auf der nächsten Heidelberger Versammlung (1902) war ich imstande, noch bessere Bilder vorzuweisen (37). Es wurde ein Apparat in Gebrauch gezogen, der, wenn auch nur als provisorische Zusammenstellung, dennoch im ganzen nach demselben Prinzipe konstruiert war, wie der, dessen Beschreibung Gegenstand der vorliegenden Monographie ist. Ich will mich hier nur auf folgende kurze Bemerkungen beschränken, aus denen auch der Unterschied gegenüber dem jetzigen Apparate hervorgehen wird. In Fig. 11 ist das damals gezeigte Schema reproduziert. O_1 ist das erste Objektiv, ein Fernrohrokular. Statt des früher verwendeten gegenüber dem ersten Objektive dezentrierten Zeissanastigmaten wurde als zweites Objektiv ein Planar von 16 cm Brennweite, das zur Hälfte abgeblendet war, verwendet, O_2 (Fig. 11). Das Licht ging jetzt von der Lichtquelle L durch die Kondensorlinsen C durch ein Diaphragma D zum Beleuchtungssysteme B, endlich ganz ähnlich wie früher zu einem kleinen viereckigen Planspiegel S_1, der unmittelbar vor dem Auge lag. Ein Rollschlitzverschluss V_2 vor der empfindlichen Platte P war mit dem Verschlussapparate V_1 im Beleuchtungssysteme (hinter D) derart auf elektrischem Wege verbunden, dass der Verschluss V_1 etwas länger offen blieb als der Verschluss V_2. Mit diesen Verbesserungen war so viel Licht gewonnen, dass nunmehr wirkliche Momentaufnahmen von $^1/_{16}$—$^1/_{18}$ Sekunde Expositionszeit möglich waren, die der Versammlung auch demonstriert wurden. Die Bilder hatten ca. 30—35 mm Durchmesser, waren gegenüber der Wirklichkeit dreimal vergrössert und zeigten eine erheblich grössere Schärfe, während dagegen die Beleuchtung der Platte nicht gleichmässig war. Jedoch war auch in den weniger belichteten Teilen ein genügend kräftiges Bild auf der Platte, so dass die ungleichmässige Beleuchtung durch eine entsprechende Abdeckung beim Kopieren ausgeglichen werden konnte. Vergrösserungen nach den Aufnahmen sind im Berichte der Heidelberger ophthalmologischen Gesellschaft (1902) enthalten. Auf Tafel II, Fig. 3 und 4 sind Reproduktionen nach direkten Aufnahmen wiedergegeben. Fig. 3 zeigt als Momentaufnahme denselben normalen Fundus, der im Heidelberger Kongressbericht von 1901 als Fig. 1 bei kurzer Zeitaufnahme abgebildet war. Die Gefässe erscheinen

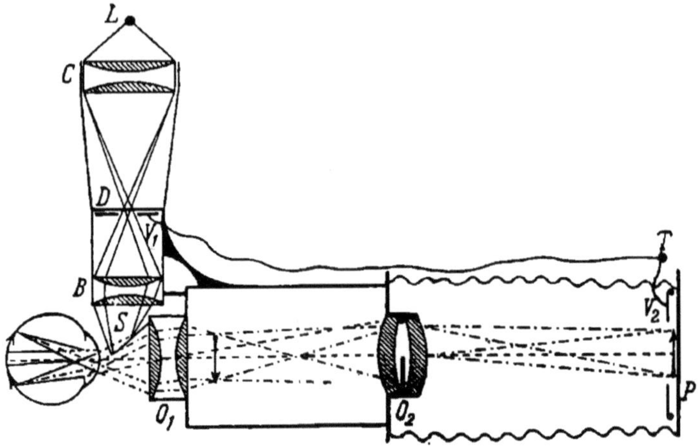

Fig. 11.

dort in einer gewissen schiefen Richtung schärfer als in der darauf senkrechten, was offenbar durch eine leichte Unruhe des Auges bei der Zeitaufnahme bedingt war. Ein Einfluss des optischen Apparates in dieser Richtung ist ausgeschlossen. Denn die Aufstellung, wie sie in Fig. 11 angegeben ist, unterscheidet sich von jener in Fig. 10 durch gar nichts anderes, als dass im ersten Falle ein zentriertes zweites Objektiv angewendet wurde, während im zweiten Falle ein dezentriertes Objektiv die aus dem ersten Objektiv kommenden Strahlen aufnahm. Diese Dezentration kann aber keinen Einfluss auf die Schärfe des Bildes haben, denn es geschicht dasselbe, als ob man von einem grösseren in doppelter Brennweite von dem Anastigmaten aufgestellten Bilde nur einen seitlichen Teil auf einer 9×12 Platte aufgenommen hätte. Eine 9×12 Platte wird aber von einem solchen Objektiv unter diesen Umständen ganz scharf ausgezeichnet. Dass auch bei der durch Fig. 10 erläuterten Aufstellung scharfe Bilder zu erhalten sind, wenn die Person während einer kurzen Zeitaufnahme ganz ruhig bleibt, zeigt Fig. 1 auf unserer Tafel II (40, 41, 42).

1902 berichtete auch Thorner (38) über seine Versuche, den Augenhintergrund der Katze mit einem photographischen Apparate aufzunehmen, der mit Thorner's im Jahre 1899 publizierten reflexlosen Augenspiegel in Verbindung gesetzt war. Die Aufnahmen wurden mit Blitzlicht gemacht und zwar nach demselben Prinzipe, das er auch zur Aufnahme des menschlichen Augenhintergrundes verwendet hat und das sogleich näher besprochen werden soll. Ich habe dann an demselben Orte, an dem diese Publikation Thorners erschienen war, über meine bisherigen Erfolge kurz berichtet (39).

Die ausführliche Mitteilung über die Versuche an Tieren, die Nikolaew im Laboratorium von Dogiel angestellt hatte, erschien 1903 (43). Zunächst wird mitgeteilt, dass der Apparat von Guinkoff ohne jedes Resultat angewendet wurde. Guinkoff nahm mit Sonnenlicht das aufrechte Bild auf. Bei diesem Verfahren bekam Nikolaew regelmässig Vertrocknung der Kornea durch den Einfluss der Wärmestrahlen, wogegen auch eine Alaun-Cuvette nichts nützte. Nikolaew schritt deshalb zu Versuchen mit dem grossen Liebreichschen Ophthalmoskop. Die Tiere wurden kurarisiert und mit künstlicher Atmung am Leben erhalten. Mit dem Curare wurde gleichzeitig behufs Erweiterung der Pupille Atropin in die Vena cruralis eingespritzt. (Es ist nicht klar, warum die Mydriasis nicht durch Eintropfen von Atropin in den Konjunktivalsack erzeugt wurde. Nikolaew sagt, dass beim Eintropfen von Atropin in den Konjunktivalsack [Lösung von 1 : 1000 destilliertes Wasser] die Kornea „bei Abwesenheit der Lidbewegungen sehr rasch eintrocknet", weshalb die direkte Injektion des Atropins in das Blut vorgenommen wurde. Ebenso unverständlich sind die Bemerkungen über die bei Kaninchen ausgeführte Einträufelung von Kokain in das Auge. Dabei wurde die Lösung rasch wieder mit Wasser ausgespült und durch eine neue Portion ersetzt. Es heisst dann: „durch solche Spülungen suchten wir die intensive Wirkung der aus der Lösung sich ausscheidenden Kokainkristalle auf die Hornhaut hintanzuhalten, da dieselbe unter dem Einflusse dieser Kristalle ihre Durchsichtigkeit rasch einbüsst.")

Die Lichtquelle war ein Auerbrenner, als Objektiv wurde zuerst ein Steinheil'scher Orthostigmat 1 : 6,8 mit 120 mm Brennweite, später ein Zeiss-Anastigmat 1 : 6,3 mit 140 mm Brennweite verwendet.

Die Expositionszeit war 10—50 Sekunden. Die Platten (von Schleussner oder Lumière) wurden in Eikonogen entwickelt. Es wurde auch der Lichtfilter von Zettnow in Verbindung mit isochromatischen Platten von Lumière gebraucht.

Die Versuchstiere waren namentlich Katzen. Es werden sieben Versuche mit Katzen ausführlich geschildert. Bei denselben wurde zuerst der Augenhintergrund ohne jeden weiteren Eingriff am Tiere photographiert, dann wurde das Tier unter die Einwirkung von Ergotin, Strychnin, Amylnitrit, Chloroform gesetzt und neuerlich eine oder mehrere Aufnahmen des Augenhintergrundes gemacht, auch gleichzeitig der Blutdruck mittelst des Kymographion gemessen.

Der Reflex wurde bloss durch eine entsprechende Stellung des Auges an den Rand des Bildes gerückt und erscheint auf vielen Bildern als helle Sichel rechts unten. Die Reflexe an der Konvexlinse des Augenspiegels konnten nicht vermieden werden. Das Drehen der Linse erwies sich Nikolaew hierzu nicht als zweckdienlich, indem dann statt eines hellen Fleckes zwei auf die Platte kamen.

Bei einer Reihe von Versuchen, die aber zur Zeit der Publikation noch nicht abgeschlossen waren, hat Nikolaew die Einwirkung der Reizung des Nervus vagus und des Nervus sympathicus, dann die Einwirkung von Eserin, Kokain, Atropin auf die Gefässe des Augeninneren durch die Photographie zu fixieren gesucht. Da hierbei die Atropinisierung nicht immer verwendbar war, wurde bei Kaninchen und Katzen die Iridektomie gemacht. Besonders gute Bilder bekam der Autor von den Chorioidealgefässen des albinotischen Kaninchens. Auch beim Menschen versuchte Nikolaew seine Methode. Doch misslangen wegen der Bewegungen des Auges die Aufnahmen. Es war bei Auerlicht und einer Expositionszeit von 30—45 Sekunden photographiert worden.

Auf einer Tafel sind der Arbeit eine Reihe von in Lichtdruck reproduzierten Photogrammen des Katzenauges beigegeben. Sie sind zumeist scharf und gleichmässig beleuchtet, haben die Grösse von durchschnittlich ca. 40 mm (zwei sind nur 26 mm gross), die Papille hat bei den grösseren Bildern einen Durchmesser von 5—6 mm. Das Gesichtsfeld hat also eine Ausdehnung von 6—8 Papillendurchmessern. Ungefähr in der Mitte befindet sich ein heller Fleck — der Reflex an den brechenden Flächen der Konvexlinse des Augenspiegels. Die Veränderungen an den Gefässen der Retina durch die angewendeten Mittel ist an einem Teile der Bilder ganz gut erkennbar. Das Verfahren von Nikolaew ist seiner ganzen Natur nach nur für vollständig immobilisierte Tiere verwendbar.

1903 erschien dann eine Monographie von Thorner unter dem Titel: „Die Theorie des Augenspiegels und die Photographie des Augenhintergrundes" (44). In dieser teilt Thorner sein Verfahren zur Photographie des menschlichen Augenhintergrundes mit, über das er auch schon in der Berliner physiologischen Gesellschaft berichtet hatte (38). Es beruht dieses Verfahren zunächst auf der Anwendung des reflexlosen Augenspiegels desselben Autors. Dieser beruht auf dem Prinzipe, dass vor die Lichtquelle ein halbkreisförmiges Diaphragma von der Grösse der halben Pupille gestellt wird, von welchem durch ein optisches System in der Ebene der Pupille ein Bild entworfen wird, so dass der Lichteinfall bloss durch die eine Hälfte der Pupille erfolgt, während die andere Hälfte der Pupille zur Beobachtung frei bleibt. Diese erfolgt ganz auf dieselbe Art wie die Beleuchtung durch ein analoges optisches System. Von jener Hälfte der Pupille, durch welche die Beleuchtungsstrahlen nicht eintreten, wird durch das zweite optische System ein Bild erzeugt und hinter diesem Bilde befindet sich das Auge des Beobachters, welches also in der Tat nur jene vom Augenhintergrunde kommenden Strahlen empfängt, die durch die nicht von den Beleuchtungsstrahlen durchsetzte Hälfte der Pupille gehen.

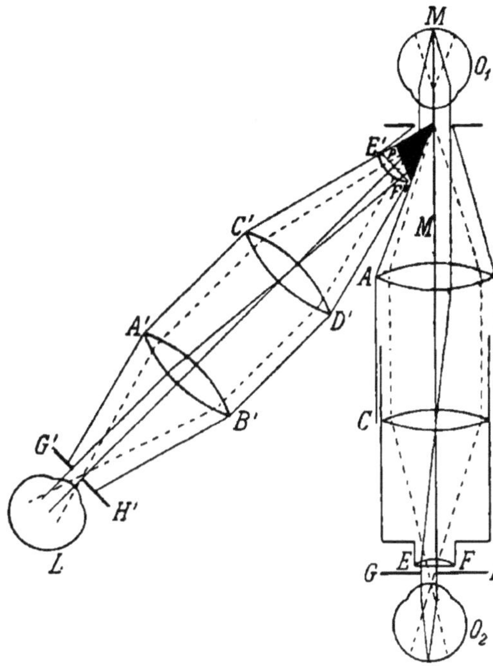

Fig. 12.

Fig. 12 zeigt das Schema des Apparates (nach Fig. 38 in der erwähnten Arbeit Thorners). L ist die Lichtquelle (eine Petroleumlampe), G'H' das halbkreisförmige Diaphragma von 4 mm Durchmesser vor derselben, in dem Beleuchtungsrohre sind 2 Bikonvexlinsen $C_1 D_1$ und $A_1 B_1$, ferner eine Plankonvexlinse $E_1 F_1$. Weiter tritt das Licht zu einem total reflektierenden Prisma P. Das Bild des Diaphragmas $G_1 H'$ entsteht also auf der in der Zeichnung linken Hälfte der Pupille des Auges O_1. Im Beobachtungsrohre sind 3 Linsen AB, CD und EF. Das Bild der rechten Hälfte der Pupille des Auges O_1 wird am Orte der zweiten ebenso grossen halbmondförmigen Blende GH erzeugt. Hinter GH ist das beobachtende Auge O_2. Dieses erhält also das Bild des Fundus des Auges O_1 nur durch Strahlen, welche die rechte Hälfte der Pupille des Auges O_1 passiert haben. Die beiden Rohre sind fest miteinander verbunden und durch eine entsprechende Schraubenvorrichtung samt der damit verbundenen Lampe zu heben und zu senken sowie auch seitlich zu verschieben.

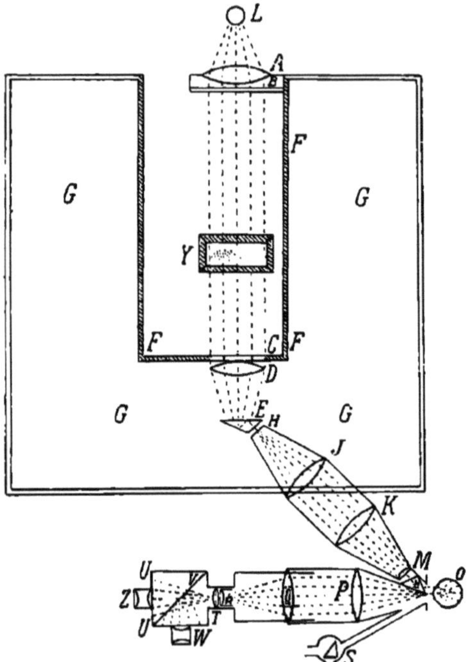

Fig. 13.

Zum Photographieren des Augenhintergrundes hat Thorner die durch Fig. 13 (Fig. 59 bei Thorner) dargestellte Einrichtung benutzt. Eine Petroleumlampe, die zur Einstellung dient, steht bei L. Ihre Strahlen werden durch eine Linse A parallel gemacht und fallen von hier auf eine Linse D, welche die Strahlen zunächst auf ein Prisma E konzentriert, das sie seinerseits um 45° ablenkt. Dann gelangen die Strahlen auf die Blende H des Beleuchtungsrohres des reflexlosen Augenspiegels. Die mit dem reflexlosen Augenspiegel sonst fix verbundene Lichtquelle ist, wie man sieht, hier entfernt.

Durch die soeben dargestellte Ablenkung der von L kommenden Strahlen ist es erreicht, dass auch bei seitlichen Verschiebungen des reflexlosen Augenspiegels das Licht noch in das Beleuchtungsrohr einfällt. Von oben nach unten aber sind gewöhnlich keine grossen Exkursionen mit dem reflexlosen Augenspiegel nötig. Der übrige Strahlengang ist nach der vorigen Figur leicht verständlich. JKM sind die Linsen des Beleuchtungsrohres, N ist das total reflektierende Prisma, O das Auge. S ist der Sucher des reflexlosen Augenspiegels, welcher dem Experimentator durch ein darin aufgestelltes Prisma ein Bild der Pupille des Auges O gibt. RQP sind die 3 Konvexlinsen des Beobachtungsrohres. Vor R befindet sich die andere halbmondförmige Blende und unmittelbar davor das photographische Objektiv von 75 mm Brennweite, das dann auf UU, der Einstellplatte, ein scharfes Bild des Augenhintergrundes von O entwirft. Die Einstellung geschieht auf einer durchsichtigen Einstellplatte mit der Lupe Z. Schräg durch die Kamera geht noch eine Spiegelglasscheibe UV, mittels der man mit der Lupe W kurz vor der Aufnahme die Stelle, die im Gesichtsfelde ist, sehen kann.

Die Linse D grenzt nun an ein grosses Gehäuse aus Eisenblech, dessen drei Seiten FFF im Durchschnitte gezeichnet sind. Die vierte Seite ist offen, ebenso die obere Decke fortgelassen. GGGG ist ein weit überstehendes Dach oben am Gehäuse, welches dazu bestimmt ist, Nebenlicht, Funken und Aschenteile abzuhalten.

Das Blitzpulver ist im Behälter Y in dem grossen Gehäuse, welches durch die Glasplatte B und C gegen die Petroleumlampe und gegen den Augenspiegel abgeschlossen ist. Behufs Aufnahme des menschlichen Augenhintergrundes, der so viel weniger Licht reflektiert als der Fundus der Katze, wurde das doppelt reflektierende Prisma E durch ein einfach total reflektierendes Prisma ersetzt. Es gelang ferner durch eine andere Zusammensetzung des Magnesiumblitzpulvers und bessere Ausnützung seiner Wirkung auch noch eine wesentliche Erhöhung der Lichtstärke zu erzielen. Endlich wurde ein Objektiv von kürzerer Brennweite (50 mm) benützt. Als empfindliche Platten dienten die plaques extrarapides von Lumière.

Fig. 14 ist die Ansicht des Apparates von aussen. Ein links sichtbarer Akkumulator dient dazu, das Blitzpulver im geeigneten Momente durch elektrische Entzündung zur Explosion zu bringen. An dem Augenspiegel ist die photographische Kamera befestigt. An der Kugel, welche zur Einstellung des Beobachtungsrohres dient, ist ein kleiner Hebel, mit dem man die Kamera kurz vor der Aufnahme durch eine zwischen R und T (Fig. 13) eingeschobene Klappe öffnen und dann wieder schliessen kann. Dieser Verschluss soll später elektrisch betrieben werden. Am Ende der Kamera ist eine Glasscheibe zur Einstellung und die fernrohrartige Einstellupe. Dahinter ist das Eisenblechhaus, welches die zur Einstellung dienende Petroleumlampe und den Behälter für das Blitzpulver verdeckt. (Die in der Figur sichtbare Petroleumlampe diente nur als Stativ für das Prisma E, Fig. 13).

Der Kopf des Patienten wird bloss durch eine Kinnstütze gehalten. Das andere Auge fixiert im Seitenspiegel des reflexlosen Augenspiegels eine Lampe.

Die Bilder des Augenhintergrundes, welche auf zwei Tafeln dem Buche von Thorner beigegeben sind und von denen ich in Taf. II, Fig. 5 das normale Bild des Fundus reproduziere, zeigen einen senkrechten Streifen des Augenhintergrundes zumeist höchstens in der Breite von 2 Papillendurchmessern (nur ein Bild, das die Maculagegend darstellt, gibt ein etwas breiteres Gesichtsfeld) und einer Länge von

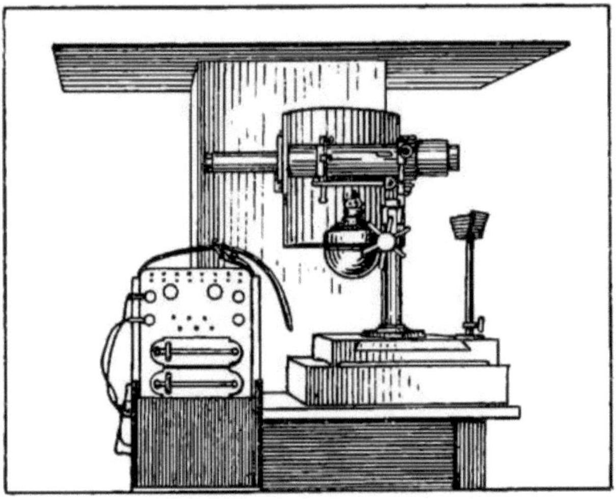

Fig. 14.

4–5 Papillendurchmessern. Die meisten Bilder sind von jugendlichen Individuen, die Thorner für besonders geeignet für die Photographie des Augenhintergrundes hält. Das streifenförmige Gesichtsfeld wird als eine Folge des Abfalles der Helligkeit nach den Seiten hin und als ganz unvermeidbar bezeichnet. Thorner schliesst nach Besprechung seiner Resultate und im Hinblick auf dieselben sein Buch mit den Worten: „Ob dieselbe (die Photographie des Augenhintergrundes) noch grösserer Verbesserungen fähig ist, weiss ich nicht. Ich sehe jedenfalls zur Zeit keine Möglichkeit, wie solche Verbesseruugen erzielt werden können und ich glaube, dass sie auf dem jetzigen Standpunkte wohl einer praktischen Verwendung fähig ist, besonders da die Methode verhältnismässig leicht ist und dabei sichere Resultate ergibt." (Thorners Buch erschien 1903 nach Publikation meiner Bilder im Heidelberger Kongressbericht von 1902 [siehe unsere Taf. II, Figg. 2 u. 3]. Diese Publikation wird von Thorner auch in der Literaturübersicht erwähnt.)

Hugo Wolff bringt 1903 eine vorläufige Mitteilung (45), nach welcher er an einem Augenphantom Versuche mit seinem elektrischen Augenspiegel angestellt hat, indem er durch eine direkt vor das Auge gesetzte Konvexlinse das umgekehrte Bild entwarf, welches in einer Kamera auf der photographischen Platte aufgefangen wurde. Die Versuche wurden mit dem Pflugk'schen Augenphantom gemacht. Fig. 15 zeigt das Auge O, die Konvexlinse vor dem Auge und die direkt angeschlossene und mit dem reflexlosen Augenspiegel Wolffs verbundene Kamera K. b ist die Einstellplatte. Das Auge wurde durch eine Kombination von + 13 D mit — 4 D auf eine Myopie von 9 D gebracht. Die Lichtquelle war eine Glühlampe. Das Gesichtsfeld soll 5 Papillenbreiten betragen, die Vergrösserung wäre eine $7^1/_2$fache. Aufnahmen wurden teils ohne, teils mit einer bei P aufgestellten Blende mit einer Expositionszeit von $^1/_2$ Sekunde gemacht. Die beigegebenen Reproduktionen dieser Aufnahmen zeigen nur ganz undeutliche Spuren der Zeichnung des Augenhintergrundes.

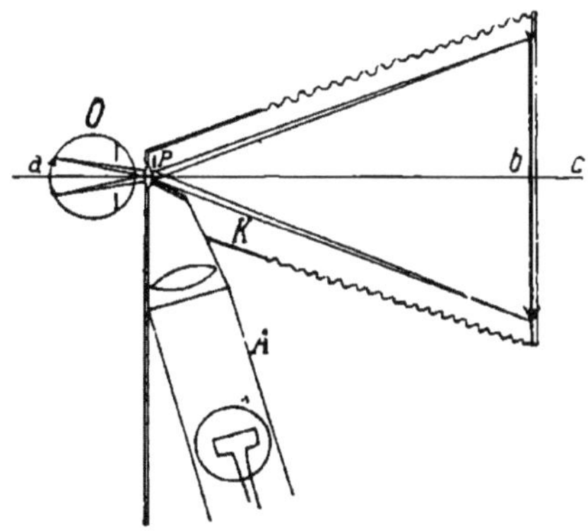

Fig. 15.

Auf dem internationalen Ophthalmologenkongress in Luzern 1904 domonstrierte ich meinen fast vollendeten Apparat und zahlreiche Photogramme (46).

Im Jahre 1906 endlich erschienen 2 Mitteilungen von Wolff über die Photographie des direkten, umgekehrten Bildes (47, 48). In der ersten beschreibt Wolff die Versuchsanordnung. Der leuchtende Krater einer elektrischen Bogenlampe von 30 Ampères wird durch 2 Köhlersche Kondensorlinsen (I und III in Fig. 16) nach Reflexion an einem Planspiegel in natürlicher Grösse in M abgebildet. Von M entwirft der Wolff'sche elektrische Augenspiegel 10 mm vor seiner Frontplatte ein Bild der Lichtquelle. Die Beleuchtung soll an beiden Augen durch den unteren Teil der Pupille erfolgen, sodass die halbmondförmige Beleuchtungsöffnung unter die runde Objektivöffnung zu liegen kommt, wie dies in Fig. 16 F von vorne dargestellt ist. Die 6 cm lange Kamera ist nicht ausziehbar, da die Einstellung immer durch Vorsetzen anderer Linsen im Augenspiegel erfolgen soll. 2 Momentverschlüsse sind in P und S angebracht. Der letztere enthält in einer Öffnung ein rauchgraues Glas zur Einstellung. Es wurden orthochromatische Momentplatten von Kranseder benützt. Über die Expositionszeit kann Wolff nichts bestimmtes angeben, doch war sie eine momentane. Der ersten Arbeit ist eine direkte Aufnahme des linken Auges des Verfassers und eine Vergrösserung desselben beigegeben. Die direkte Aufnahme hat 22 mm im Durchmesser und zeigt

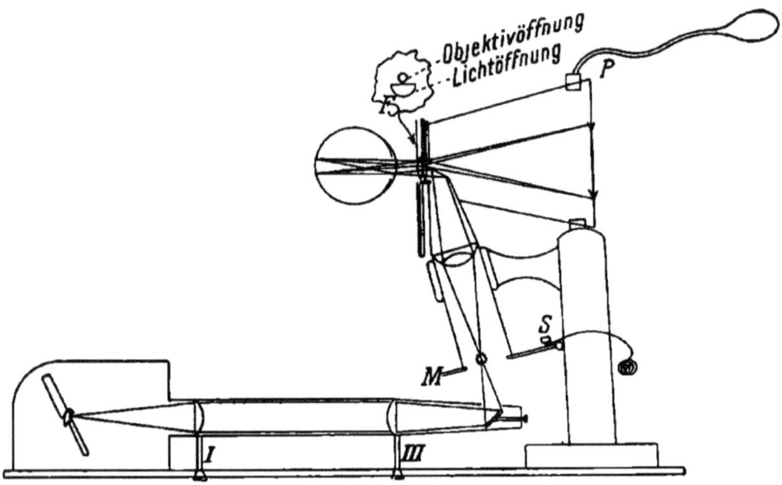

Fig. 16.

den Fundus in der Ausdehnung von 15—16 mm, die Papille ca. 4 mm gross, allerdings nicht in genügender Schärfe. Besser ist das Bild der 2. Publikation, wo die Aufnahme des rechten Auges des Autors in der natürlichen Grösse des Bildes und eine Vergrösserung darnach reproduziert sind. Das erstgenannte Bild hat 35 mm Durchmesser, die Papille darin 7 mm. Auf unserer Taf. II, Fig. 6 findet sich eine Kopie des Bildes. In den beiden hier erwähnten Aufnahmen Wolffs sieht man in dem Teile des Bildes, der dem unteren Teile des Fundus entspricht, eine hellere Stelle, die wohl grösstenteils durch den Reflex an der hinteren Linsenfläche bedingt ist.

Eine grosse Zahl von Bildern demonstrierte ich bei der Versammlung der ophthalmologischen Gesellschaft in Heidelberg 1906. Es waren ca. 250 verschiedene Aufnahmen und viele Vergrösserungen (49).

II. Kapitel.

Über den Wert der Augenhintergrund-Photographie, ihre Schwierigkeiten und die Mittel zur Überwindung derselben.

Für alle Gebiete der Naturwissenschaften und der Medizin hat die Photographie eine grosse Bedeutung gewonnen, da sie ein vollständig naturgetreues und objektives Bild liefert, wenn auch ihr Wert für verschiedene Gebiete naturgemäss ein sehr verschiedener ist. Der für alle Photogramme bis jetzt geltende Mangel der Farben bewirkt, dass die Photographie für gewisse Objekte, wo es hauptsächlich auf die Wiedergabe der Farben ankommt, weniger leistet, wenn auch hier durch die Einführung farbenempfindlicher Platten insoferne grosse Fortschritte zu verzeichnen sind als die Helligkeitswerte der Farben dadurch erheblich besser und natürlicher zum Ausdrucke kommen. In anderen Gebieten, wo die Darstellung des Reliefs ganz besonders wichtig ist, kann durch stereoskopische Photographie mehr als durch jede andere Art der Reproduktion erreicht werden, während dagegen in jenen Fällen, wo -- wie bei der Darstellung von mikroskopischen Bildern in stärkerer Vergrösserung — die Photographie immer nur das Bild bei einer ganz bestimmten Einstellung liefern kann, der Zeichner daher mit der ihm gebotenen Möglichkeit, sein Bild aus verschiedenen Eindrücken zu kombinieren, sehr im Vorteile ist.

Die Tatsache, dass die mit dem Augenspiegel sichtbaren Details des Augenhintergrundes zumeist dieselbe dioptrische Einstellung zeigen, lässt von vorne herein den Augenhintergrund als ein für die Photographie günstiges Objekt erscheinen. In jenen Fällen, wo, wie be-Netzhautablösung, bei Stauungspapille oder bei Glaukom, dieser Umstand nicht zutrifft, würde allerdings ein ähnliches Verhältnis eintreten wie bei der Photographie mikroskopischer Objekte bei stärkerer Vergrösserung. Doch würde es da wohl auf die Art der Abbildung ankommen, ob diese Verhältnisse sehr störend in die Wagschale fallen oder nicht. Selbst wenn hier mit der Photographie weniger zu leisten wäre, bliebe ihr noch immer ein weites Feld. Die Erzeugung stereoskopischer Photographien wäre dann freilich noch ein weiterer Fortschritt, an den zu denken man sich bei der Schwierigkeit, die mit dem Gegenstande verknüpft ist, zunächst kaum entschliessen kann.

Der Mangel der Farbe würde sich bei den Photogrammen des Augenhintergrundes wohl auch störend geltend machen, doch sind einerseits viele Veränderungen des Augenhintergrundes in sehr scharf kontrastierenden Farben gehalten, andererseits ist schon mit der Darstellung der Gefässverzweigung allein so viel gewonnen, dass man auch hierin keinen Grund erblicken kann, die Photographie für die Darstellung des Augenhintergrundes von vorne herein als minderwertiges Verfahren anzusehen. Es bliebe ja doch auch noch die Möglichkeit in die auf photographischem Wege gewonnene Zeichnung später die Farbe einzutragen.

Wenn man vielmehr bedenkt, was für Anforderungen die zeichnerische Wiedergabe der Details des Augenhintergrundes an die Kunstfertigkeit, Gewissenhaftigkeit, Genauigkeit und Geduld des Zeichners stellt, so muss die Photographie, die uns mit einem Schlage und mit unfehlbarer Genauigkeit und Objektivität das Bild liefern würde, als ein sehr erstrebenswertes Ziel erscheinen. Es sei hier nur daran erinnert, dass die so ausgezeichneten, unübertrefflichen Bilder des Jaegerschen Atlases nach dem eigenen Ausspruche des Autors meist 20—30, selbst 40—50 Sitzungen zu je 2—3 Stunden und darüber erfordert haben, womit freilich auch die farbige Wiedergabe erreicht wurde. Diese lange Zeit, welche das Abzeichnen und Abmalen des Augenhintergrundes braucht, ist aber auch mit einer starken Belästigung der Person, deren Auge abgebildet wird, verbunden, so dass nicht jedermann zu dieser Geduldprobe sich hergibt.

Alle diese Verhältnisse sind es auch, welche die wiederholte Abbildung des Augenhintergrundes einer und derselben Person sehr erschweren und doch wäre dies im Interesse der Verfolgung von Krankheiten des Augenhintergrundes von grosser Wichtigkeit. Wie leicht könnten dagegen bei der Verwendung der Photographie solche wiederholte Aufnahmen gemacht werden.

Von Wichtigkeit ist ferner die Möglichkeit, Messungen an den Photogrammen vornehmen zu können, die gewiss sehr zuverlässige Resultate versprechen. Die Messungen gewisser Abstände (z. B. jenes zwischen Macula und Papille) an verschiedenen Augen wären allerdings nur bei Berücksichtigung vieler Nebenumstände miteinander vergleichbar, dagegen würde der Ort eines im Augenhintergrunde sitzenden Fremdkörpers, der Ort einer Cysticercusblase gewiss mit einer für die Lokalisation operativer Eingriffe brauchbaren Genauigkeit angegeben werden. Auch bei gewissen Tierversuchen, bei denen Veränderungen an den Gefässen des Augenhintergrundes erwartet werden, kann die Photographie vielleicht wertvoll sein.

Der Gedanke, die Photographie des Augenhintergrundes zur Konstatierung der Identität einer Person, also zu forensischen Zwecken, zu verwenden, kann auch in Erwägung gezogen werden. Er ist insoferne berechtigt, als die Verteilung der Gefässe im Augenhintergrunde eine für jedes Individuum sehr charakteristische und das ganze Leben hindurch gleichbleibende ist. Andererseits wird wohl immer zur Vornahme einer Augenhintergrundsphotographie der gute Wille der Versuchsperson erforderlich sein, der gerade in diesen Fällen nicht immer vorhanden ist.

So wäre gewiss die Photographie des Augenhintergrundes in vieler Hinsicht ein sehr wünschenswertes Hilfsmittel für die Forschung, wenn man auch nicht erwarten darf, dass sie ähnlich wie in der Astronomie mehr leisten wird als die einfache Beobachtung, was sich ja aus den hier und dort sehr verschiedenen Verhältnissen leicht erklären lässt.

Wenn nun so die Bedeutung der Photographie des Augenhintergrundes feststeht, so muss man sich auch fragen, wie die Photogramme beschaffen sein müssten, um diesen Zwecken zu genügen. In dieser Richtung kann gesagt werden, dass nur für die seltensten Fälle, etwa für die Messung der Breite an Gefässen (bei Tierversuchen) Bilder, die nur einen geringen Teil des Augenhintergrundes darstellen, ausreichen würden. Selbst bei der Verwendung der Photographie zu dem soeben gedachten Zwecke würde es bei etwa erforderlichen wiederholten Aufnahmen desselben Auges unter verschiedenen Verhältnissen recht schwer halten, jedesmal dieselbe Stelle des Fundus zu finden, wenn das Gesichtsfeld nur ein sehr kleines wäre. Für alle anderen oben genannten Zwecke aber ergibt sich ein möglichst ausgedehntes Gesichtsfeld als unausweichliches Bedürfnis.

Betrachten wir die Bilder der bekannten ophthalmoskopischen Atlanten, so finden wir, dass im Atlas von Ed. v. Jaeger in der grossen Mehrzahl der Bilder ein Teil des Augenhintergrundes in der Ausdehnung von durchschnittlich 5—6 Papillendurchmessern dargestellt ist; ebenso weisen die meisten Bilder im Atlas von Oeller ein Gesichtsfeld von höchstens 6 Papillendurchmessern auf, während bei Haab der dargestellte Teil des Fundus grösser ist (ca. 1/3 der Bilder gehen bis zu 6—7 Papillendiametern und ein weiteres Drittel bis zu 8—10 Papillendurchmessern); die Demonstrationstafeln von Weiss zeigen ein Gesichtsfeld von 7 Papillendurchmessern, die Bilder von Wecker und Masselon verhalten sich ähnlich wie jene von Jaeger. Nur einzelne Bilder von Oeller gehen bis zu einem Gesichtsfelde von 7—10 Papillendurchmessern (eines bis 16), einige von Haab bis zu 11—14 Papillendurchmessern.

Es dürfte also wohl für die Photogramme des Augenhintergrundes mindestens ein Gesichtsfeld von 5—6 Papillendurchmessern gefordert werden müssen; dabei ist natürlich vorausgesetzt, dass dieses Gesichtsfeld wirklich ein scheibenförmiges ist und in jedem seiner Teile die Details mit der gleichen Schärfe zeigt. Denn nur für wenige Fälle wird es hinreichen, wenn ein Bild geliefert wird, das nur in einer Richtung diese Ausdehnung hat.

Die Grösse der meisten Bilder in den einzelnen Atlanten schwankt von 60 mm Durchmesser bis zu 110 mm, wenn man von den für besondere Zwecke bestimmten Tafeln von Weiss und Perles absieht. Bei der Photographie würde es im Interesse einer möglichst kräftigen Beleuchtung und einer möglichst kurzen Exposition liegen, wenn die Bilder sehr klein gemacht würden. Auch werden solche Bilder weniger Fehler aufweisen und die nach solchen Bildern leicht anzufertigenden Vergrösserungen werden ebenfalls eine grössere Schärfe zeigen, als wenn gleich direkt grössere Bilder angefertigt werden. Andererseits wäre es erwünscht, die Bilder in einem Format zu erhalten, welches auch ihre direkte Verwendung ohne weitere Ausführung von Vergrösserungen gestattet. Diese letzteren sind freilich auf vollkommen mechanischem Wege zu erreichen und können von jedem Photographen gemacht werden, beanspruchen also keinen weiteren Zeitaufwand seitens des Okulisten. Im allgemeinen kann man aber sagen, dass Bilder von 30—40 mm Durchmesser etwa an der Grenze jener Bilder stehen würden, welche noch direkt ohne weitere Vergrösserung brauchbar erscheinen.

Nachdem wir so den Wert der Augenhintergrundphotographie und die Bedingungen, unter denen sie ihren Zwecken entsprechen würden, beleuchtet haben, wären die Schwierigkeiten, welche sich der Erreichung des Zieles entgegenstellen, einer Betrachtung zu unterziehen.

Die Reflexe an den brechenden Medien.

Zunächst sind die Reflexe an den brechenden Medien immer und immer wieder von jenen, die sich mit unserem Thema beschäftigt haben, als ein gewaltiges Hindernis hervorgehoben worden. Sind auch diese Reflexe für die Beobachtung des Augenhintergrundes mit dem Augenspiegel zumeist nur in der Weise störend, dass man lernen muss, bei ihnen vorbei zu sehen, so dass sie nur dem Ungeübten bei der Untersuchung Schwierigkeiten bereiten, so bedrohen sie, wenn sie auch nur in geringem Masse vorhanden sind, die Deutlichkeit jedes Photogramms. Das von den Trennungsflächen der brechenden Medien regelmässig reflektierte Licht bewirkt nur zu leicht eine Verschleierung der ganzen Platte oder des grössten Teiles derselben. So zeigten auch viele Photogramme des Augenhintergrundes eigentlich fast nichts als die Reflexe, nämlich einen hellen Fleck, neben dem man irgendwo nur mit Schwierigkeit und undeutlich sehr spärliche Teile des Augenhintergrundes erkennt. Die Vermeidung dieser Reflexe ist also jedenfalls eine der wichtigsten Aufgaben und geradezu eine Vorbedingung für die Photographie des Augenhintergrundes.

Die Lichtquelle. Eine andere Schwierigkeit besteht darin, dass man eine sehr grosse Lichtmenge durch die Pupille in das Auge bringen muss. Von dieser Lichtmenge hängt ja die Kürze der Expositionszeit und damit auch die Schärfe des Bildes ab.

Die Einstellung. Ein schwierig zu erfüllendes Postulat ist es ferner, dass der Apparat einerseits jedenfalls eine ganz scharfe Einstellung des Bildes auf der Einstellplatte gestatten muss, während es andererseits doch unmöglich ist, die zur Photographie notwendige Lichtmenge auch während der Zeit, die zur Einstellung des Auges nötig ist, ins Auge gelangen zu lassen.

Die Ruhe. Da es sich um die Photographie der Augen lebender Menschen und Tiere handelt, so muss auch, wenigstens für eine gewisse kurze Zeit, die Ruhe des Kopfes und des Auges gesichert erscheinen, wenigstens von dem Momente, in welchem die Einstellung vollzogen ist, bis zu jenem, in welchem die Aufnahme gemacht wird.

Gesichtsfeld und Schärfe. Wir haben schon die Wichtigkeit eines grossen Gesichtsfeldes hervorgehoben und können auch hier wieder die Erreichung eines grossen Gesichtsfeldes als eine der Schwierigkeiten anführen, da ja nur unter gewissen Umständen gleichzeitig mit dem genügend grossen Gesichtsfelde auch die unerlässliche

Schärfe des Bildes erzielt werden wird. Diese Schärfe wird um so schwerer zu erreichen sein, da wir es beim Auge mit einem sehr fehlerhaften optischen Systeme zu tun haben und da wir doch den Fundus unter einer gewissen Vergrösserung abbilden wollen.

Gleichmässige Beleuchtung. Der relativ grosse Teil des Augenhintergrundes, dessen Ausdehnung wir oben näher bestimmt haben, muss aber auch gleichmässig beleuchtet werden und dies bildet eine weitere schwere Aufgabe, denn für die photographische Platte ist die gleichmässige Beleuchtung selbstverständlich noch viel notwendiger als für die Beobachtung mit dem Augenspiegel. Das Auge des Beobachters kann auch bei schwacher Beleuchtung noch ganz gut Details erkennen, während die photographische Platte die schwach beleuchteten Teile überhaupt gar nicht mehr bringen wird, wenn die übrigen richtig beleuchteten Partien des Augenhintergrundes gut abgebildet werden. Bekanntlich wird bei keiner der gebräuchlichen ophthalmoskopischen Methoden das Gesichtsfeld, das die Konstruktion ergibt, auch gleichmässig beleuchtet. Wir ersetzen diesen Mangel gewöhnlich dadurch, dass wir durch Drehungen des Spiegels das Licht in verschiedener Richtung ins Auge fallen lassen, so dass wir gleichsam das Gesichtsfeld nach und nach absuchen (nur beim elektrischen Augenspiegel von Wolff ist dies nicht notwendig). Bei der Photographie des Augenhintergrundes muss aber das ganze Gesichtsfeld auf einmal und auch möglichst gleichmässig beleuchtet werden, denn sonst würden die weniger beleuchteten Partien entweder im Bilde vollständig fehlen oder so unterexponiert bleiben, dass sie höchst ungenügend zur Abbildung gelangen würden.

Farbe des Augenhintergrundes. Sind auch alle diese Hindernisse überwunden, so stellt sich die Färbung des Augenhintergrundes als ein sehr ungünstiger Umstand dar. Der Augenhintergrund sendet bekanntlich überwiegend rote Strahlen aus und gerade diese sind es, welche auf die hier verwendbaren Arten der photographischen Platten nur wenig einwirken.

Netzhautreflexe. Noch manche andere Beschaffenheit des zu photographierenden Objektes muss aber störend wirken. Alle Schichten der Netzhaut vor dem Pigmentepithel gelten für gewöhnlich als durchsichtig, liegen aber doch in Wirklichkeit an vielen Stellen, besonders in der Umgebung der Papille und in einem Teile der Fovea und deren Umgebung wie ein zartester Schleier über den tiefer liegenden Teilen. Dass dem so ist, erkennt man gerade in der Fovea, wo die der Foveola entsprechende dunkle Stelle ihre dunklere Farbe eben dem

Umstande verdankt, dass die Netzhaut hier sehr dünn, fast nur auf das Sehepithel reduziert ist und gewisser, mehr diffuses Licht reflektierender Schichten ermangelt (Henle'sche Faserschicht). Diese zarteste Verschleierung der tieferen Teile wird für das beobachtende Auge kein sehr wesentliches Hindernis abgeben, da man hier auch mit einer schwachen Beleuchtung auskommt, kann sich aber bei der zur Photographie notwendigen sehr starken Beleuchtung eventuell viel stärker geltend machen. Sicher würden das jene Netzhautreflexe tun, die als eigentümliche glänzende Figuren erscheinen und durch regelmässige Reflexion des Lichtes an der inneren Oberfläche der Netzhaut bei jungen Leuten entstehen. Der Untersucher wird durch geringe Bewegungen des Kopfes und Spiegels diesen Reflexen leicht eine andere Form und Lage geben können, so dass er sich die früher von den Reflexen bedeckten Teile doch zur Anschauung bringen kann; er wird ferner durch Verwendung von schwacher Beleuchtung die durch die Reflexe bewirkte Störung geringer machen können. Der Photographie jedoch stehen diese ausgleichenden Mittel nicht zu Gebote.

Niveaudifferenzen im Augenhintergrunde. Endlich ist es bekannt, dass manche Teile selbst des normalen Augenhintergrundes nicht in demselben Niveau liegen. Noch mehr ist dies bei pathologischen Veränderungen des Auges der Fall. Es ist klar, dass auch das um so mehr eine Schwierigkeit bieten muss, als ja doch eine Aufnahme des Augenhintergrundes unter einer gewissen Vergrösserung angestrebt wird.

Es sollen nun im allgemeinen die Wege zur Sprache kommen, welche zur Beseitigung der im vorigen Abschnitt angegebenen Schwierigkeiten eingeschlagen werden können, während diejenigen Prinzipien, die ich tatsächlich bei der Konstruktion meines Apparates angewendet habe, im Detail im nächsten Kapitel dargelegt werden sollen.

Die Reflexe.

Zur Beseitigung der Reflexe bieten sich verschiedene Mittel dar Es bestehen diese Mittel entweder darin, dass man schon das ins Auge fallende Licht in der Weise verändert, dass durch entsprechende Vorrichtungen die Reflexe ausgeschaltet werden können oder darin, dass man die brechenden Flächen des Auges in gewisser Weise verändert, so dass dem gespiegelten Lichte leicht eine andere Richtung gegeben werden kann; endlich darin, dass man das Licht so ins Auge gelangen lässt, dass bloss die vom Augenhintergrunde diffus oder regelmässig reflektierten Lichtstrahlen auf die photographische Platte gelangen, während die von den brechenden Medien regelmässig zurückgeworfenen Lichtstrahlen von dem Wege zur photographischen Platte abgeblendet werden. Ich folge in der Darstellung der Methoden zum Teile den Ausführungen Thorners (44).

1. Die Polarisationsmethode.

Verwendet man zur Beleuchtung des Augenhintergrundes linear polarisiertes Licht, so kann man eventuell das vom Augenhintergrunde zurückkehrende depolarisierte Licht allein zur empfindlichen Platte gelangen lassen, während man das von den brechenden Medien reflektierte Licht davon abhält. Um dieses Prinzip vollkommen wirksam zu machen, ist es am besten, Nicol'sche Prismen zu verwenden. Fr. Fuchs (5) hat im Jahre 1882 einen Augenspiegel angegeben, bei dem die Reflexe durch Nicol'sche Prismen beseitigt werden. Bei demselben gelangt nur ein einziger Nicol zur Verwendung, welcher zugleich als spiegelnder Apparat dient. Der Nicol befindet sich dicht vor dem untersuchten Auge. Das Licht fällt durch eine abgeschliffene stumpfe Kante des Nicol auf die Grenzfläche und wird als ordinärer Strahl in das Auge geleitet. Das austretende Licht ist depolarisiert und zerfällt wieder in 2 Teile, von denen der eine als ordinärer Strahl wieder zur Flamme zurückgeht, der andere aber als extraordinärer Strahl in das Auge des Untersuchers gelangt. Das von der Hornhaut reflektierte Licht behält die Polarisationsrichtung der ordinären Strahlen bei und diese Strahlen werden daher auch als ordinäre zur Lichtquelle zurückkehren. Damit ist der Reflex beseitigt.

In ähnlicher Weise ist Thorner (44) vorgegangen. Er hat zunächst ein Nicolsches Prisma verwendet, an das ein rechtwinkeliges Prisma angekittet wurde, dessen eine Fläche mit einem Spiegelbelage versehen war.

Die Beseitigung des Reflexes durch 2 Nicol'sche Prismen wurde auch von Fuchs bereits angedeutet. Thorner hat sie so verwendet, dass er an den einen Nicol ein kleines total reflektierendes Prisma ankittete, welches das Licht einer Flamme durch das Nicol'sche Prisma in das Auge reflektiert. Das von der Hornhaut reflektierte Licht geht nun durch dieses Prisma gegen die Lichtquelle, während das andere Prisma dasselbe auslöscht, das vom Augenhintergrunde kommende Licht aber in das Auge des Beobachters treten lässt.

Eine andere Anordnung Thorners (44) war die, dass er Licht durch einen Nicol und eine Linse auf einen Planspiegel fallen liess, dessen Belag gitterförmig durchbrochen war, so dass Streifen von 2 mm Breite stehen geblieben sind und gleich breite Streifen ohne Belag dazwischen fielen. Das von diesem Spiegel reflektierte Licht geht zum Augenhintergrunde des untersuchten Auges und von da wieder teils zur Lampenflamme zurück, teils durch die vom Belag frei gelassenen Stellen zu einem zweiten Nicol, der, als Analysator wirkend, das von der Kornea reflektierte Licht am Durchtritt verhindert.

Alle diese Versuche haben sich für die Photographie des Augenhintergrundes als nicht verwendbar erwiesen und zwar wegen der in den Nicol'schen Prismen an den Wänden auftretenden Reflexe, ferner wegen des Lichtverlustes und endlich wegen der Beschränkung des Gesichtsfeldes, die mit dem Gebrauche der Nicol'schen Prismen verbunden ist.

2. Immersionsmethode.

Während die Polarisationsmethode tatsächlich nicht zur Herstellung von Photogrammen des Augenhintergrundes geführt hat, ist dagegen die Anwendung der Immersionsmethode für die Photographie des Augenhintergrundes von Wert gewesen. Mit ihr haben Fick und Gerloff gearbeitet und der letztere hat damit das erste brauchbare Bild des menschlichen Augenhintergrundes angefertigt. Sie besteht darin, dass, wie bei Czermaks Orthoskop, vor das Auge eine Wasserkammer gebracht wird, welche durch ein planparalleles Glas nach vorne abgeschlossen ist. Die Ausschaltung des Hornhautreflexes erfolgt dadurch, dass an der vorderen Fläche der Kornea unter diesen Umständen überhaupt keine nennenswerte Reflexion stattfindet, da der Brechungsindex der Kornea von jenem des Wassers oder vielmehr der physiologischen Kochsalzlösung, welche sich vor der Kornea befindet, fast nicht verschieden ist. Es genügt eine ganz leichte Drehung der die Wasserkammer vorne abschliessenden Glasplatte, um den an der Vorderfläche regelmässig zurückgeworfenen Lichtstrahlen eine solche Richtung zu geben, dass sie nicht störend wirken.

Auch dieses Prinzip ist trotz der damit erzielten Erfolge nicht empfehlenswert, da die Anwendung der ganzen Vorrichtung mit vielen Unannehmlichkeiten für das Auge verbunden ist und da auch die Änderung im brechenden Systeme des Auges, welche durch die Anwendung der Wasserkammer gegeben ist, Nachteile mit sich bringt. Es wird das Auge nämlich durch die Wasserkammer hochgradig hypermetropisch. Dies wäre, wie Fick ausgeführt hat, allerdings für die Aufnahme im aufrechten Bilde kein Nachteil, denn damit wird für die Methode des aufrechten Bildes eine Vergrösserung des Gesichtsfeldes gewonnen. Die Aufnahme des umgekehrten Bildes, bei welchem jedenfalls ein grösseres Gesichtsfeld zu erreichen ist, erscheint aber dadurch erschwert. Ferner wird durch diese Methode wohl der Hornhautreflex, aber nicht die Linsenreflexe beseitigt und wir werden später sehen, dass dieselben ebenso wie der Kornealreflex in Berücksichtigung gezogen werden müssen und unter Umständen auch eine ganz besondere Vorrichtung zu ihrer Beseitigung erfordern.

3. Die geometrische Methode.

Mit diesem Namen hat Thorner (44) jene Methode zur Beseitigung der Reflexe bezeichnet, welche ohne Verwendung von Polarisationsapparaten bezweckt, den von den Trennungsflächen der brechenden Medien reflektierten Strahlen eine solche Richtung zu geben, dass sie von dem Beobachter nicht wahrgenommen werden, beziehungsweise auch nicht auf die photographische Platte gelangen.

Schon Bagnèris hat zur Photographie des Augenhintergrundes die Beleuchtung desselben durch die eine Hälfte der Pupille in Anwendung gezogen, während die andere Hälfte der Pupille zur Erzeugung des Bildes benützt wurde. Thorner hat die Verhältnisse, unter denen die Ausschaltung der Reflexe auf diesem Wege möglich ist, genauer untersucht und seinen reflexlosen Augenspiegel konstruiert, mit dem er auch Photogramme des Augenhintergrundes erhalten konnte. Thorner entwickelte in seiner oben erwähnten Monographie den Strahlengang bei Beleuchtung des emmetropischen Auges mit parallelen, divergenten oder konvergenten Strahlen und kommt zu dem Schlusse, dass jeder einzelne Punkt im Augenhintergrunde des emmetropischen Auges in allen diesen Fällen von Strahlenbündeln beleuchtet wird, welche vor dem Auge als Bündel paralleler Strahlen verlaufen und dann im Auge selbst einen Strahlenkegel bilden, dessen Basis die Pupille, dessen Spitze der betreffende Punkt auf der Netzhaut ist. In Anbetracht des Gesetzes über die Möglichkeit der Vertauschung von Bild und Objekt kann man auch sagen, dass man die Strahlen, welche einen Punkt des Augenhintergrundes beleuchteten, dadurch finden kann, dass man diesen Punkt als leuchtend ansieht und den Verlauf der von ihm ausgehenden Strahlen nach der Brechung durch das optische System des Auges bestimmt. Die Konstruktion ergibt auch für das hypermetropische und das myopische Auge ein analoges Resultat.

Auch hier werden die Strahlen, die einen Punkt der Netzhaut beleuchten, am leichtesten dadurch gefunden, dass man den Punkt als lichtaussendend betrachtet. Die Strahlen, welche einen bestimmten Punkt der Netzhaut im hypermetropischen Auge beleuchten sollen, müssen also vor dem Auge konvergieren, und zwar entsprechend dem Grade der Hypermetropie gegen einen Punkt hinter dem Auge, der auf dem jenem Netzhautpunkte zugeordneten Richtungsstrahle im Abstand des Fernpunktes des hypermetropischen Auges hinter dem Auge liegt. In gleicher Weise müssen die Strahlen, welche einen Punkt der Netzhaut des myopischen Auges zu beleuchten haben, von einem Punkte kommen, der im Abstand des Fernpunktes des myopischen Auges auf dem zu dem Netzhautpunkte gehörigen Richtungsstrahle vor dem Auge liegt.

Es entspricht das auch ganz den Auseinandersetzungen, die ich in der Bearbeitung der Lichtreflexe der Netzhaut [1]) gegeben habe. Ich habe dort ebenfalls dargelegt, dass man den Lichteinfall für einzelne Punkte der Netzhaut bei verschiedenen Untersuchungsmethoden und bei verschiedenen Refraktionszuständen in gleicher Weise dadurch erhält, dass man den von der Pupille ausgehenden Strahlenkegel, dessen Spitze in jenem Netzhautpunkte liegt, konstruiert. Die Nichtbeachtung dieser Verhältnisse hat, wie ich damals gezeigt habe, zu vielen irrigen Anschauungen geführt, so dazu, das man annahm, ja selbst zu beobachten glaubte, dass die Breite der Reflexstreifen auf den Netzhautgefässen bei Gebrauch von Spiegeln verschiedener Brennweite wechselt. Diese Annahme beruhte auf der falschen Voraussetzung, dass das vom Spiegel gelieferte Flammenbild das Objekt für die Spiegelung an der vorderen Fläche der Blutsäule abgibt. Ich habe im angezogenen Orte auch darauf hingewiesen, dass natürlich nicht immer die ganze Pupille als lichtaussendend betrachtet werden darf, sondern dass unter gewissen Umständen nur Teile der Pupille in dieser Weise fungieren.

In seinen weiteren Auseinandersetzungen kommt dann Thorner dazu, die Beleuchtungsverhältnisse für den Fall zu betrachten, dass ein Planspiegel, der schräg vor die halbe Pupille gestellt ist, das Auge beleuchtet.

In der Fig. 17 (= Fig. 23 bei Thorner) stellt A die Beleuchtungsverhältnisse für einen gerade in der optischen Achse gelegenen Punkt a_1 dar, während ein Planspiegel tu, welcher schräg vor die halbe Pupille gestellt ist, Licht ins Auge wirft. Wir finden die Beleuchtungsstrahlen nach dem soeben dargelegten, wenn wir den Punkt a_1 als

[1]) Dimmer, Die ophth. Lichtreflexe der Netzhaut. Wien 1891.

leuchtend ansehen und die von ihm ausgehenden Strahlen vor dem Auge weiter verfolgen. Unter der Voraussetzung, dass das Auge ein emmetropisches ist, werden dann die von a_1 ausgehenden Strahlen vor der Pupille cd des Auges parallel verlaufen und zum Teile zum Spiegel t u, zum Teile neben demselben vorbei gehen. Die zum Spiegel gehenden Strahlen werden zur Lichtquelle zurückreflektiert, sind also diejenigen, welche auch in umgekehrter Richtung verlaufend zur Beleuchtung des Punktes a_1 dienen können, die neben dem Spiegel vorbeigehenden Strahlen dienen zur Beobachtung. Man ersieht aus Fig. 17 A, dass in diesem Falle wirklich die ganze eine Hälfte der Pupille cb zur Beleuchtung, die andere zur Beobachtung benutzt wird.

Fig. 17 B gibt die Verhältnisse für einen nach der Seite des Spiegels gelegenen Punkt a_2 der Netzhaut wieder. Die von hier aus-

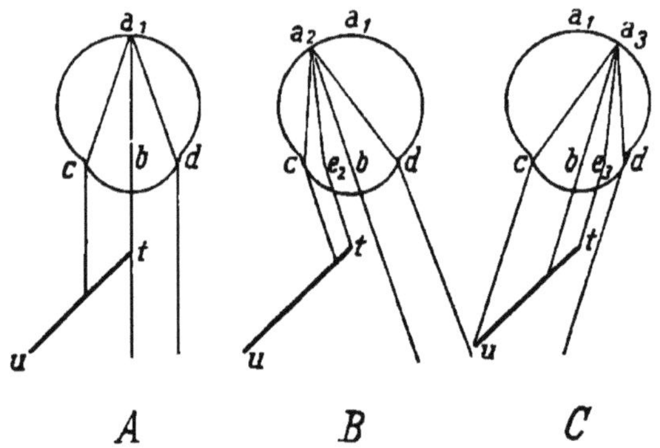

Fig. 17.

gehenden Strahlen treffen vor dem Auge entsprechend dem Teile c e_2 der Pupille auf den Spiegel. Hier wird also nur ein schmales Bündel zur Beleuchtung, ein sehr viel grösseres zur Beobachtung verwendet. Umgekehrt ist es in Fig. 17 C, wo das Bündel c e_3 auf den Spiegel gelangt und nur ein kleiner Teil neben dem Spiegel vorbei in das beobachtende Auge treten kann. In diesem Falle wird der ganze Spiegel t u zur Beleuchtung verwendet.

Es kann also, wenn die Reflexe in der einen Hälfte der Pupille entstehen, das Bild nur für den Fall Fig. 17 A, wo wirklich die eine Hälfte der Pupille zur Beleuchtung, die andere zur Beobachtung benützt wird, reflexlos sein, nicht aber, wenn ein ausgedehnter Teil des Augenhintergrundes von a_2 bis a_3 beleuchtet und beobachtet werden soll. Denn in Fig. 17 B wird die Hälfte der Pupille, durch welche die Beleuchtungsstrahlen für a_2 passieren, auch mit zur Beobachtung verwendet, in Fall 17 C die Hälfte der Pupille, durch welche die zum Beobachterauge gehenden Strahlen hindurchtreten, auch zur Beleuchtung ausgenützt. Thorner führt weiter auf dieses gestützt aus, dass man, um völlige Reflexlosigkeit des Bildes zu erreichen, eine bis tief ins Auge hineinreichende Scheidewand anbringen müsste, welche in allen Fällen die Beleuchtungsstrahlen von den Beobachtungsstrahlen sondert. Man könne jedoch die Wirkung einer solchen Scheidewand durch Abblendung im Beleuchtungs- und Beobachtungssystem erreichen. Man braucht aber dann notwendig sowohl im Beleuchtungs- als im Beobachtungssysteme mindestens eine Konvexlinse, welche je ein reelles Bild der Pupille entwirft.

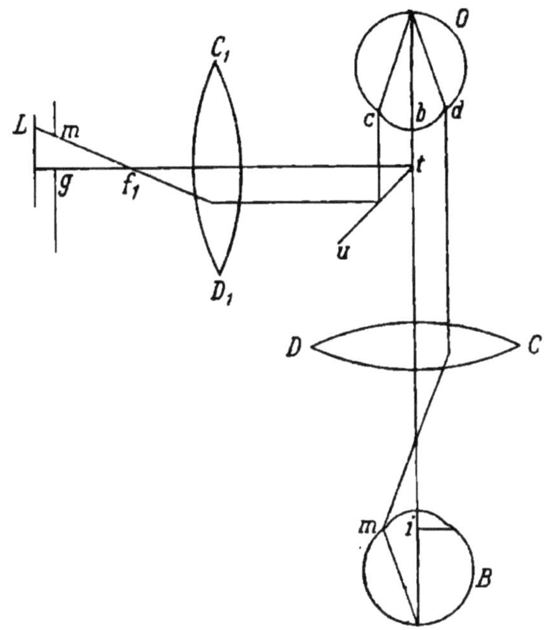

Fig. 18.

In Fig. 18 (= Fig. 25 bei Thorner) ist diese Abblendung für den Fall, der Fig. 17 A entspricht, dargestellt, d. h. für jenen Fall, wo die Hälfte der Pupille zur Beleuchtung, die andere Hälfte zur Beobachtung dient. L ist die Lichtquelle, vor welcher ein halbmondförmiges Diaphragma m g von der Grösse der halben Pupille des beobachteten Auges sich befindet. In $C_1 D_1$ ist eine Konvexlinse von 25 cm Brennweite aufgestellt, die um 2 F also 50 cm sowohl von der Pupille des Auges O als auch vom Diaphragma m g absteht. Das umgekehrte Bild des Fundus entsteht, da es sich um ein emmetropisches Auge handelt, im Brennpunkte f_1 der Linse $C_1 D_1$. Zugleich entwirft $C_1 D_1$ auf der einen Hälfte b c der Pupille des beobachteten Auges O ein Bild von m g von gleicher Grösse wie m g. Dementsprechend ist das Beobachtungssystem eingerichtet. Die Linse C B erzeugt hier von der anderen Hälfte b d der Pupille des Auges O ein umgekehrtes Bild in m i, einem halbmondförmigen Diaphragma von der gleichen Grösse wie b d, welches Diaphragma in Wirklichkeit knapp vor dem

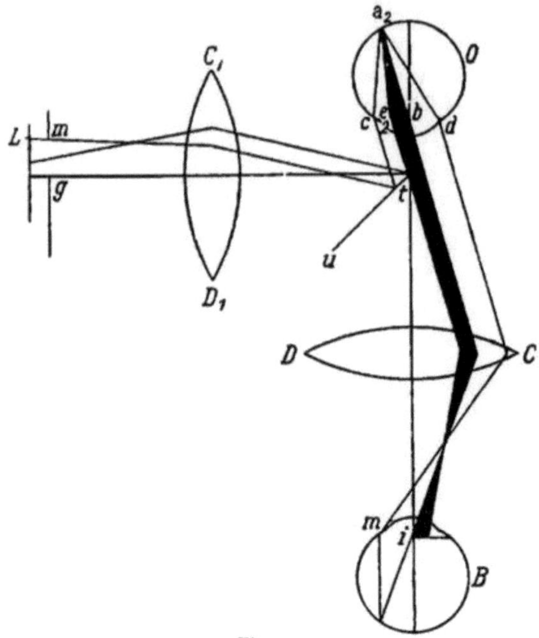

Fig. 19.

beobachtenden Auge B liegt und nur in der Figur der Einfachheit wegen in das Auge hineingezeichnet ist. Für den in Fig. 18 dargestellten Fall ist das Bild reflexlos. Die Abblendung ist freilich für diesen Fall nicht nötig.

Fig. 19 (= Fig. 26 bei Thorner) entspricht dem Falle Fig. 17 B und zeigt die Wirkung der Blende im Beobachtungssysteme. Durch dieselbe werden die aus dem Teile e_2 b der Pupille herauskommenden Strahlen und damit die Reflexe abgehalten.

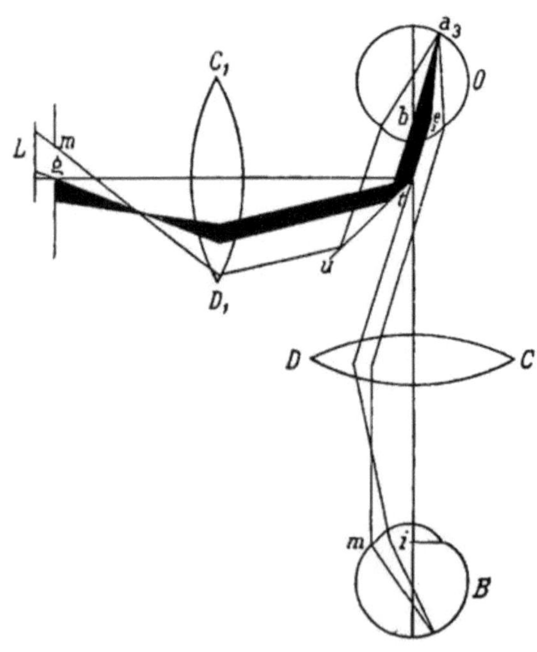

Fig. 20.

Fig. 20 (= Fig. 27 bei Thorner) endlich stellt den Effekt der Abblendung für den Fall Fig. 17 C dar. Hier bewirkt die Blende im Beleuchtungssysteme die Ausschaltung der Strahlen, die aus b e_3 herauskommen und beseitigt die Reflexe.

Thorner kommt somit zum Schlusse, dass bei dem geometrischen Prinzipe die Beseitigung der Reflexe für die eine Hälfte des Augenhintergrundes durch die Abblendung im Beleuchtungssysteme, für die andere durch die im Beobachtungssysteme erfolgt. Dies gilt nach Thorner ebenso für die Reflexe an der Hornhaut als auch für die, welche an der vorderen oder hinteren Linsenfläche entstehen.

Betreffs des Kornealreflexes ist von H. Wolff darauf hingewiesen worden, dass es dadurch gelingt, den Kornealreflex auszuschalten, dass man ein sehr stark konvergentes Strahlenbündel, dessen Spitze noch vor oder im Krümmungsmittelpunkte der Kornea liegen würde, auf diese fallen lässt. Die an der Vorderfläche der Kornea in regelmässiger Weise erfolgende Reflexion des Lichtes muss dann in der Weise geschehen, dass das Licht wieder zum Spiegel zurückgeworfen wird. Schon Bagnéris hat diese Beleuchtungsart, wie oben (Seite 5) erwähnt, angewendet und ich habe sie unabhängig von Wolff ebenfalls, wie weiter unten ersichtlich, bei meiner Anordnung zur Photographie des Augenhintergrundes in Gebrauch gezogen, aber schon seinerzeit betont, dass mit diesem Strahleneinfalle allein nicht alle Reflexe ausgeschaltet werden können. Eine genauere Betrachtung zeigt nämlich, dass auch bei dem gedachten Strahleneinfalle auf die Kornea die von der vorderen und der hinteren Linsenfläche regelmässig zurückgeworfenen Strahlen nicht gegen den Spiegel zurückverlaufen, also für den Beobachter sichtbar sein müssen, wenn nicht andere Vorkehrungen gegen die Sichtbarkeit dieser Strahlen getroffen sind. (Siehe Nr. 40, 41, 42, des Literaturverzeichnisses.)

Das geometrische Prinzip lässt sich im allgemeinen für die ophthalmoskopische Beobachtung durch Vorrichtungen realisieren, welche bewirken, dass jene Teile der Trennungsflächen der brechenden Medien, welche die Reflexe entwerfen, für den Beobachter nicht sichtbar sind. So gelingt es auch unter besonderen Umständen die Reflexlosigkeit des Bildes zu erhalten, ohne dass man sowohl im Beleuchtungs- als im Beobachtungssysteme Linsen anbringt und es muss wohl das oben zitierte Gesetz, das Thorner dahin formuliert hat, dass es zur Beseitigung der Reflexe nach dem geometrischen Prinzipe sowohl im Beleuchtungs- als im Beobachtungssysteme eines reellen Bildes der Pupille bedarf, für diese Fälle eine Einschränkung erfahren.

Lässt man beispielsweise (Fig. 21) den Planspiegel nur von S_1 bis S reichen, während von S bis t, d. i. bis zur Halbierungslinie der Pupille des Auges O, eine undurchsichtige Scheidewand sich erstreckt, so wird schon durch diesen Umstand die Sonderung des an den Trennungsflächen der brechenden Medien reflektierten Lichtes von dem vom Augenhintergrunde kommenden, besonders hinsichtlich der Linsenreflexe, sehr erleichtert. Bei L befindet sich die Lichtquelle, bei D eine Konvexlinse, die das Licht derart auf den Spiegel SS_1 wirft, dass dieser in l an dem einen Rande der Pupille des beobachteten Auges O ein reelles Bild der Lichtquelle L erzeugt. Dieses Bild l beleuchtet den Teil a b des Augenhintergrundes, von hier gehen die Strahlen wieder zurück und treten neben dem Rande des Diaphragmas s t gegen das untersuchende Auge B hervor. Wir finden nun sehr leicht den

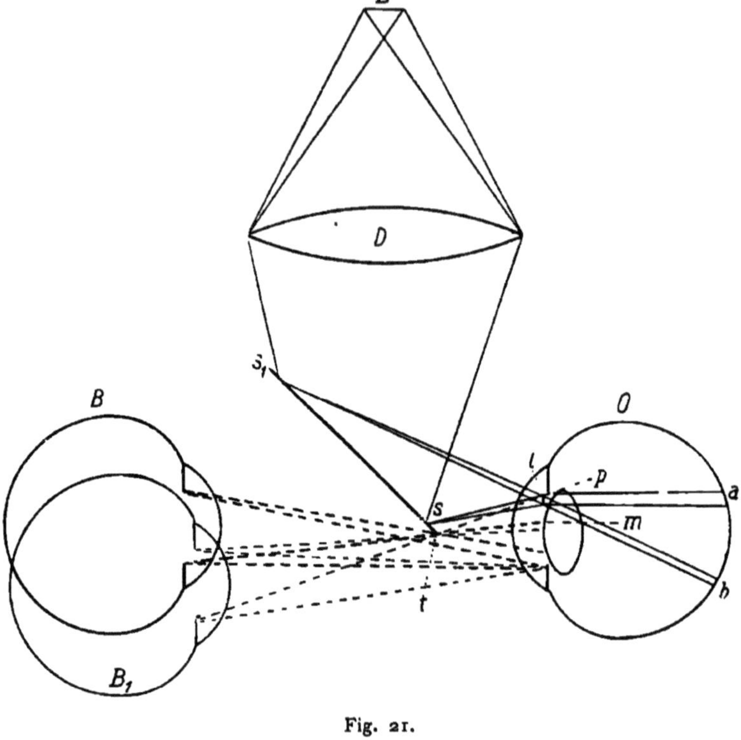

Fig. 21.

Teil der Pupille des Auges O, welcher für das Auge B unter diesen Umständen sichtbar ist, wenn wir die Pupille des Auges B als lichtaussendend betrachten. Es ergibt sich dann, dass der vom unteren Rande der Pupille des Auges B neben t vorbeigehende Strahl nach m geht. Die die Reflexe erzeugenden Teile der Trennungsflächen der brechenden Medien sind also für das Auge B nicht sichtbar, die Reflexe beseitigt. Man ersieht aus der Figur, dass der Reflex an der hinteren Linsenfläche durch die von l aus gegen das Augeninnere divergierenden Lichtstrahlen hervorgerufen wird. Der Teil der hinteren Oberfläche der Linse, welchen diese Strahlen passieren, kann aber vom

Auge B nicht gesehen werden. Rückt das beobachtende Auge B nach B_1, so werden mindestens die Linsenreflexe sichtbar, wie der vom unteren Pupillarrande des Auges B_1 bei t vorüberstreichende Strahl zeigt. Der Kornealreflex wäre zwar auch dann durch die besondere Art des Strahleneinfalles in der Theorie ausgeschaltet, in praxi lässt sich aber auch dies nicht erreichen, da dies einen tadellosen, nicht ganz erreichbaren Verlauf aller Beleuchtungsstrahlen voraussetzt.

Bei dieser Anordnung wird also die Abblendung der Reflexe durch die richtige Lage der Pupille des beobachtenden Auges erzeugt. Die Iris des Beobachters bildet gleichsam das abblendende Diaphragma.

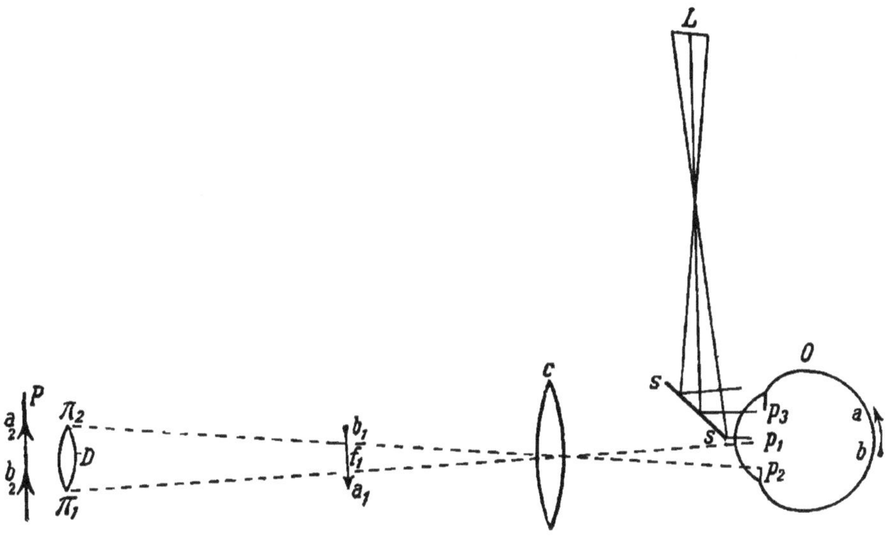

Fig. 22.

Eine andere Einrichtung, wo sich nur im Beobachtungssysteme Linsen finden, ist die in Fig. 22 dargestellte. Ein Planspiegel s s liegt möglichst nahe vor dem Auge und beleuchtet das Auge mit divergenten, von der Lichtquelle L ausgehenden Strahlen derart, dass nur die eine Hälfte der Pupille des Auges O beleuchtet wird. In C befindet sich eine Konvexlinse, welche von der für die Beleuchtung nicht verwendeten halben Pupille $p_1 p_2$ des Auges O ein Bild in $\pi_1 \pi_2$ entwirft. Eine mit $\pi_1 \pi_2$ zusammenfallende Linse D kann von dem Bilde des Augenhintergrundes, das die Linse C in ihrem Brennpunkte f_1 entwirft, bei P ein reflexloses Bild erzeugen. Der Teil a b des Fundus wird zuerst in $a_1 b_1$ umgekehrt und dann in $a_2 b_2$ aufrecht abgebildet.

In diesem Falle bewirkt die Lage der Linse D, zu der die aus $p_1 p_3$ kommenden Strahlen nicht gelangen können, die Beseitigung der Reflexe.

Es muss hier noch das anscheinend sehr einfache Verfahren erwähnt werden, das Nikolaew zur Beseitigung der Reflexe angewendet hat und mit dem er auch gute Bilder erzielte. Es beruht darauf, dem Auge zum Lichteinfall und zum Aufnahmeapparat eine solche Stellung zu geben, dass die Reflexe an den brechenden Medien aus dem Gesichtsfelde des Abbildungsapparates entweder ganz herausfallen oder doch so zur Seite abgelenkt werden, dass sie nur am Rande des Bildes erscheinen. Im Grunde ist auch Guilloz so vorgegangen. Während dieser aber nur sehr unvollkommene Resultate aufzuweisen hat, sind die Bilder von Nikolaew weit gelungener, freilich auch durch den Reflex an der Konvexlinse gestört. Der Grund für den weit besseren Erfolg Nikolaews liegt darin, dass er an Tieren, besonders an Katzen, experimentierte. Hier begünstigt die so bedeutende Grösse der Pupille die Ausschaltung der Reflexe und ermöglicht es, dass sie auf so einfache Weise wie durch das Verfahren Nikolaews beseitigt werden können. Beim menschlichen Auge dagegen ist die Pupille viel enger. Hier gelingt also die Fortschaffung der Reflexe durch blosse Ermittlung einer geeigneten Stellung des Auges zum Apparat nicht mehr. Alle Versuche, den Augenhintergrund des Menschen ohne besondere, zur Beseitigung der Reflexe an den Trennungsflächen der brechenden Medien dienende Vorrichtungen zu photographieren sind demgemäss auch gescheitert.

Die Lichtquelle.

Die für die Photographie des Augenhintergrundes geeignetste Lichtquelle wird jene sein, welche eine möglichst starke Leuchtkraft mit einer möglichst geringen Ausdehnung verbindet. Was die Leuchtkraft betrifft, so kommt dabei auch zunächst ein recht grosser Reichtum an aktinischen Strahlen in Betracht, wenn auch die Besonderheit des Objektes, das hier die Strahlen reflektiert, modifizierend einwirkt. Es wird also von diesem Gesichtspunkte aus ganz besonders an das elektrische Bogenlicht und an das Magnesiumblitzlicht gedacht werden müssen. Alle anderen Lichtquellen müssen gegen diese beiden weit zurückstehen, da nur diese eine recht kurze Belichtungszeit zulassen, die wegen der Unmöglichkeit, das Auge länger zu fixieren, unbedingt erforderlich ist.

Wir haben schon oben auseinandergesetzt, dass zur Beseitigung der Reflexe die sogenannte geometrische Methode allein brauchbar erscheint. Bei dieser muss aber ein Teil der Pupille zur Beleuchtung, ein anderer zur Abbildung benutzt werden. Die Verhältnisse für die Aufnahme werden sich nun gewiss dann am günstigsten gestalten, wenn der Teil der Pupille, der zur Beleuchtung dient, möglichst klein, der zur Abbildung dienende möglichst gross genommen werden kann Diese Überlegung lässt das elektrische Bogenlicht für unseren Zweck unbedingt als die günstigste Lichtquelle erscheinen. Gestattet es doch durch optische Hilfsmittel eine sehr ausgiebige Konzentration, die ja auch das elektrische Bogenlicht für die Zwecke der Projektion so wertvoll macht. Insbesondere wird das durch Gleichstrom erzeugte Bogenlicht wegen der viel besseren Ausnützung des Lichtes am geeignetsten sein. Es ist nicht richtig, dass die Unruhe des Lichtbogens und die dadurch bedingte Notwendigkeit einer immer neuen Einstellung das elektrische Bogenlicht für unsere Zwecke unbrauchbar macht. Dies kann nur von einer schlecht regulierenden Bogenlampe gelten. Die Lampen der Schuckertwerke, die Zeiss zu seinen Projektionsapparaten liefert, geben ein so ruhiges Licht, dass die Einstellung der Kohlen nur hie und da eine kleine Korrektur bedarf.

Die wirksame Partie im Magnesiumblitz nimmt dagegen einen weitaus grösseren Raum ein als der leuchtende Krater des Bogenlichtes. Wohl könnte man den Magnesiumblitz statt der kleineren Lichtquelle an einer anderen äquivalenten Leuchtfläche des ganzen Strahlensystems anbringen. Dann müsste aber die grössere Fläche in allen ihren Teilen die gleiche Leuchtkraft besitzen, was schwer zu erreichen ist. Ein weiterer Nachteil des Magnesiumblitzes ist die damit verbundene, besonders bei mehreren aufeinanderfolgenden Aufnahmen störende Rauchentwickelung.

Auch aus der Besprechung des nächsten Punktes wird die Superiorität des elektrischen Bogenlichtes gegenüber allen anderen Lichtquellen hervorgehen.

Die Einstellung.

Da es unmöglich ist, die Lichtmenge, die zur photographischen Aufnahme des Augenhintergrundes notwendig ist, längere Zeit auf die Retina einwirken zu lassen, so sind viele Experimentatoren so vorgegangen, dass sie die Einstellung bei einer schwächeren Lichtquelle vorgenommen haben, welche dann kurz vor oder erst bei der Aufnahme selbst mit der kräftigeren Lichtquelle vertauscht wurde. Dies ist natürlich nur dann ausführbar, wenn die Vertauschung der Lichtquelle ohne den geringsten Zeitverlust geschehen kann, denn nur so kann die ruhige Haltung des Auges von dem Momente, wo die Einstellung vollzogen ist, bis zu jenem, wo die Aufnahme erfolgt, gesichert werden. Wohl ist es auch bei Verwendung des Blitzlichtes durch geeignete Vorrichtungen möglich, dieser Forderung zu genügen. Das elektrische Bogenlicht kann aber leicht durch graue Gläser so stark abgeschwächt werden, dass es durch lange Zeit vom Auge ertragen wird, wodurch es für die Zwecke der Einstellung ebenfalls brauchbar wird. So kann man die Gleichmässigkeit der Beleuchtung bei derselben Lichtquelle, mit der dann die Aufnahme gemacht wird, auf der Einstellplatte kontrollieren, was von grosser Wichtigkeit ist. Ein entsprechender Mechanismus, welcher das Bogenlicht für kurze Zeit ganz frei gibt, bewirkt dann die Exposition. Natürlich muss die Einstellung unter diesen Verhältnissen durch einen Spiegelapparat erfolgen, während sich die lichtempfindliche Platte bereits in der Kassette in Bereitschaft befindet.

Das elektrische Bogenlicht entspricht also nicht nur den obigen Anforderungen in bezug auf die für die Photographie genügende und geeignete Leuchtkraft und in bezug auf geringe Ausdehnung der Lichtquelle, sondern es kann auch zur Einstellung des Bildes direkt verwendet werden, ist somit wohl a priori als die geeignetste Lichtquelle zu betrachten. Die Erfahrung muss freilich zeigen, ob durch die angewandten optischen Hilfsmittel keine zu starke Absorption des Lichtes erfolgt und ob es gelingt, trotz dieser und anderer Schwierigkeiten eine für eine Momentaufnahme hinreichende Lichtmenge auf die photographische Platte zu leiten.

Die Ruhe.

Da doch immerhin auch bei sehr guten mechanischen Einrichtungen für die Einstellung des Apparates eine gewisse Zeit notwendig ist, so muss zunächst der Kopf der betreffenden Person fixiert werden. Das einfache Aufstützen auf einer Kinnstütze wird bei vielen Personen nicht hinreichen. Es ist daher viel besser ein in der Physiologie vielfach zur Fixierung des Kopfes verwendetes Mittel in Gebrauch zu ziehen, nämlich den Einbiss in eine mit einer plastischen Masse bedeckten Platte. Dadurch wird es auch ermöglicht, dass der Kopf, falls eine Aufnahme misslingt, wieder sehr leicht in fast genau dieselbe Lage gebracht werden kann wie früher, so dass eine neue Einstellung entweder gar nicht nötig ist, oder durch sehr geringe Bewegungen leicht ausführbar ist. Die richtige Stellung und ruhige Haltung des Auges selbst muss durch ein passendes Fixationsobjekt erreicht werden. Dieses kann in vielen Fällen dem zu photographierenden Auge selbst dargeboten werden, was am besten zum Ziele führen wird, falls dieses Auge eine genügende Sehschärfe hat Anderenfalls muss das andere Auge zur Fixation herangezogen werden, am besten so, dass es das Spiegelbild eines kleinen Lichtpunktes während der Einstellung betrachtet.

Ob diese Feststellung des Kopfes und des Auges genügt, das hängt von dem richtigen Funktionieren der übrigen Teile des Apparates ab. Diese müssen derart eingerichtet sein, dass in dem Momente, wo man sich von der richtigen Einstellung des Auges überzeugt hat, auch schon die Aufnahme gemacht werden kann. Sind diese Einrichtungen ganz zweckentsprechend, dann muss selbst bei einer unruhigen Person ein Photogramm des Augenhintergrundes zu erhalten sein, wenn auch nicht jede Aufnahme gelingen wird, natürlich immer vorausgesetzt, dass man Momentaufnahmen machen kann.

Gesichtsfeld und Schärfe.

Zur Erreichung eines möglichst grossen Gesichtsfeldes ist wohl zweifelsohne die Methode des umgekehrten Bildes die geeignetere. Wollte man im aufrechten Bilde ein grösseres Gesichtsfeld erreichen, so müsste man mit dem Objektiv sehr nahe an das Auge herangehen, so nahe, dass die Anbringung von Spiegeln zur Beleuchtung unmöglich wäre. Bei der Anwendung der Wasserkammer, durch die das Auge sehr stark hypermetropisch gemacht wird, ist das Gesichtsfeld allerdings grösser, aber doch immer noch nicht so gross als es im umgekehrten Bilde sein kann.

Das Gesichtsfeld des umgekehrten Bildes ist bekanntlich abhängig von der Entfernung, in welcher die Linse vor das Auge gesetzt wird und von der Brennweite und Apertur derselben. Die richtige Entfernung ist schon dadurch gegeben, dass das aus der Pupille des untersuchten Auges heraustretende Licht ganz in die Pupille des untersuchenden Auges eintreten muss. Die Linse muss also von dem Augenspiegelloche auf der Pupille des untersuchten Auges ein Bild entwerfen, welches kleiner ist als die Pupille desselben. Die Distanz zwischen Linse und Auge ist durch die Brennweite der Linse und durch die Lage des Augenspiegels bestimmt. Bei einem gewissen Abstande des Augenspiegels von der Konvexlinse wird das Gesichtsfeld desto grösser sein, je kürzer die Brennweite der Linse ist. Ceteris paribus wird bei grösserer Apertur der Linse auch das Gesichtsfeld grösser.

Man muss also zur Erzeugung des umgekehrten Bildes ein optisches *System* verwenden, welches bei *möglichst kurzer Brennweite und möglichst grosser Apertur* noch hinreichend scharfe Bilder liefert.

Da das von diesem System entworfene umgekehrte Bild des Augenhintergrundes nicht reflexfrei ist, so bietet sich durch *Aufstellung eines zweiten Objektivs* ein Mittel, diese Reflexe auszuschalten. Es ist selbstverständlich, dass dieses zweite Objektiv einfach an Stelle des Augenspiegelloches zu treten hat. Wir können also sagen, dass von diesem zweiten Objektiv durch das erste Objektiv in der Pupille des zu photographierenden Auges ein Bild entworfen werden muss, welches nicht grösser sein darf als die Pupille dieses Auges. Ist diese Bedingung erfüllt, dann wird durch die Iris des Auges keine Beschränkung des Gesichtsfeldes bewirkt werden.

Wir haben aber auch noch eine zweite Bedingung zu erfüllen, nämlich die, *dass von dem vom Augenhintergrunde reflektierten Lichte nichts verloren geht.* Man wird also die Anordnung so treffen, dass das Bild, welches das erste Objektiv von den Linsen des zweiten Objektivs in der Pupille des Auges erzeugt, genau so gross ist wie diese Pupille.

Die *Reflexe an den Trennungsflächen der brechenden Medien* werden nach den oben dargelegten Prinzipien durch eine *Abblendung beseitigt, welche die durch das Beleuchtungssystem durchtretenden und an den spiegelnden Flächen des Auges regelmässig reflektierten Lichtstrahlen von dem zweiten Objektiv und damit von der empfindlichen Platte abhält.* Diese Abblendung richtet sich nach dem Strahlenverlaufe vom Beleuchtungssysteme durch das Auge. *Es muss bestimmt werden, durch welche Teile der Trennungsflächen der brechenden Medien die zur Beleuchtung des Augenhintergrundes dienenden Lichtstrahlen passieren. Nur diese Teile können auch Reflexe erzeugen. Die Abblendung braucht also nur so gross zu sein, dass diese Teile vom Orte des zweiten Objektes aus nicht sichtbar sind.*

Für die Erreichung der nötigen Schärfe ist natürlich ebensowohl die Güte der verwendeten Objektive als die Kürze der Expositionszeit von Wichtigkeit und es verweist dieser Umstand abermals auf die Notwendigkeit von Momentaufnahmen.

Gleichmässige Beleuchtung.

Thorner hat auseinandergesetzt, dass mit der von ihm in seinem reflexlosen Augenspiegel realisierten Anwendung der geometrischen Methode zur Beseitigung der Reflexe eine Helligkeitsabnahme nach den Seiten des Bildes untrennbar verbunden ist. Gehen wir wieder zu Fig. 17 zurück, so wird uns durch diese Figur veranschaulicht, welche Teile der Pupille für drei verschiedene Punkte von den diese Punkte beleuchtenden Strahlen durchsetzt werden. Wenn keine Abblendung im Beleuchtungssystem angebracht ist, dann gilt der Satz, dass alle jene Strahlenbündel, welche von dem in Betracht gezogenen Punkte der Netzhaut zum Spiegel gelangen, zur Lichtquelle reflektiert werden,

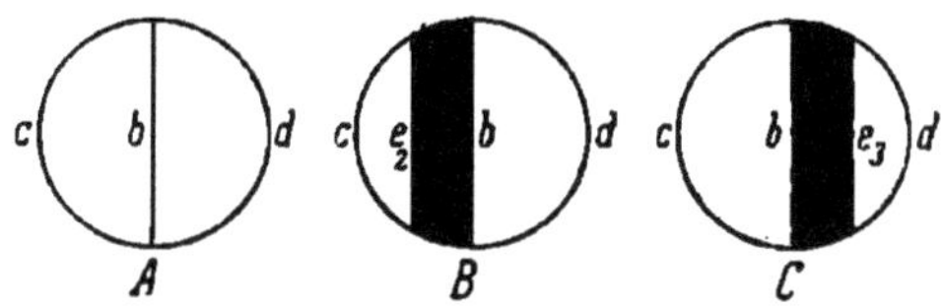

Fig. 23.

somit als Beleuchtungsbündel aufzufassen sind. Ist aber die Blende im Beleuchtungssysteme vorhanden, wie dies Fig. 18 zeigt, so wird eben das Eindringen der Beleuchtungsstrahlen durch die eine Hälfte der Pupille verhindert. Im Falle Fig. 17A dient wirklich die halbe Pupille zur Beleuchtung des Punktes a_1 im Augenhintergrunde. In Fig. 23A (Fig. 28 bei Thorner) ist die Pupille für diesen Fall in der Aufsicht dargestellt. Die Hälfte der Pupille b c ist es, durch die die Beleuchtungsstrahlen passieren. Im Falle Fig. 17B ist es nur der Teil c e_2, da nur durch diesen Teil Strahlen zum Spiegel gehen, welcher die Beleuchtung besorgt. Fig. 23B zeigt das entsprechende Bild der Pupille von vorne gesehen. c e_2, ist hier der der Beleuchtung dienende Teil, b d jener für die Beobachtung bestimmte, der schwarze Teil e_2 b ist der Ausdruck der Blende im Abbildungssysteme (siehe Fig. 19). Bei Betrachtung der Beleuchtungsverhältnisse für den Punkt a_3 (Fig. 17C) ist c b der zur Beleuchtung verwendete Teil der Pupille, e_3 d ist der zur Beobachtung benützte Teil und b e_3 entspricht der Blende im Beleuchtungssysteme (Fig. 20). Mit derselben Bezeichnung sind diese Verhältnisse in Fig. 23C in der Ansicht von vorne wiedergegeben.

Thorner fährt fort: „Da die Helligkeit in jedem Falle proportional dem Produkte aus eintretendem und austretendem Lichte ist, der eine dieser Faktoren aber stets gleich der vollen Pupillenhälfte ist, so haben wir ein Mass für die Helligkeit, wenn wir den Flächeninhalt b d, c e_2, e_3 d ausrechnen und diese verschiedenen Flächen zu einander in Beziehung setzen". Thorner berechnet von diesem Gesichtspunkte ausgehend die Abnahme der Helligkeit nach den Seiten hin, sowohl für verschiedene Abstände von der Mittellinie (0°, 5°, 10°, 15°, 20°) und für verschiedene Entfernungen der Spiegelkante von der Hornhaut (von 3—10 mm). Er findet so, dass beispielsweise bei einer Entfernung von 6 mm zwischen Hornhauscheitel und Spiegel bereits in 10° Abstand von der Mittellinie (1½ Papillenbreiten) nur mehr die halbe Helligkeit herrscht, bei 15° kaum ⅓ und bei 20° nur noch 1/11.

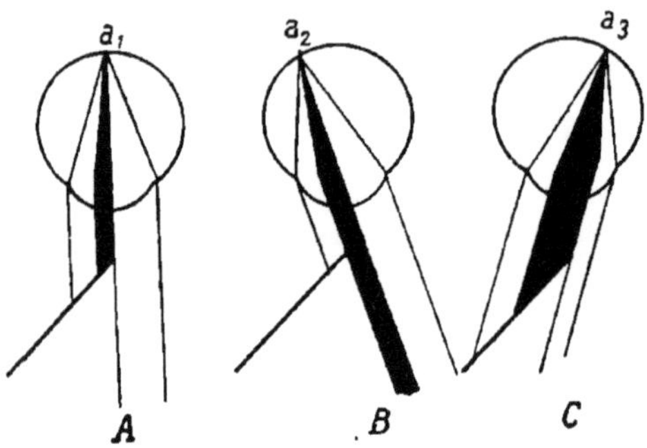

Fig. 24.

Die Anwendung einer kreisförmigen Blende im Beleuchtungssystem und einer halbkreisförmigen im Beobachtungssystem ist nach Thorner nicht zu empfehlen. Wir geben hier die Figuren Thorners wieder:

Fig. 24A zeigt die Beleuchtung für den Punkt a_1 durch einen seitlich in der Pupille gelegenen kreisförmigen Teil derselben. Fig. 24B für den Punkt a_2 und Fig. 24C für den Punkt a_3. Die entsprechenden Abbildungen der Pupille in der Aufsicht gibt die Fig. 25A—C. Da nun in Fig. 25A nicht mehr die volle Hälfte der Pupille zur Beleuchtung dient, sondern nur eine kleine kreisförmige Öffnung, so findet Thorner bei einem Durchmesser dieser Öffnung von 2,6 mm im Vergleich zu derjenigen bei Benutzung der vollen Pupillenhälfte nur ⅕ der Lichtmenge bei Benützung der ganzen Pupille. Er sagt weiter: „Durch kein Mittel sind wir bekanntlich imstande eine Konzentration des Lichtes durch diese kleine Öffnung herbeizuführen, denn höchstens kann jeder Punkt dieser kleinen Öffnung, ebenso wie bei Benützung der vollen Pupillenhälfte, die Leuchtkraft der Lichtquelle selbst haben." In Fall A und C Fig. 24 und 25 ist der kreisförmige Teil der Pupille gleich gross, im Falle B Fig. 24 und 25 ist dieser Teil dagegen etwas eingeschränkt. Es ist also die Beleuchtung des Augenhintergrundes nach der einen Seite hin bis zu einem gewissen Punkte eine gleichmässige, nämlich so lange e_2 nicht an den Rand der kreisförmigen Öffnung heranreicht. Dagegen dient im Falle A und B jedesmal die halbe Pupille zur Beobachtung, in Fall C aber nur der schmale

Teil e_3 d. Es wird also nach der einen Seite hin die Helligkeitsabnahme des Bildes dieselbe sein wie früher bei Benützung einer halbkreisförmigen Blende im Beleuchtungssysteme. Die Verwendung einer halbkreisförmigen, entsprechend grossen, exzentrisch gelegenen Öffnung im Beobachtungsrohre, wird, wenn auch geeignet diesen Übelstand zu beheben, mit Recht von Thorner deshalb zurückgewiesen, weil dadurch das Bild selbst für die einfache Beobachtung, noch mehr aber für die Photographie zu dunkel wurde. Alle diese Überlegungen führen Thorner zu dem Schlusse, dass die Verwendung einer kreisförmigen Blende als ein grosser Nachteil für die Beobachtung und die Photographie des Augenhintergrundes zu betrachten ist, da die Beleuchtung dabei zwar nach der einen Seite hin gleichmässig aber schwächer ist, während ja doch nach der anderen Seite hin die Helligkeitsabnahme stattfindet.

Um diese Schwierigkeiten zu beseitigen, seien zunächst die Verhältnisse im Beleuchtungssysteme in Betracht gezogen. Eine gleich-

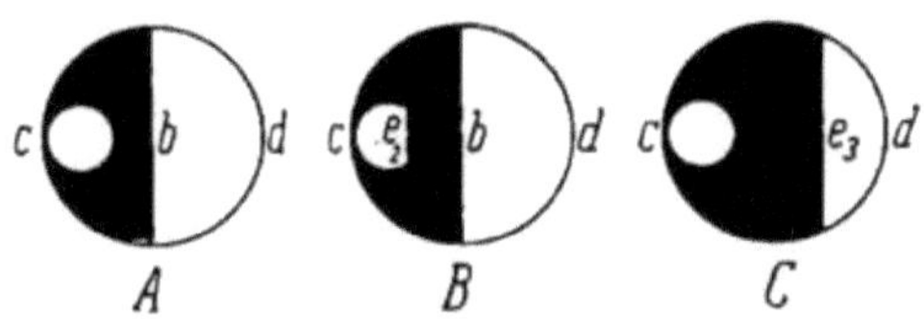

Fig. 25.

mässige Beleuchtung des Augenhintergrundes nach allen Seiten hin wird sich unter den folgenden Bedingungen erreichen lassen. Die Strahlenbündel, die wir von jedem Punkte des beleuchteten Augenhintergrundes durch das in der Pupille gelegene Bild der kreisförmigen Blendenöffnung des Beleuchtungssystemes konstruieren können, müssen jedesmal in ihrer Gänze auf den Spiegel treffen. Dies hängt natürlich nicht nur von der Grösse und Lage des Bildes der kreisförmigen Blende, sondern auch von der Entfernung des Spiegels vom Auge ab.

Wenn nun auf diesem Wege eine gleichmässige Beleuchtung des Fundus erzielt werden sollte, so darf diese natürlich nicht mit einer schädlichen Herabsetzung der gesamten Lichtmenge verbunden sein. Im allgemeinen lässt sich hierüber folgendes sagen: Gelingt es, die für die Photographie des Augenhintergrundes notwendige Lichtmenge durch die kreisförmige Öffnung im Beleuchtungssystem und deren Bild in der Pupille des Auges zur Retina desselben zu leiten, dann hängt die photographische Aufnahme nur davon ab, ob wir dieses Licht auch durch das Abbildungssystem auf die photographische Platte bringen können. Ist dies möglich, dann kann die kreisförmige Blende jedenfalls in Gebrauch gezogen werden. Ihre Anwendbarkeit hängt also auch von den Einrichtungen des Abbildungssystems ab. Dieses sollte derart konstruiert sein, dass die Beleuchtung des auf der photographischen Platte entworfenen Bildes des Augenhintergrundes ebenfalls eine gleichmässige ist.

Dieses Ziel wäre freilich in ganz vollkommener Weise nicht erreichbar, denn die Blende im Abbildungssystem ist unvermeidlich. Es ist aber kein Zweifel, dass die Beleuchtung desto regelmässiger werden wird, je kleiner man die Blende wählt und vor allem dann, wenn von der Anwendung einer halbkreisförmigen Blende im Abbildungssysteme abgegangen wird und eine Blende zur Anwendung kommt, die einen kleineren Teil des aus der Pupille hervordringenden Lichtes abschneidet.

Es ist vorauszusehen, dass trotzdem keine ganz gleichmässige Beleuchtung des auf der Platte erzeugten Augenhintergrundbildes resultieren wird. Es bleibt aber abzuwarten, ob die Ungleichmässigkeit der Beleuchtung so stark ist, dass sie praktisch von Nachteil ist.

Auch würde es im Notfalle hinreichen, wenn die Beleuchtung aller Teile der Platte so stark ist, dass auch auf den weniger beleuchteten Teilen noch ein Bild zustande kommt. Es würde dann die Möglichkeit bleiben, entweder schon bei der Aufnahme Vorrichtungen anzubringen, welche die Beleuchtung der stärker belichteten Teile der Platte zurückhalten oder diesen Ausgleich erst beim Positivprozess vorzunehmen. In der Tat begegnet es ja dem Photographen sehr häufig, dass Beleuchtungsverhältnisse oder Farbenunterschiede des photographierten Objektes eine relative Über- oder Unterexposition einzelner Teile der Platte hervorrufen, so dass durch geeignete Abdeckung der Platte das Kopieren der unterexponierten dünneren Teile der Platte zurückgehalten werden muss. Dadurch wird ja an der Zeichnung der Platte gar nichts geändert, so dass dieses so häufig notwendige Hilfsmittel selbst in unserem Falle, wo jede Retusche auf der Schichtseite der Platte, insoferne sie nicht Plattenfehler betrifft, vermieden werden muss, gestattet wäre. Dazu kommt noch, dass entsprechend der ganzen Einrichtung des Apparates die Unterexposition immer an derselben Stelle erfolgen würde, so dass auch das Akdecken beim Kopieren immer in derselben Weise ausgeführt werden könnte.

Unserer Absicht gemäss sollten hier nur die Gesichtspunkte im allgemeinen besprochen werden. Wie ich es bei meinem Apparate versucht habe, eine gleichmässige Beleuchtung zu erzielen, das soll im einzelnen im nächsten Kapitel dargelegt werden.

Die Farbe des Augenhintergrundes.

Dieser Schwierigkeit dürfte durch die Wahl hoch empfindlicher orthochromatischer Platten abzuhelfen sein. Freilich stehen bis jetzt nur solche zur Verfügung, welche für gelbe und gelbgrüne Strahlen sensibilisiert sind. Die rotempfindlichen Platten sind für unsere Zwecke viel zu wenig empfindlich und gestatten daher keine Momentaufnahmen. Bei den sehr starken Kontrasten, welche eine weisse Papille oder weisse atrophische Herde am Fundus bilden, ist auch eine Lichthofbildung möglich. Dieser wäre durch Anwendung von Films, Antisol und ähnliche Mittel zu begegnen. Der relativen Überexposition von weissen Stellen am Fundus kann nicht bei der Aufnahme, wohl aber durch Abdecken beim Positivprozesse entgegengearbeitet werden.

Die Netzhautreflexe.

Diese liessen sich nur durch die Anwendung von polarisiertem Lichte vermeiden, was aber auch hier ebensowenig wie bei den Einrichtungen zur Beseitigung der Reflexe in den brechenden Medien in Betracht gezogen werden kann. Die Netzhautreflexe werden daher zweifellos immer bei der Aufnahme der Augen jugendlicher Individuen störend einwirken und es bleibt kein anderes Mittel als gewisse wichtige Einzelheiten, welche durch Netzhautreflexe verdeckt werden, nachträglich in das Photogramm einzuzeichnen. Jedenfalls wird also die Photographie des Augenhintergrundes bei etwas älteren Personen, deren Fundus keine Netzhautreflexe zeigt, ceteris paribus im allgemeinen bessere Resultate ergeben.

Niveaudifferenzen im Augenhintergrunde.

Es bleibt abzuwarten, wie stark in praxi die Beeinträchtigung des Bildes durch Niveauunterschiede sich gestalten wird. Sie wird die Schärfe des Bildes desto weniger tangieren, je geringer die Vergrösserung des Bildes ist, da bei geringerer Angularvergrösserung auch die Axialvergrösserung eine geringere ist.

Auf jeden Fall wäre es möglich, dass man bei starken Niveauunterschieden von demselben Auge Aufnahmen bei verschiedener Einstellung macht.

III. Kapitel.

Das Prinzip des eigenen Apparates.

Ich bin mit meinen Versuchen von einer Anordnung ausgegangen, welche ich im Jahre 1899 publiziert habe und deren Prinzip oben auf Seite 15 und 45 erläutert wurde. Es gelang so reflexlose Bilder, aber von einer geringen Ausdehnung und mangelhafter Schärfe zu bekommen. Die letztere war teils durch die lange Expositionszeit (4—5 Sekunden), teils durch die Mängel des optischen Apparates hervorgerufen. Denn als erstes Objektiv wurde eine einfache Bikonvexlinse benützt. Indem ich mich dann bestrebte, ein grösseres Gesichtsfeld zu beleuchten, kam ich zu dem stark konvergenten Strahleneinfalle in das Auge, durch den gleichzeitig der Kornealreflex fast vermieden wurde. Dennoch musste aber zur Ausschaltung aller Reflexe die entsprechende seitliche Lage des zweiten Objektivs verwendet werden. Die Änderungen im Beleuchtungssysteme bestanden also darin, dass der Planspiegel nunmehr ein in seiner Gesamtheit konvergentes Strahlenbündel gegen die Pupille sendete, in deren Ebene das Bild einer im Beleuchtungssysteme angebrachten Blende entworfen wurde. Im Abbildungssysteme wurde statt der Linse C (Fig. 22) ein Fernrohrokular angewendet, und statt der Linse D ein Zeiss'scher Anastigmat. Die Lichtquelle war so wie früher eine Bogenlampe, die Expositionszeit eine schon wesentlich kürzere — $^1/_5$ Sekunde oder etwas mehr (siehe Literaturverzeichnis Nr. 36, 37). Endlich gelang es mir, Momentaufnahmen von $^1/_{16}$—$^1/_{18}$ Sekunde Expositionszeit zu machen (siehe Literaturverzeichnis Nr. 37), und zwar im wesentlichen durch bessere Ausnützung des Lichtes im Beleuchtungssystem und durch Anwendung eines zur Hälfte abgeblendeten Planars als zweites Objektiv. Diese letztere Änderung ermöglicht es, dass das ganze aus der einen Hälfte der Pupille hervordringende Licht auch auf die photographische Platte geleitet wurde. Diese wenigen Worte sollten nur den Weg andeuten, den ich bei meinen Bestrebungen gegangen bin und die folgenden Auseinandersetzungen werden dem Prinzipe meines neuesten Apparates gewidmet sein.

Das Beleuchtungssystem.

Zunächst wollen wir uns mit dem Beleuchtungssystem beschäftigen. Ich habe schon oben auf Seite 53 angedeutet, wie eine gleichmässige Beleuchtung des Augenhintergrundes zu erzielen wäre. Hier will ich noch näher darauf eingehen. Fig. 26 zeigt einen Planspiegel SS_1, der das Bild ll_1 einer im Beleuchtungsrohre aufgestellten kreisförmigen Blende in der Pupillarebene knapp am Rande der erweiterten Pupille entwirft. Von diesem Bilde ll_1 und der Art, wie es etwa in der Pupillarebene zustande kommt, wird weiter unten auf Seite 64 die Rede sein. Befolgen wir den früher geschilderten Vorgang zur Ermittelung der Beleuchtungsstrahlen, so ergibt sich bei einem emmetropischen Auge

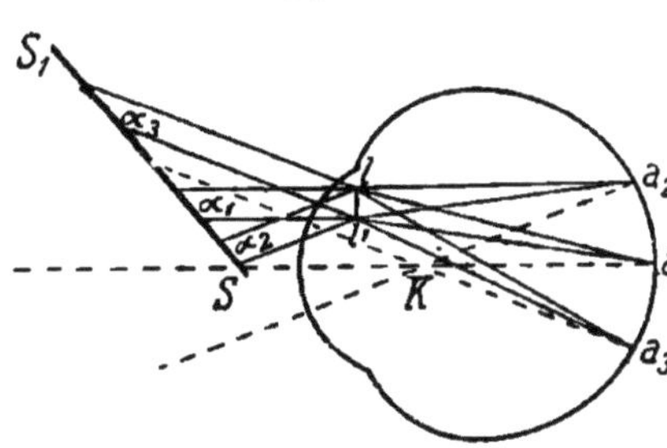

Fig. 26.

folgendes: Denken wir uns a_1 als leuchtend, so zeigen die von a_1 aus durch l und l_1 und von da zum Spiegel gezogenen Linien den Verlauf der Strahlen, die zur Beleuchtung des Punktes a_1 dienen. Sie bilden vor der Pupille den mit α_1 bezeichneten Strahlenzylinder. Betrachten wir a_2, so brauchen wir nur den Richtungsstrahl durch den Knotenpunkt K zu ziehen und finden als Beleuchtungsstrahlen für a_2 die parallelen Linien bei α_2 und die von ll_1 gegen a_2 gehenden Linien. Endlich werden auf dieselbe Weise die Beleuchtungsstrahlen für a_3 konstruiert. Es ist der Strahlenzylinder α_3 vor dem Auge und der Kegel, der von ll_1 gegen a_3 zieht. Damit ist eine gleichmässige Beleuchtung des Teiles a_2 bis a_3 im Augenhintergrunde erzielt, denn von den geringen Verschiedenheiten, welche die seitliche Lage von ll_1 in der Pupille bedingt, kann füglich abgesehen werden. Es handelt sich jetzt nur darum, wie die übrigen Anordnungen im Beleuchtungsrohre zu treffen sind, um diesen Strahleneinfall zu ermöglichen.

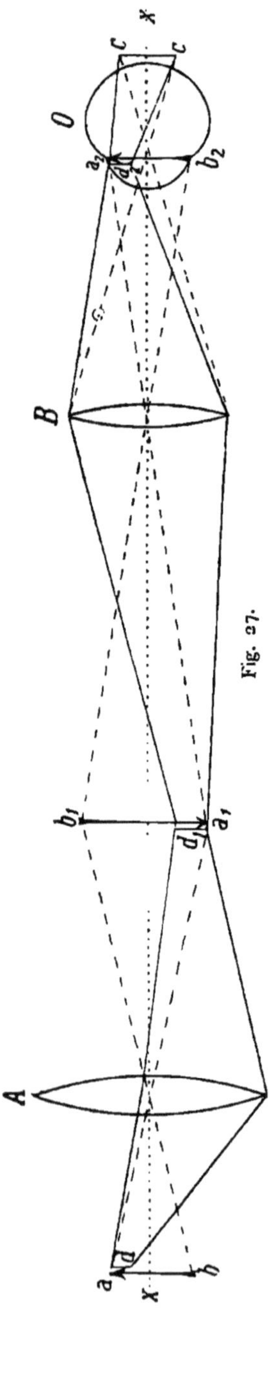

Fig. 27.

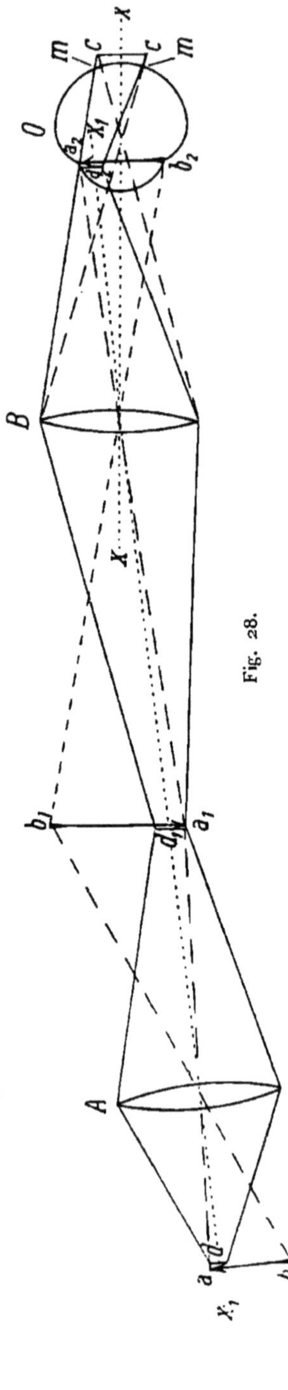

Fig. 28.

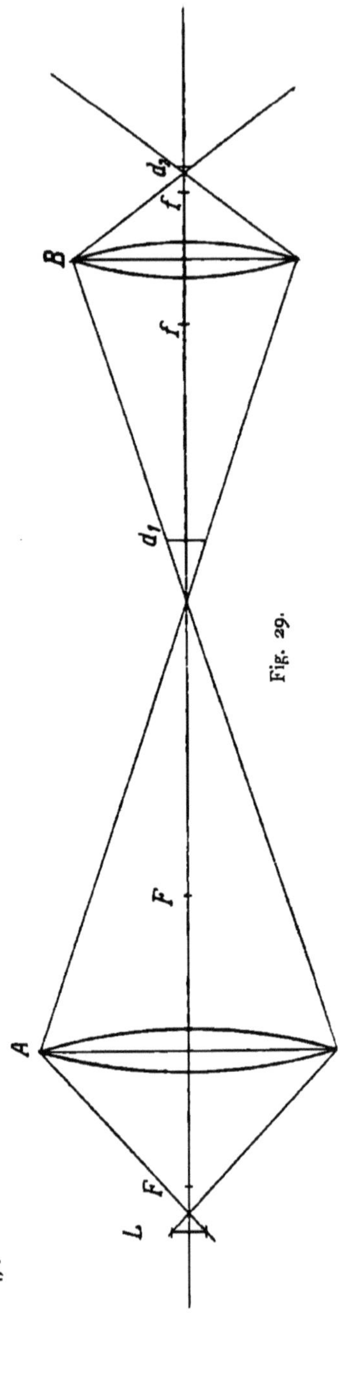

Fig. 29.

In Fig. 27 ist O das zu beleuchtende Auge. Von der Pupille a_2 b_2 wird durch die Linse B das umgekehrte Bild a_1 b_1 entworfen und von diesem Bilde wieder durch die Linse A das Bild a b, welches mit der Pupille des Auges gleichgerichtet ist. Das brechende System des Auges erzeugt von der Linse B hinter der Netzhaut des Auges das Bild c c. Bringen wir nun knapp an dem mit a bezeichneten Ende des aufrechten Pupillenbildes eine kreisförmige Blende d an, so entsteht deren verkehrtes Bild in d_1 (bei a_1) und die Linse B entwirft wieder von d_1 bei a_2 ein Bild d_2. Es ist aber leicht ersichtlich, dass die Lichtstrahlen, die, von d kommend, durch A und B gegen d_2 gehen, nur einen Teil von A durchsetzen.

Will man die bei A aufgestellte Linse ganz ausnützen und zugleich dort keine grössere Linse verwenden, als dies der Strahlengang erfordert, so muss man in der in Fig. 28 dargestellten Weise verfahren. Während x x die optische Achse des Auges und der damit zentrierten Linse B ist, geht die Achse der Linse A, d. i. x_1 x_1 durch die Mitte von d, d_1 und d_2. Das Bild, das A von a_1 b_1 erzeugt, liegt jetzt in a b. Sehen wir zunächst vom Auge O ab und betrachten d als Gegenstand, d_2 als Bild, so ist der Rand von A die Eintrittspupille und der Rand von B die Austrittspupille. Für das Auge kann der Rand von B als Objekt und c c als Bild angenommen werden. Da ist das Hornhautbild von d_2 als Eintrittspupille und das Linsenbild von d_2 als Austrittspupille anzusehen. Der beleuchtete Teil des Augenhintergrundes ist m m. Wenn man unmittelbar vor d eine kleine Lichtquelle, z. B. die Kohlenspitzen einer elektrischen Bogenlampe anbringt, so gelangt das Licht derselben auf dem bezeichneten Wege zu m m.

Bei Betrachtung des ganzen Strahlenganges, wie er soeben beschrieben wurde, ergibt sich nun auch, dass, wenn die Lichtquelle nicht grösser ist als die Blende d, diese fortfallen kann und dass wir nur die Blende d_1 wirklich benötigen, um den gewünschten Effekt zu erzielen, ja man könnte a priori daran denken, die Linse A überhaupt wegzulassen und die Lichtquelle vor d_1 zu postieren. Es sind aber andere Gründe, welche uns veranlassen, die Lichtquelle nicht bei d_1, sondern bei d aufzustellen. Würden wir nämlich die elektrische Bogenlampe mit ihren Kohlenspitzen gleich vor d_1 aufstellen, so würden wir sehr viel Licht verlieren. d_1 muss sich, wie wir später noch genauer sehen werden, in relativ grosser Entfernung von B befinden. Von der vor d_1 befindlichen Lichtquelle, die das Licht divergent nach allen Richtungen aussendet, würde also nur wenig Licht von B aufgenommen werden, da B von d_1 aus gesehen unter einem relativ kleinen Winkel erscheint. Ist aber die Linse A so angeordnet, dass sie von d bei d_1 ein etwas vergrössertes Bild entwirft, so kann man mit der Linse A ziemlich nahe an d herankommen und somit das von d herkommende Licht mittelst der Linse A unter einem grossen Öffnungswinkel auffangen.

Es muss nun noch die Forderung gestellt werden, dass d nicht kleiner ist als die Lichtquelle und dass von dem von d aus auf A gelangenden Licht bei dem weiteren Gange durch das Beleuchtungssystem nichts verloren gehe, abgesehen von jenem, das durch Reflexion und Absorption an und in den Linsen verloren gehen muss.

Was die erste Forderung betrifft, so ergibt sich deren Erfüllung aus der Grösse des intensivsten Teiles der Lichtquelle, in unserem Falle des am stärksten leuchtenden Teiles der positiven Kohle einer Gleichstrom-Bogenlampe. Nehmen wir denselben als ca. 7 mm im Durchmesser haltend an, so darf d oder vielmehr, da wir ja d nicht wirklich aufzustellen brauchen, das durch A von d_1 gelieferte Bild nicht kleiner sein als 7 mm. Wollen wir der zweiten Forderung gerecht werden, so müssen wir uns fragen, wie gross d_2 sein darf und wie gross wir m m wünschen. Unter diesen Voraussetzungen müssen wir mit Rücksicht auf das brechende System von O das System B wählen. Der Öffnungswinkel und die Brennweite von A wird sich dann daraus von selbst ergeben, wenn wir eben an der Bedingung festhalten, dass nichts von dem Lichte durch Vorbeistrahlen verloren gehe.

Ist L in Fig. 29 die Lichtquelle (elektrischer Lichtbogen) und sind A und B die beiden Linsen, so wird nur dann alles Licht, das von L auf A aufgefallen ist, auch nach B gelangen, wenn die Blende in d_1 liegt. Die Linse A hat ihre Brennpunkte in F und F_1, so dass in d_1 ein etwas vergrössertes Bild der Lichtquelle L entsteht. Die Linse B ist mit ihren Brennpunkten so aufgestellt, dass von d_1 in d_2 ein sehr verkleinertes Bild entworfen wird.

Das System B muss nun einen derartigen Öffnungswinkel und eine entsprechend kurze Brennweite haben, dass nach den für das Gesichtsfeld des umgekehrten Bildes früher auf Seite 49 angegebenen Prinzipien der beleuchtete Teil des Augenhintergrundes genügend gross ist. Dabei muss auch in d_2 ein möglichst scharfes Bild von d_1 entstehen, damit der von den Beleuchtungsstrahlen durchsetzte Teil der brechenden Medien ein möglichst begrenzter sei. Dies ist zur sicheren Beseitigung der Reflexe absolut notwendig.

Während ich bei meinen früheren Versuchen als System B ein Fernrohrokular nach dem Typus des Ramsden'schen Okulars angewendet hatte, wird jetzt auf Anraten des Dr. A. Köhler ein vergrössertes Mikroskopobjektiv von einer Apertur = 0,368 und einer Brennweite von 68,6 mm in Gebrauch gezogen, da durch dieses eine bessere Abbildung in d_2 bewirkt wird. Durch dieses System kann unter den erwähnten Umständen der Augenhintergrund in der Ausdehnung von ca. 36°, d. i. von 6 Papillendurchmessern beleuchtet werden. Als System A wurden anfangs gewöhnliche Kondensorlinsen eines Projektionsapparates benützt. Dr. Köhler, der ja auf die sehr starke Absorption des Lichtes in solchen Linsen aufmerksam gemacht hat, berechnete dann ein spezielles aus 2 Linsen bestehendes Linsensystem für diesen Fall.

Die Aufstellung dieser Systeme A und B, ebenso von d_1, ist durch die Grösse, die man d_2 geben darf, bedingt. Je kleiner d_2 ist, desto günstiger sind die Verhältnisse der Beleuchtung. Andererseits ist man aber durch das System B und durch die Grösse der Lichtquelle bis zu einem gewissen Grade gebunden. Es wurde für d_2 eine Grösse von 2 mm angenommen; dann kommt d_1 in einer Entfernung von 60 cm von der grössten, dem Lichteinfalle zugewendeten Linse des Systems B zu liegen. Das System A liegt ca. 82 cm von d_1 und entwirft am Orte der Lichtquelle L von d_1 ein Bild von 6—7 mm Durchmesser, das also ebenso gross ist wie der Lichtbogen, so dass alle von L auf A fallenden Strahlen zur Verwendung gelangen.

Es wurde bisher immer von einer kreisförmigen Blende bei d_1 gesprochen. In Wirklichkeit wurde aber eine Blende von der nebenstehenden Form und Grösse angewendet, also in Form einer Figur, die man erhält, wenn man an einen Kreis von 18 mm Durchmesser eine Tangente von der Länge seines Durchmessers mit ihrer Mitte anlegt und von den Endpunkten dieser Tangente abermals Tangenten bis zur Berührung des Kreisumfanges zieht. Die ungefähr dreieckigen Flächen, um die der Kreis dadurch vergrössert wird, behindern, wie sich später zeigen wird, die Beseitigung der Reflexe gar nicht, gestatten aber doch einen vermehrten Lichtzutritt, der auf jeden Fall erwünscht ist, da ja die Grösse der Lichtquelle sich überhaupt nicht mit voller Genauigkeit bestimmen lässt.

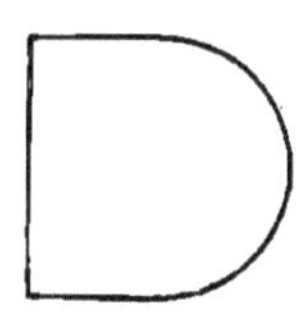

Es erübrigt nun noch, die Art zu bestimmen, wie die Strahlen mittelst des Planspiegels in das Auge zu leiten sind. Bevor wir dies tun, müssen wir sogleich auf einen Teil des Abbildungssystems übergehen. Da wir früher uns aus triftigen Gründen dafür entschieden haben, dass das umgekehrte Bild des Augenhintergrundes durch ein System zu entwerfen und dann durch ein anderes auf die photographische Platte zu bringen sei, so sind zunächst auf das erste dieser zwei Systeme ebenfalls die allgemeinen Grundsätze anzuwenden, welche oben auf Seite 49 für die Erreichung eines möglichst grossen Gesichts-

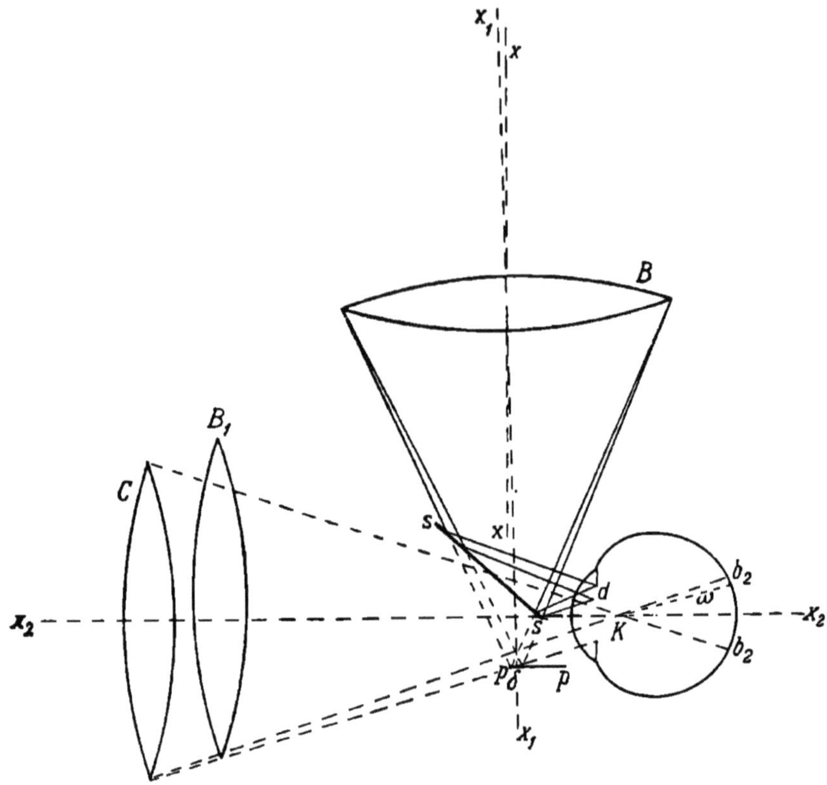

Fig. 30.

feldes als massgebend angeführt wurden. Da dieselben Betrachtungen auch schon bei der Wahl des im Beleuchtungssysteme verwendeten Systemes B angestellt wurden, so kann man sagen, dass das *erste System oder Objektiv im Abbildungssysteme am besten mit dem System B des Beleuchtungssystemes identisch* oder demselben mindestens sehr ähnlich sein soll.

In Fig. 30 ist C das erste Abbildungsobjektiv, das den Teil $b_2 b_2$ des Augenhintergrundes unter eiuem Winkel von 36^0 abbilden soll und zwar müssten nach den früheren Darlegungen die Strahlen durch einen 2 mm breiten, nahe dem einen Rande der Pupille gelegenen Teil derselben in das Auge eintreten. Sollen die Achsen des Beleuchtungs- und des Abbildungssystems einen rechten Winkel miteinander bilden, so ist damit die Lage des Planspiegels SS, der vor die eine Hälfte der Pupille des Auges O zu liegen kommt, gegeben. Die Ebene dieses Spiegels muss mit beiden Achsen einen Winkel von 45° einschliessen. Denn wenn mindestens der abzubildende Teil $b_2 b_2$ des Augenhintergrundes auch beleuchtet werden soll, so muss der Spiegel von dem Beleuchtungssystem B (siehe auch B in Fig. 28) ein Bild entwerfen, das mit C entweder zusammenfällt oder es kann auch, wie in Fig. 30, das Bild von B in B_1 liegen und selbst grösser sein als C, in welchem Falle der beleuchtete Teil des Augenhintergrundes grösser ist als $b_2 b_2$. Der Strahlenverlauf im Beleuchtungssystem lässt sich nun in der Weise finden, dass man sich zunächst das Bild konstruiert, das der Planspiegel SS von der Pupille des Auges erzeugt. Dieses liegt in pp, das Bild von d in δ. xx ist die Achse von B. Die Richtung, in der die in Fig. 28 mit A bezeichnete Linse verschoben werden muss, ergibt sich, wenn wir durch die Mitte von δ und das optische Zentrum von B die Linie $x_1 x_1$ ziehen.

Der Rand des Spiegels SS reicht also bis zur Achse $x_2 x_2$ des Abbildungssystems C, überragt aber die Achse xx des ersten Beleuchtungssystems B. Es ist aus leicht begreiflichen Gründen notwendig, den Spiegel immer vor die temporale Hälfte der Pupille zu bringen. Seine Grösse ergibt sich daraus, dass er unbedingt alles aus B hervortretende Licht auffangen muss [1]). Die Form des Spiegels muss so gewählt werden, dass sie von dem aus dem Auge hervorkommenden und in das Abbildungssystem eintretenden Lichte möglichst wenig abschneidet. Sie muss aber auch der Durchschnittsfläche des von B kommenden Strahlenkegels an der Stelle des Spiegels angepasst sein. Die Durchschnittslinie, welche die Oberfläche des Strahlenkegels mit der Spiegelebene bildet, ist eine Ellipse. Man könnte also dem Spiegel ganz gut eine elliptische Gestalt geben, ohne dass dies für den Verlauf der Strahlen im Beleuchtungssystem irgend einen Nachteil hätte. Ein Vorteil von dieser Spiegelform ist aber nur für jenen Teil des Spiegels zu erwarten, der vor die Pupille des Auges zu liegen kommt. Es ist

---

1) Die Konstruktion der vom Spiegel SS gegen die Pupille des Auges reflektierten Strahlen ist, wie leicht ersichtlich, in den Winkeln nicht genau, da die Ablenkung der Strahlen an der Cornealoberfläche wegen der Kleinheit der Zeichnung nicht berücksichtigt wurde.

also am einfachsten, nur diesem Teile die entsprechende Form zu geben, während der andere Teil des Spiegels die Gestalt eines Rechteckes haben kann, an welches eben der vordere, durch den Teil einer

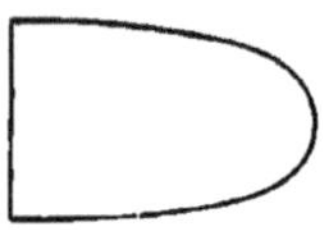

Ellipse begrenzte, kleinere Abschnitt gleichsam angesetzt ist. Daraus resultiert die nebenstehende gezeichnete Gestalt des Spiegels.

Bei der Spiegelkonstruktion ist ferner noch auf den wichtigen Punkt zu achten, dass das Bild d in der Pupille, welches nichts anderes als das umgekehrte Bild der Blende d_1 in Fig. 28 ist, auch wirklich mit möglichster Schärfe entstehe, so dass der Raum zwischen d und der Mitte der Pupille von jedem Lichte freigehalten werde. Bei Verwendung eines rückwärts belegten Glasspiegels wird dies niemals gelingen, da solche Spiegel immer 2 Bilder von der vorderen und hinteren Fläche liefern. Man muss also Metallspiegel oder auf der Vorderfläche foliierte Glasspiegel benützen.

Es ist noch die Frage zu lösen, in welcher Entfernung das Bild d der Blende (Fig. 30) vor dem vorderen Rand des Spiegels in der Luft zu liegen hat, damit es dann, wenn das Auge mit seinem Hornhautscheitel 4 mm vor S gebracht wird, auch in die Pupillarebene falle. Für diesen Fall kommt nur die vordere Kornealfläche als brechende Fläche in Betracht, als brechende Medien Kornea und Kammerwasser. Wir können uns also an die vordere und hintere Brennweite der Kornea halten. Es wäre c in Fig. 31 der Krümmungsmittelpunkt der Kornea und es würden die Lichtstrahlen in der Luft gegen den Punkt a konvergieren, so werden sie durch die Brechung an der Oberfläche der Kornea gegen das Einfallslot abgelenkt und kommen nach dieser Ablenkung nunmehr in b zur Vereinigung. Wünschen wir, dass diese Vereinigung in der Pupillarebene, ca. 4 mm hinter der Kornealoberfläche, zustande kommt, so wird es richtig sein, wenn wir dem Blendenbild eine Entfernung von 6—7 mm vor dem vorderen Rande des Planspiegels in der Luft geben. Bleibt dieser Spiegelrand bei der Aufnahme ungefähr 2—3 mm vor der Kornea, dann würde das Blendenbild ohne Einwirkung der Kornea in die vordere Kammer fallen. Durch die Brechung an der Vorderfläche der Kornea wird es aber (Fig. 31) weiter nach hinten verlegt und kommt so nahezu

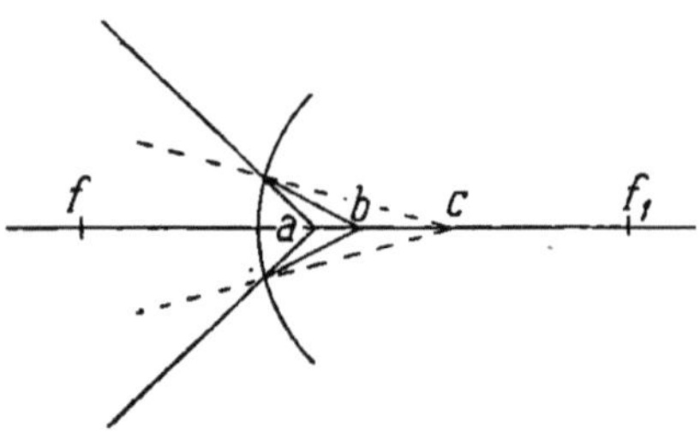

Fig. 31.

in die Pupillarebene zu liegen. Von diesem Bild entwirft die Linse des Auges zwar eigentlich ein vergrössertes, virtuelles Bild in der vorderen Augenkammer, von dem aus die Strahlen gegen den Augenhintergrund verlaufen. Doch ist diese Linsenwirkung eine so geringe, dass man unter Vernachlässigung derselben das Blendenbild in die Pupillarebene verlegen kann.

Das Abbildungssystem.

In Fig. 30 C ist das erste Objektiv des Abbildungssystems angedeutet, das vom Fundus in der Ausdehnung von 36° ein umgekehrtes Bild entwirft. Dieses erste Objektiv war ursprünglich ein sogenanntes Ramsden'sches Fernrohrokular von Steinheil von 51 mm Brennweite. Später wurde von Herrn Dr. v. Rohr für diesen Zweck ein eigenes Objektiv berechnet. Es ähnelt in einem seiner Teile den Verantlinsen. Sein anderer Teil wirkt als Kollektiv. Dieses erste Objektiv ist in Fig. 32 ebenfalls mit C bezeichnet. Es entwirft in $A_1 B_1$ ein umgekehrtes Bild von dem Teile a b des Augenhintergrundes. Dieses Bild wird durch das zweite Objektiv D in $A_2 B_2$ als ein inbezug auf die Retina aufrechtes Bild in der Ebene der empfindlichen Platte P P zur Abbildung gebracht. Dieses zweite Objektiv D befindet sich an der Stelle, wo das durch das System C erzeugte, umgekehrte Bild $p_3 p_4$ der Pupille $p_1 p_2$ liegt. (Wir werden später sehen, dass diese Stellung aus bestimmten Gründen nicht genau eingehalten wird.) Blenden wir bei $m_1 p_4$ die Hälfte des Systems D ab, so werden alle Strah-

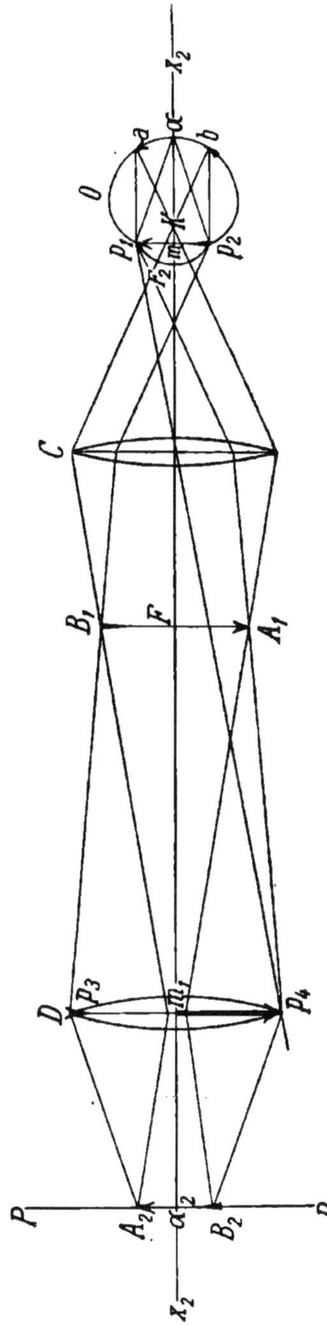

Fig. 32.

len, welche aus der gegenüberliegenden Hälfte $m\,p_1$ der Pupille hervorkommen, von der Platte abgehalten, da dann nur die Hälfte $m\,p_2$ der Pupille und die Hälfte $m_1\,p_3$ des Systems D in Verwendung kommen. Als zweites Objektiv D wurde ein Zeiss'sches Planar von 16 cm Brennweite benützt.

Die bei Emmetropie des Auges parallel das Auge verlassenden Strahlenbündel kommen im Brennpunkte F des Systems C zur Vereinigung. Das dort entstehende Bild des Fundus ist vergrössert. Der zweite Brennpunkt von C liegt vor dem Auge O in F_2. Ist die Brennweite des zweiten Objektivs (D) gleich f, so ist der Abstand zwischen D und A_1B_1 mit 2 f bestimmt, so dass das Bild A_2B_2 in Wirklichkeit dieselbe Grösse hat wie das Bild A_1B_1. (Nur in der Figur ist der Raumersparnis wegen die Aufstellung von D eine andere, so dass A_2B_2 gegen A_1B_1 verkleinert ist.)

Um alles Licht, das aus dem Auge herauskommt, auch wirklich zur Platte zu leiten, muss die Öffnung von D gleich gross oder grösser sein als das Bild, welches C von der Pupille p_1p_2 in der Ebene von D entwirft.

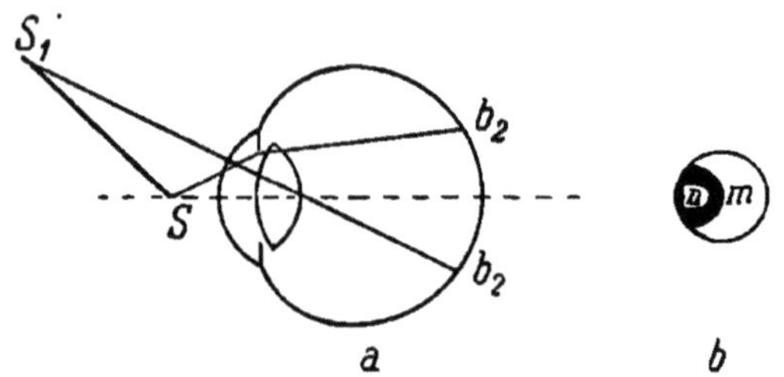

Fig. 33.

Wie gross muss nun die bei m_1p_4 angebrachte Blende sein? Nach dem früher auf Seite 43 Gesagten wäre überhaupt keine Blende nötig, wenn es sich nur um die Kornea als reflektierende Fläche handeln würde und wenn durch den früher dargelegten Strahleneinfall der Reflex an der Kornea sicher vollständig vermieden würde. Da diese Bedingungen aber nicht zutreffen, so muss doch eine Blende angebracht werden, deren Form und Grösse sich nach den auseinandergesetzten Prinzipien am einfachsten dadurch bestimmen lässt, dass man zunächst diejenigen Teile der Trennungsfläche der brechenden Medien des Auges bestimmt, durch welche die das Auge beleuchtenden Strahlen passieren. Alle diese Teile dürfen von dem Orte des abgeblendeten Systems D nicht sichtbar sein. In Fig. 33 a ist das Auge in natürlicher Grösse und der Strahlenverlauf vom Spiegel $S\,S_1$ zu dem seitlich gelegenen 2 mm im Durchmesser haltenden Bilde der Blende des Beleuchtungssystems und weiter zum Augenhintergrunde dargestellt. Wenn die Strahlen den Teil b_2b_2 des Augenhintergrundes beleuchten, so geht der eine Randstrahl gerade durch den hinteren Linsenpol, woraus hervorgeht, dass gerade die eine Hälfte der Linse in diesem horizontalen Durchschnitte des Auges von den Strahlen durchsetzt wird. Wenn die Blende im Beleuchtungssysteme kreisförmig ist, so durchsetzt das Strahlenbündel auch scheibenförmige Teile der vorderen und hinteren Linsenflächen, und zwar ist diese Scheibe an der vorderen Linsenfläche kleiner, an der hinteren Linsenfläche grösser. Ist Fig. 33 b die Ansicht der Pupille von vorne in natürlicher Grösse, so zeigt n das in der Ebene der Pupille liegende Bild der Blende im Beleuchtungssystem an, die, wie ersichtlich sehr gut die auf Seite 61 dargestellte Form haben kann. m bleibt für die der Abbildung dienenden Strahlen übrig. Der schwarze Teil zwischen m und n entspricht jenem Teile der hinteren Linsenoberfläche, der neben n auch noch von den Beleuchtungsstrahlen durchsetzt wird. In der Pupillenebene dient n zur Beleuchtung und m zur Beobachtung. Die Blendenöffnung im zweiten Objektiv D (Fig. 32) kann also, um ihren Zweck zu erfüllen, halbmondförmig sein, so dass mehr als die halbe Pupille zum Austritte der Strahlen verwendet wird.

Wir müssen uns nun fragen, was für einen Einfluss die Blende im zweiten Objektiv auf die Beleuchtung der Platte hat. Oben wurde der Strahlengang aus dem Beleuchtungssysteme zum Augenhintergrunde erörtert und dabei gefunden, dass unter den dort dargestellten Verhältnissen die Beleuchtung des Augenhintergrundes im Bereiche des abzubildenden Teiles eine gleichmässige ist. Doch ist es zunächst nach den bisher gegebenen Voraussetzungen nicht möglich, dieses auf dem Augenhintergrund gleichmässig verteilte Licht auch in gleichmässiger Verteilung auf die Platte zu bringen. Dem stehen sowohl der vor dem Auge befindliche Planspiegel als auch die im zweiten Objektiv notwendigerweise anzubringende Blende entgegen. Aber noch eine dritte Abblendung muss sich geltend machen. Das ist der Rand des Systemes C, also des ersten Abbildungsobjektives. Bekanntlich wird im umgekehrten Bilde das Gesichtsfeld bei geeigneter Stellung der Konvexlinse überhaupt nur von der Apertur der Konvexlinse begrenzt. Dies ist auch hier der Fall. Wie Fig. 32 zeigt, kann ja weder die Pupille des Auges noch das zweite Objektiv irgend eine Abblendung bewirken; denn die Stellung des zweiten Objektives ist ja eine derartige, dass auf ihm ein Bild der Pupille entsteht, das nicht grösser ist wie das Objektiv.

Die Abblendung der Strahlen durch den Rand der Linse C erfolgt aber nicht gleichmässig für alle aus der Pupille hervorkommenden Strahlenbündel. In Fig. 32, welche zunächst die Verhältnisse mit Weglassung jeder Abblendung durch die zwei oben erwähnten Blenden zeigt, ist mit α ein Punkt des Augenhintergrundes auf der Achse bezeichnet. Das von dort parallel zur Achse austretende Strahlenbündel, gebildet aus untereinander parallelen Strahlen, trifft in seiner Gänze auf C auf. Der korrespondierende Achsenpunkt α_2 des Bildes $A_2 B_2$ wird also durch Strahlen abgebildet, welche aus der ganzen Pupille $p_1 p_2$ hervortreten. Die von a und b kommenden Strahlenbündel gehen aber nicht mehr durch die ganze Pupille, sondern nur durch einen Teil derselben, so wird z. B. das von a gegen den unteren Teil der Linse gehende, nach unten zu durch den Richtungsstrahl, der durch a K geht, begrenzt, hat also in der Pupille am horizontalen Durchschnitte ca. 5 . 5 mm. Wenn wir in Fig. 30 eine Linie vom unteren Rand der Linse B_1 zum unteren Pupillenrande und dann den dieser Linie parallelen Richtungsstrahl durch k ziehen, so ist dessen Endpunkt auf der Retina ω

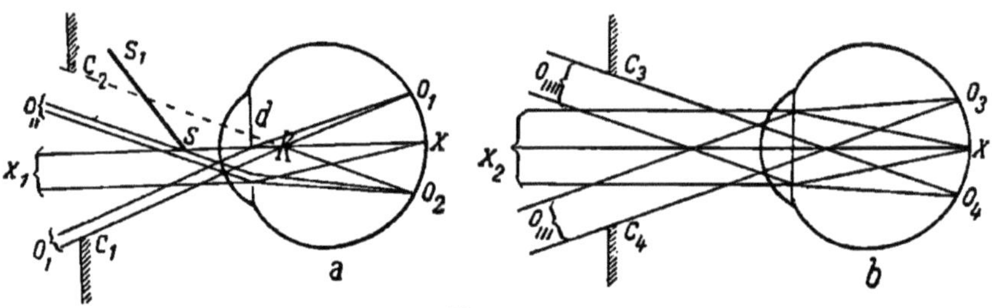

Fig. 34.

die Grenze, bis zu welcher bei Weglassung aller Blenden noch Strahlen aus der ganzen Pupille zum ersten Objektiv treten könnten.

In Fig. 34 a ist ein horizontaler, meridionaler Durchschnitt des Auges mit Rücksicht auf diese Abblendungen gezeichnet. SS_1 ist der vor der Pupille liegende Planspiegel, der als körperliche Blende wirkt. In die Pupille selbst ist an derselben Seite der Achse die optische bis zur Mitte der Pupille reichende Blende d eingetragen, welche das Bild der körperlichen, im zweiten Objektiv befindlichen Blende ist. Die dritte Blende, die durch den Rand der Linse C des ersten Objektives bedingt wird, ist der Raumersparnis wegen nicht an die richtige Stelle gezeichnet, sondern näher an dem Auge in $c_1 c_2$ dargestellt. Eine in $c_1 c_2$ befindliche Blende hätte nämlich denselben Effekt wie die Abblendung durch den Linsenrand von C (Fig. 30). Dies geht in Fig. 34 aus dem Gange der Richtungsstrahlen $o_1 k c_1$ und $o_2 k c_2$ hervor. $o_1 o_2$ ist das Gesichtsfeld des ersten Objektivs im Augenhintergrunde. Wenn wir von den Endpunkten dieses Gesichtsfeldes o_1 und o_2 die Richtungsstrahlen zu den Rändern der Linse, die das erste Objektiv darstellt, ziehen, so geben diese Strahlen, wie dies oben an der Hand der Fig. 32 auseinandergesetzt wurde, zugleich die Randstrahlen der Strahlenbündel an, welche von den Punkten o_1 und o_2 noch in das erste Objektiv dringen können. Diese Überlegung zeigt, dass man die Blende, welche durch die Apertur des ersten Objektives gebildet wird, auch näher an das Auge nach c_1 c_2 versetzen kann, wobei natürlich die Blendenöffnung je näher am Auge, desto kleiner genommen werden muss.

Betrachten wir den Strahlenverlauf von dem Achsenpunkte x und den beiden Punkten o_1 und o_2 zum ersten Objektiv und damit überhaupt auch zur photographischen Platte, so können wir in Fig. 34a die Wirkung der drei Blenden leicht übersehen. Von x tritt ein der halben Pupillenweite entsprechendes Strahlenbündel x_1 in Verwendung, von o_1 nur ein schmales Bündel $o_,$, von o_2 ein noch schmäleres $o_{,,}$. Die Beleuchtung des auf der empfindlichen Platte entworfenen aufrechten Bildes des Augenhintergrundes muss also nach den Seiten hin abnehmen, und zwar stärker für die Abbildung des Punktes o_2.

Doch haben wir hier nur den horizontalen Durchschnitt der Pupille in Betracht gezogen. Wollen wir wissen, wie viel Licht von dem gleichmässig beleuchteten Augenhintergrund zu den einzelnen Punkten des Bildes auf der Platte gelangen kann, so müssen wir alle Meridionalschnitte des Auges samt den in diesen Durchschnitten durch die 3 Blenden bewirkten Abblendungen konstruieren. So stellt Fig. 34b einen vertikalen Meridionalschnitt durch das Auge dar, in welchem der Spiegel und das optische Diaphragma in der Pupillenebene fehlen, da sie bei diesem Durchschnitte nicht getroffen werden. Von dem Achsenpunkte x treten hier die Strahlen durch die ganze Pupillenöffnung in das Abbildungssystem. Von dem Punkte o_3, dem oberen Rande des Gesichtsfeldes ein Bündel $o_{,,,}$ ca. $^2/_3$ des Pupillendurchmessers breit, ein ebenso breites Bündel $o_{,,,,}$ kommt vom unteren Rande o_4. Also nach oben und nach unten nimmt die Beleuchtung ab, aber viel weniger als am horizontalen Durchschnitte. Würde man in dieser Weise noch für sämtliche meridionale Durchschnitte die in das Abbildungssystem eintretenden Strahlenbündel bestimmen, so könnte man den für jeden einzelnen Punkt in Betracht kommenden Teil der Pupille finden.

Fig. 35 bringt die Beleuchtungsverhältnisse des Bildes, das auf der empfindlichen Platte entsteht, zum Ausdrucke. Der Kreis stellt den Rand des Bildes dar. Die Mitte des Bildes wird, wie aus der soeben gegebenen Darstellung und den Figuren 34a und 34b hervorgeht, von jenem Teile der Pupille beleuchtet, welcher in Fig. 33b mit m bezeichnet ist, also von einem etwa halbmondförmigem Teile. Das obere Ende des vertikalen Meridians des Bildes bekommt seine Beleuchtung von dem unteren Teile der Pupille, der in vertikaler Richtung etwa $^2/_3$ des Pupillendurchmessers hat und in dem natürlich auch ein Teil der Abblendung der Pupille, wie sie durch die Blende im zweiten Objektiv bemerkt wird, sichtbar sein muss. Es sind also die unteren $^2/_3$ des halbmondförmigen Teiles der Pupille, der für diese Stelle des Bildes in Betracht kommt. Ganz analog verhält es sich für den unteren Rand des vertikalen Meridians. Je weiter man im horizontalen Meridian des Bildes gegen den linken Rand desselben hinkommt, desto mehr schiebt sich der Rand des vor dem Auge liegenden Spiegels gleichsam als Blende vor und desto schmäler wird der Halbmond. Am Endpunkte des horizontalen Meridians ist es nur mehr ein schmaler Teil des halbmondförmigen Teiles der Pupille, der das Licht zur Platte schickt und zwar ein Teil der rechten Hälfte des Halbmondes. Gegen den rechten Rand des Bildes hin nimmt die Beleuchtung ebenfalls ab, doch schiebt sich hier, wie aus Fig. 34a zu erkennen ist, die Blende im zweiten Objektiv immer mehr vor, so dass auch hier der halbmondförmige Teil der Pupille immer schmäler wird. Schliesslich hat am rechten Ende des horizontalen Meridians dieser halbmondförmige Teil in horizontaler Richtung nur mehr den Querschnitt o, aus Fig. 34a. Betrachten wir einen in Fig. 34a in der Mitte zwischen x und o_1 gelegenen Punkt, so gehen von ihm noch durch die Hälfte der Pupille Strahlen ins Abbildungssystem. Nicht so verhält es sich aber mit einem Punkte, der in der Mitte zwischen x und o_2 liegt. Wie man sich leicht durch Konstruktion an der Hand der Richtungsstrahlen überzeugen kann, wird das von diesem Punkte in das Abbildungssystem tretende Strahlenbündel im horizontalen Meridian nicht mehr den Querschnitt der halben Pupille haben. Dementsprechend sind auch auf dem ersten und dritten Viertel des horizontalen Meridianes in Fig. 35 Halbmonde eingezeichnet, welche die Teile der Pupille angeben, von welchen aus Licht zu diesen Punkten geht.

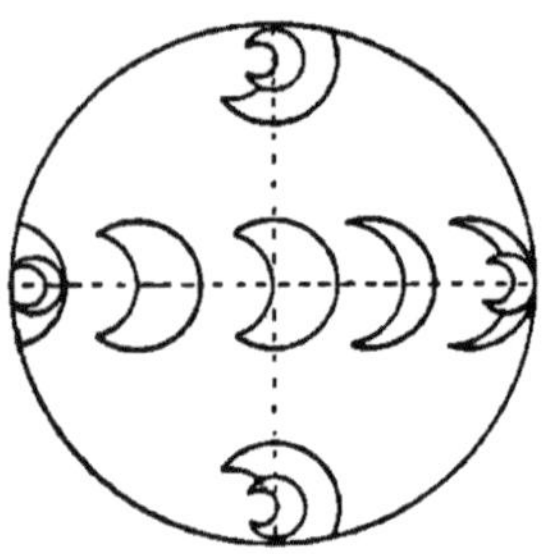

Fig. 35.

Wir können das Resultat dieser Betrachtung somit dahin zusammenfassen, dass die Beleuchtung in dem Bilde von der Mitte nach allen Seiten hin abnimmt, nach oben und nach unten aber wenig und erst gegen den Rand hin. Ebenso nimmt die Beleuchtung nach links hin zunächst gar nicht und erst in den Randteilen ab, hier jedoch stärker als nahe dem oberen und dem unteren Rande. Nach rechts hin zeigt sich schon bald neben der Mitte eine sehr deutliche Abnahme, welche gegen den Rand zu noch stärker wird als in den linken Randteilen. Diese stärkere Abnahme des Lichtes nach der rechten Seite hin entspricht in seiner Lage zur Achse des ganzen Abbildungssystems der Blende im zweiten Objektiv (siehe Fig. 32). Man kann aber aus Fig. 34a erkennen, dass die so rasche Abnahme der Beleuchtung nicht dieser Blende, sondern dem Spiegel zugeschrieben werden muss. Noch der Punkt in der Mitte zwischen x und o_2 würde, wenn man sich den Spiegel wegdenkt, fast durch die halbe Pupille seine Strahlen senden. Zugleich zeigt die Fig. 34a, dass die Abblendung durch den Spiegel desto geringer ausfallen wird, je näher der Spiegel dem Auge liegt. Der Spiegel muss ferner an seinem vor der Mitte der Pupille liegenden Rande zugeschärft sein, was sich bei einem Metallspiegel, der ohnehin, wie wir früher gesagt haben, in Verwendung gezogen werden muss, leicht machen lässt. Ein auch nur einigermassen dicker Rand des Spiegels bei S (Fig. 34a) würde bewirken, dass von dem ohnehin schon schmalen Bündel o_1 noch mehr abgeschnitten wird. Diesem Umstande muss aber bei der Konstruktion besondere Aufmerksamkeit gewidmet werden.

Wie schon oben erwähnt muss einfach wegen der notwendigen Annäherung des Spiegels und damit des ganzen Beleuchtungssystems an das Auge der Spiegel immer vor die temporale Hälfte der Pupille gebracht werden. Dadurch ist es bedingt, dass die schwächere Beleuchtung der empfindlichen Platte immer dort erfolgt, wo der nasale Teil des Augenhintergrundes zur Abbildung kommt. Es wird also der nasale Teil der Bilder relativ unterexponiert bleiben.

Doch gibt es ein Mittel die hier beschriebene Ungleichmässigkeit der Beleuchtung grösstenteils zu beheben. Denken wir uns das Bild des halbmondförmigen Teiles der Pupille, der Licht zur Platte sendet, irgendwie verkleinert, so wird eine gleichmässigere Beleuchtung der Platte resultieren, denn jetzt wird auch noch für periphere Teile der Platte, die sonst nur aus einem Teile dieses halbmondförmigen Pupillenanteils ihr Licht empfangen, der ganze halbmondförmige Teil der Pupille gleichsam die Lichtquelle sein. In Fig. 35 sind, um dies zu erläutern, an den Enden der beiden Hauptdurchmesser kleine Halbmonde eingezeichnet.

Die Verkleinerung des Pupillenbildes lässt sich auf die folgende Weise erreichen. Bisher wurde immer vorausgesetzt, dass das Bild, welches das erste Objektiv von der im zweiten Objektiv (Planar) enthaltenen Blende entwirft, mit der Pupille zusammenfällt. Die Strahlen die zur photographischen Platte gelangen, gehen also in letzter Linie von dem Planar, respektive von der in ihm enthaltenen Blende aus. Unter dieser Voraussetzung ist auch Fig. 34 gezeichnet. Nun lässt sich aber auch eine andere Aufstellung denken. In Fig. 36 wäre wieder C das erste und D das zweite Objektiv (Planar). Die Anordnung wäre nun so getroffen, dass das von C entworfene Bild der im Planar enthaltenen Blende hinter die Pupille, also ins Auge — nach d d — fallen würde. Jetzt erzeugt C von der Pupille des Auges ein Bild, das in p p entstehen würde, wenn wir uns zunächst das zweite Objektiv D wegdenken würden. Das Objektiv D (Planar) bildet p p aber in $p_1 p_1$ ab. Von $p_1 p_1$, dem durch die kombinierte Wirkung beider Objektive entworfenen Bilde der Pupille, gehen die Strahlen

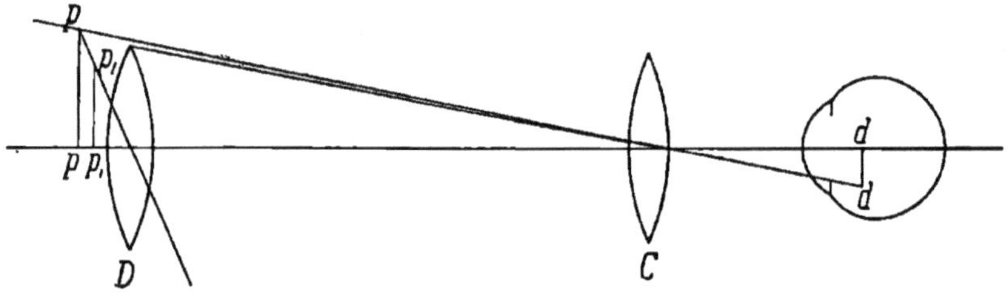

Fig. 36.

dann zu der empfindlichen Platte und bewirken in der früher dargelegten Weise eine gleichmässigere Beleuchtung der Platte, als wenn das Planarblendenbild in die Pupillarebene fallen würde.

Aus diesen Ausführungen ergibt sich die Regel den Apparat zum Auge und die beiden Objektive zueinander so zu orientieren, dass das vom ersten Objektiv entworfene Bild der Planarblende hinter der Pupille des Auges in dd entsteht. Das Bild der im Beleuchtungssystem angebrachten Blende soll dagegen in die Pupillarebene zu liegen kommen.

Von einem anderen Mittel zur Ausgleichung der Beleuchtungsunterschiede wird weiter unten die Rede sein.

Da wir das Abbildungs- und Beleuchtungssystem, wenn auch immer das eine zum anderen in Beziehung gebracht werden musste, doch gesondert betrachtet haben, so sei schliesslich der besseren Übersicht wegen eine zusammenfassende Darstellung des Strahlenganges in beiden Systemen gegeben.

Die Fig. 37 soll diesem Zwecke dienen, wobei auch die Bezeichnung, die in den vorhergehenden Figuren Fig. 28 und 32 gebraucht wurde, zum besseren Verständnis grösstenteils beibehalten wurde. L ist die Lichtquelle, die Kohlenspitzen der elektrischen Bogenlampe, A das Kondensorsystem, welches in d_1 an der Stelle der Blende ein verkehrtes Bild der Kohlenspitzen entwirft. Von diesem Bilde entsteht durch das Beleuchtungssystem B in der Ebene der Pupille in d_2 ein umgekehrtes Bild, welches den Augenhintergrund in a b in grosser Ausdehnung beleuchtet. Diese beleuchtete Stelle des Augenhintergrundes wird durch das erste Objektiv im Abbildungssysteme C bei emmetropischen Augen im Brennpunkte dieses Systemes, nämlich in F als umgekehrtes Bild $A_1 B_1$ entworfen. Das zweite Objektiv D, das etwa

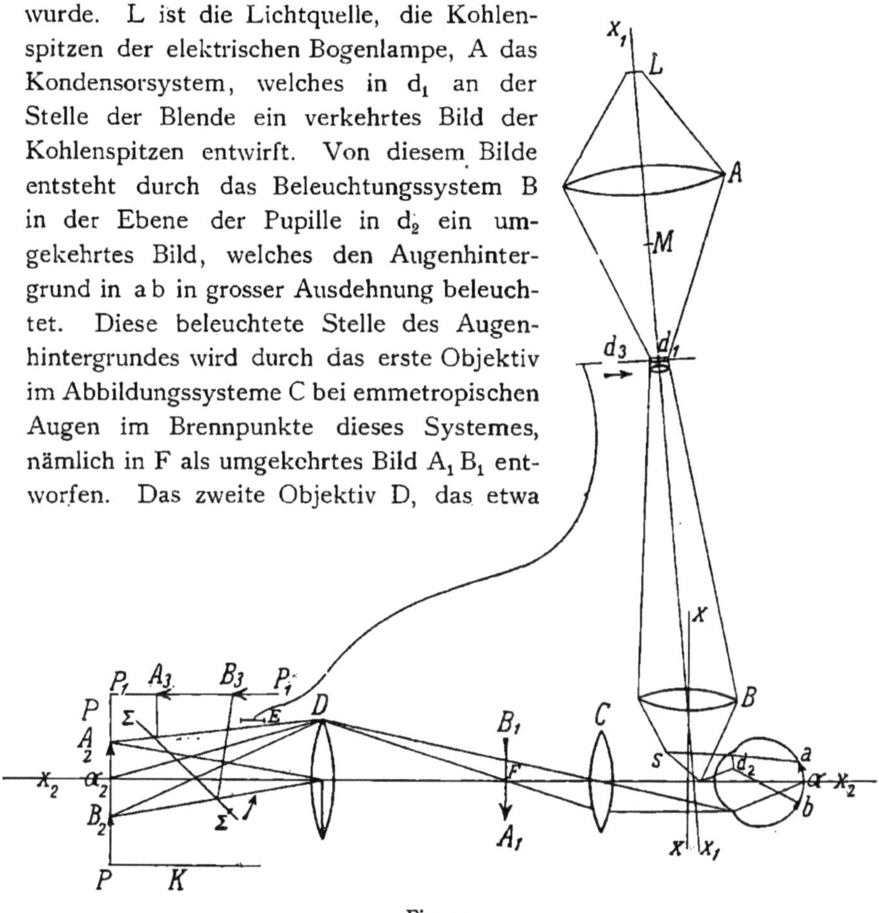

Fig. 37.

um seine doppelte Brennweite von $A_1 B_1$ absteht, erzeugt dann auf der empfindlichen Platte PP ein aufrechtes Bild des Augenhintergrundes $A_2 B_2$. Der Planspiegel S ist nur gerade so gross, als es der auffallende Strahlenkegel erfordert. Durch ihn und durch die Blende im Systeme D erfolgt die Ausschaltung der Reflexe an den brechenden Medien. Das System D ist so aufgestellt, dass die in der Figur untere Hälfte der Pupille sich auf der oberen Hälfte dieser Linse abbildet. Der Einfachheit wegen ist diese Darstellung gewählt, wenn sie auch nicht ganz entsprechend ist. Die Linien, die von dem Achsenpunkte α ausgehen, vor dem Auge parallel verlaufen, dann zum Punkte F konvergieren und durch D wieder zur Achse nach α_2 gehen, bezeichnen den Gang, der von a b reflektierten Strahlen zur Ebene PP.

$x_2 x_2$ ist die Achse des Abbildungssystems, x x die Achse des Beleuchtungssystems B, gegen welche die Achse $x_1 x_1$ der Kondensorlinse A etwas geneigt ist.

Vorrichtungen zur Einstellung und Aufnahme.

Es sollen hier nur ganz im allgemeinen die einzelnen Vorkehrungen dargelegt werden. Eine genaue Beschreibung folgt im nächsten Kapitel.

Zur Einstellung ist es am zweckdienlichsten, wenn der ganze, seinem Prinzipe nach im vorigen beschriebene Apparat samt der Lichtquelle auf einem Stativ montiert ist, das derart beweglich eingerichtet ist, dass die ganze Vorrichtung in entsprechender Weise dem durch die Einbeissvorrichtung und das Ansehen des Fixationsobjektes festgestellten Auge genähert werden kann. Das Fixationsobjekt (M Fig. 37) ist eine auf einem Drahte verschiebbare Metallkugel, die zwischen Kondensorlinse und Blende im Beleuchtungssystem eingeschaltet wird (also zwischen A und d_1 in Fig. 28 und Fig. 37). Für Fälle, wo das zu photographierende Auge nicht die genügende Sehschärfe besitzt oder ganz blind ist, wird dem anderen Auge das Spiegelbild eines seitlich und rückwärts von dem Auge befindlichen Objekts zur Fixation dargeboten.

Hinter der Blende d_1 (Fig. 37) kann für die Zwecke der Einstellung ein graues Glas eingeschaltet werden, welches einerseits das Licht der Lichtquelle so stark abschwächt, dass es durch längere Zeit ohne Anstand ertragen werden kann, andererseits aber doch genügt, um das Bild des Augenhintergrundes auf einer durchsichtigen Einstellplatte mit einer Lupe zur Anschauung zu bringen. Hinter diesem grauen Glase ist eine schwache Konvexlinse angebracht, durch welche das zwischen A und d_1 aufgestellte Fixationsobjekt M erst dem Auge sichtbar gemacht wird. In Fig. 37 sind bei d_1 die rauchgraue Platte und diese Konvexlinse eingezeichnet. Für ein emmetropisches Auge werden nämlich die von dem Fixationsobjekte ausgehenden Strahlen durch diese Konvexlinse derart in ihrem Verlaufe geändert, dass in dem vorderen (zwischen d_1 und B) gelegenen Brennpunkte des Beleuchtungsobjektivs B ein Bild des Fixationsobjektes entsteht. Die vom Fixationsobjekt ausgehenden Strahlen werden dann durch die Konvexlinse bei d_1 und durch das System B parallel gemacht und können von dem atropinisierten, emmetropischen Auge auf seiner Netzhaut vereinigt werden. Die Metallkugel erscheint dem Auge dann als schwarzer Fleck innerhalb der hell beleuchteten Scheibe, die der Ausdruck des in grosser Ausdehnung beleuchteten Augenhintergrundes ist.

Der Planspiegel muss so in verschiedenen Richtungen verschiebbar sein, dass die Einstellung des Bildes der Blende d_1, das vor dem Planspiegel entsteht, in genauer Weise erfolgen kann. Dieses Bild, welches in Fig. 28 und 30 in d_2 bereits in die Pupillarebene des Auges hineingezeichnet ist, muss zunächst 6—7 mm vor den vorderen Rand des Planspiegels gebracht werden und dann noch in die richtige Entfernung zu dem aus dem Abbildungssysteme entworfenen Blendenbild. Das erste Objektiv C (Fig. 37) entwirft von der in D eingelegten Blende ein halbmondförmiges Bild. Dieses Bild soll wie schon früher beschrieben, 9—10 mm vor dem Rande des Beleuchtungsspiegels entstehen. Die beiden Blendenbilder müssen sich auch in der richtigen Stellung zueinander befinden.

In Fig. 33 sind diese beiden Blendenbilder, mit m und n bezeichnet, in natürlicher Grösse samt dem dazwischen befindlichen Zwischenraum von 1,5 mm Breite dargestellt. Hält man 6—7 mm vor dem vorderen Rande des Spiegels eine matte Scheibe, so muss sich nach vollzogener Einstellung auf derselben das Bild der Blende im Beleuchtungssysteme scharf darstellen. Das in dieser Ebene allerdings nicht scharf sichtbare Bild der Blende im Abbildungssysteme muss einen Abstand von 1,5 mm von dem kleinen Blendenbilde haben.

Der ganze richtig eingestellte Apparat wird nun durch die am Stativ angebrachte Schraubenbewegung dem Auge so weit genähert, dass die Entfernung des Spiegelrandes von der Kornealoberfläche höchstens ca. 2—3 mm, womöglich noch weniger beträgt. In $\Sigma\Sigma$ (Fig. 37) zwischen D und der empfindlichen Platte P P ist unter 45^0 ein Planspiegel angebracht, welcher das Bild des Augenhintergrundes $A_3 B_3$ auf einer horizontalen Einstellplatte entwirft. Zugleich ist beim Einblicke durch die durchsichtige Einstellplatte auf den Spiegel $\Sigma\Sigma$ auch die Pupille des Auges, sowie die Blende im zweiten Objektiv (Planar) sichtbar. Blickt man genau durch die Mitte der Einstellplatte entsprechend der nach diesem Punkte abgelenkten Achse des Abbildungssystems, so sieht man die halbmondförmige Blende des zweiten Objektivs (Planar) und in ihr konzentrisch zu der äusseren Begrenzung dieses Halbmondes das Bild der Pupille, das von beiden Objektiven entworfen wird (siehe S. 71).

Aus Fig. 34 und 35 ist ersichtlich, dass man, wenn man nahe dem Rande der runden Einstellplatte vorbeisieht, nicht immer das ganze Pupillenbild, sondern nur Teile desselben sehen kann. Bei der Durchsicht nahe den Enden des horizontalen Durchmessers der Einstellplatte wird sich bald der Rand des Beleuchtungsspiegels, bald der Rand des Lappens der Planarblende vorschieben, während wieder nahe dem oberen und unteren Ende des vertikalen Durchmessers der obere und untere Rand der Planarblende ein Stück des Pupillenbildes abschneiden (siehe Fig. 35). Mittelst des Einblickes durch die Einstellplatte lässt sich also auch die richtige Stellung des Apparates zum Auge kontrollieren und durch die mit dem Stative mögliche Bewegung richtig stellen.

Mit der Einstelllupe kann man dann das Bild des Augenhintergrundes auf der Einstellplatte scharf einstellen, was durch die Bewegung des ganzen hinteren Kamerateiles K geschieht, welcher die Kassette mit der empfindlichen Platte PP und den Spiegel $\Sigma\Sigma$ enthält. Dieser ganze Kamerateil kann dem zweiten Objektiv D genähert und von ihm entfernt werden.

Im Momente nun, wo man den Fundus mit der Lupe scharf sieht, wird durch eine pneumatische Auslösung der Spiegel $\Sigma\Sigma$ hinaufgeklappt. Dieser bewirkt durch Anschlagen an eine Platte E auf elektrischem Wege die Momentaufnahme. Diese geschieht dadurch, dass bei Herstellung des Kontaktes bei E der Austausch der mit dem grauen Glase versehenen Öffnung d_1 gegen eine freie Öffnung d_3 für eine kurze Zeit erfolgt. Die kurze, durch entsprechende Vorrichtungen regulierbare Zeit, während welcher diese freie Öffnung d_3 an der Stelle, wo früher d_1 war, sich befindet, ist die Expositionszeit. Nach derselben wird die Öffnung bei d_1 vollständig geschlossen und ebenso auf elektrischem Wege vor die empfindliche Platte bei PP ein Schirm vorgeschoben, um jedes fremde Licht von der Platte abzuhalten.

Gesichtsfeld, Vergrösserung und Bildgrösse bei Emmetropie.

Wie schon früher erwähnt hängt das Gesichtsfeld von der Stellung, Apertur und Brennweite des Systemes C ab, da durch das System D infolge seiner Aufstellung ebensowenig wie durch den Rand der Pupille eine Einschränkung des Gesichtsfeldes erfolgt. Das als erstes Objektiv verwendete, speziell für diesen Zweck berechnete System bildet unter den gegebenen Verhältnissen den Augenhintergrund unter einem Winkel von etwa 36° ab, was 6 Papillendurchmessern gleichkommt. Diesem Gesichtsfelde entspricht auch die runde, an der vorderen Wand der Kassette befindliche Öffnung, in der nach Zurückziehung des Schiebers die empfindliche Platte freigegeben wird. Dieses Loch in der Kassette bildet sich natürlich stets scharf auf dem Augenhintergrunde ab, da die der Öffnung unmittelbar anliegende empfindliche Schicht und der abzubildende Fundus in jedem Falle bei richtiger Einstellung zueinander konjugiert sein müssen. Die Öffnung in der Kassette kann also bei der angegebenen Stellung ebenso wie der Rand des ersten Objektivs als Gesichtsfeldblende aufgefasst werden und wird auch bei Emmetropie und Hypermetropie als solche fungieren.

In Fig. 38 sei $A_2 B_2$ das Loch in der Kassette und a b das scharfe Bild dieses Loches auf dem Augenhintergrund, C das erste, D das zweite Objektiv (Planar), letzteres mit seiner Blende, deren Bild

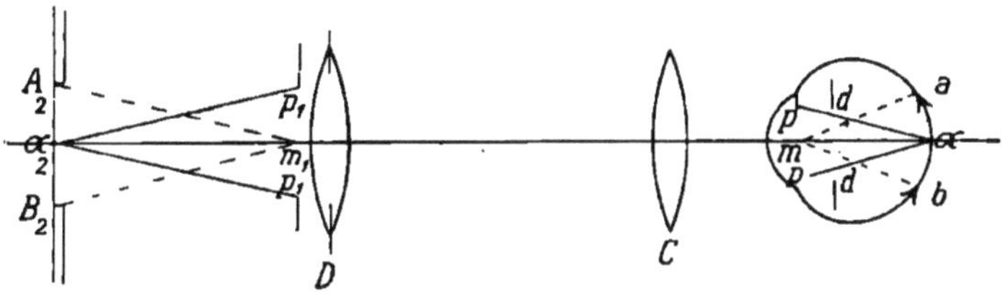

Fig. 38.

nach dem früher Dargelegten in d d entworfen wird. Das Bild der Pupille p p dagegen entsteht ebenfalls nach den Auseinandersetzungen auf Seite 71 und nach Fig. 36 in $p_1 p_1$. p p ist also die Eintrittspupille des Systems und $p_1 p_1$ die Austrittspupille und dementsprechend p α p der Öffnungswinkel, $p_1 \alpha_2 p_1$ der Projektionswinkel, a m b der Gesichtsfeld- oder Objektwinkel, $A_2 m_1 B_2$ der Bildwinkel. Mit Zunahme der Pupillenweite nimmt also auch der Öffnungswinkel und damit die Beleuchtung der Platte zu, wogegen das Gesichtsfeld nicht von der Pupillengrösse, wohl aber vom Durchmesser von C abhängig ist. Entsprechend der auf der Platte entstehenden Grösse des Fundusbildes, oder vielmehr etwas kleiner, wurde dann $A_2 B_2$ gewählt, so dass $A_2 B_2$ die Gesichtsfeldblende ist.

Die Vergrösserung kann analog der Vergrösserung im umgekehrten Bilde gefunden werden. Beim emmetropischen Auge, bei dem die Strahlen das Auge parallel verlassen, kommt es gar nicht auf die Entfernung der Linse vom Auge an. Ist in Fig. 39 K der Knotenpunkt des Auges, a b die Papille, so ist der eine von den beiden

Richtungsstrahlen durch die Hauptachse bestimmt, der andere geht durch K nach m zur Konvexlinse C. Wir finden die Grösse des von C im Brennpunkte F entworfenen umgekehrten Bildes der Papille AF durch einen parallel zu akm durch das optische Zentrum der Linse O gezogenen Richtungsstrahl OA. Die Dreiecke FAO und Kab sind ähnlich und es verhält sich darin ab:FA=Kb:OF. Kb ist aber im reduzierten Auge = 15 mm und OF ist die Brennweite der Linse. Diese ist in unserem Falle = 51 mm. Setzen wir ab = 1, so ist $FA = \frac{OF}{Kb} = \frac{51}{15} = 3,4$. Diese Vergrösserung wird durch das Planar nicht mehr geändert, falls dieses um seine doppelte Brennweite von dem umgekehrten Bilde des Augenhintergrundes entfernt liegt. Wenn wir die Grösse der Papille zu 1,6 mm annehmen, so wird das Bild derselben auf dem Photogramm 5,44 mm gross sein.

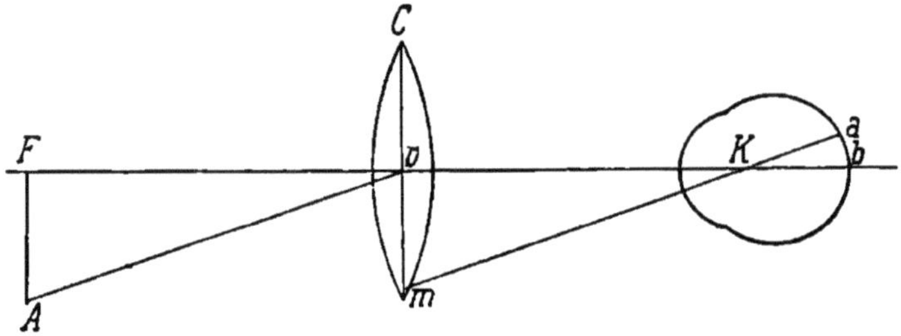

Fig. 39.

Die Grösse des Bildes, welches auf der Platte entsteht, ergibt sich ebenfalls aus diesen Daten. Das Gesichtsfeld beträgt 6 Papillendurchmesser, die Papille hatte im Bilde die Grösse von 5,5 mm, folglich hat das ganze Bild 33 mm im Durchmesser.

In Wirklichkeit wird das vom ersten Objektiv erzeugte Bild durch das Planar bei der früher angegebenen Stellung beider Objektive zueinander etwas vergrössert, so dass die Papille im Bilde 6 mm Durchmesser hat, also 4 mal vergrössert erscheint. Das ganze Bild hat dann einen Durchmesser von 36 mm.

Gesichtsfeld, Vergrösserung und Bildgrösse bei Ametropie.

Es sollen zunächst die Veränderungen besprochen werden, welche die verschiedenen Arten und Grade der Ametropie bewirken, wenn die Entfernung der beiden Objektive, wie sie bei Emmetropie festgestellt wurde, beibehalten wird.

In Fig. 40 sind wieder C und D die beiden Objektive, $A_2 B_2$ das Loch der Platten-Kassette, dessen Bild in $A_1 B_1$ und schliesslich in a b auf dem Augenhintergrund des emmetropischen Auges entworfen wird, so dass $A_2 B_2$ und a b konjugiert sind. Handelt es sich nun statt um ein emmetropisches, um ein durch Achsenverlängerung myopisches Auge, so rückt das durch das erste Objektiv C entworfene Bild des Fundus näher an C heran und, wenn die Lage von C und D nicht geändert wird, muss auch die Einstellplatte und die Plattenkassette näher an D rücken. $A_2 B_2$ muss nach $A_3 B_3$ geschoben werden. Das von $A_3 B_3$ durch D entworfene, vergrösserte Bild $A_4 B_4$ wird durch C in $A_5 B_5$ im Fernpunkt des kurzsichtigen Auges abgebildet und von diesem Bilde $A_5 B_5$ erscheint auf dem Fundus des Auges

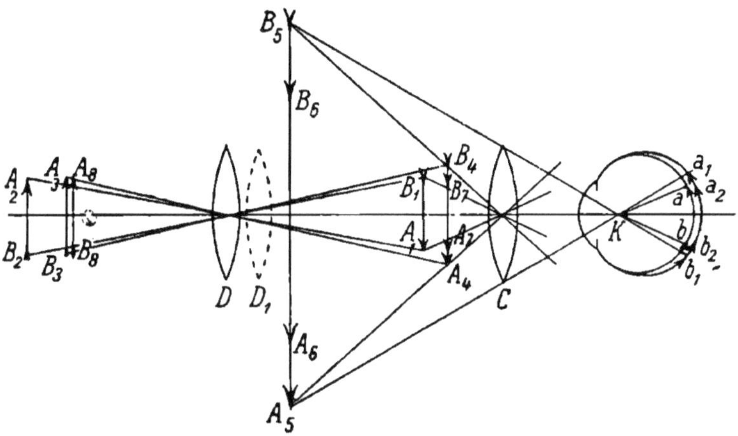

Fig. 40.

schliesslich in $a_1 b_1$ ein Bild. $A_4 B_4$ muss natürlich an derselben Stelle liegen, wo das Objektiv C vom Augenhintergrund ein Bild erzeugt. ($A_5 B_5$ ist in Fig. 40 nur der Raumersparnis wegen so nahe an C gezeichnet.)

Wir ersehen also hieraus, dass mit Zunahme der Myopie das Gesichtsfeld immer mehr zunehmen, die Vergrösserung aber immer mehr abnehmen muss. Bei Emmetropie kamen in $A_2 B_2$ 6 Papillendurchmesser zur Abbildung. Bei einem gewissen Grade von Myopie würde in $A_3 B_3$, das ebenso gross ist wie $A_2 B_2$, eine grössere Zahl von Papillendurchmessern entsprechend $a_1 b_1$ beispielsweise 9—10 Papillendurchmesser, aber natürlich unter einer bedeutend geringeren Vergrösserung abgebildet werden. Ähnlich wird es sich auch bei Brechungsmyopie verhalten, wo der Knotenpunkt des Auges nach vorne rückt.

In entgegengesetzter Weise wird die Hypermetropie, wie Fig. 41 zeigt, das Gesichtsfeld und die Vergrösserung beeinflussen. a b, $A_1 B_1$, $A_2 B_2$ sind die Bilder bei Emmetropie. Bei Hypermetropie rückt natürlich das von C entworfene Bild des Fundus von diesem System weg und dementsprechend muss auch die photographische Platte von D entfernt werden. Liegt für einen bestimmten Grad von Hypermetropie die Kassettenöffnung bei scharfer Einstellung des Netzhautbildes in $A_3 B_3$, so entsteht davon durch D ein verkleinertes Bild in $A_4 B_4$. Von $A_4 B_4$ entwirft dann C ein vergrössertes Bild in $A_5 B_5$ (im Fernpunkte des Auges), welches endlich auf dem Fundus des achsenhypermetropischen Auges in $a_1 b_1$ seine Abbildung findet. Auch bei Brechungshypermetropie, bei welcher der Knotenpunkt gegen die Netzhaut verschoben ist, wird das Bild der Gesichtsfeldblende ($A_3 B_3$) kleiner als a b.

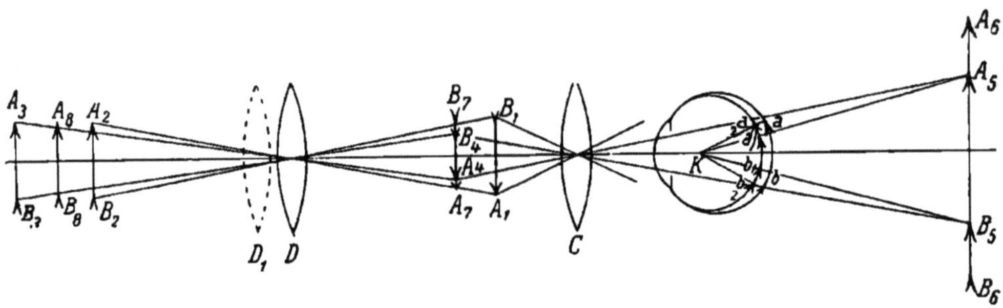

Fig. 41.

Bei Hypermetropie würde also bei unveränderter Stellung der beiden Objektive zueinander auf demselben Teile der photographischen Platte wie bei Emmetropie ein kleineres Stück des Fundus, aber unter einer stärkeren Vergrösserung zur Darstellung gelangen.

Man könnte nun die Vergrösserung des Gesichtsfeldes bei Myopie direkt als einen Vorteil auffassen und nur nach einem Mittel suchen, um das Gesichtsfeld bei Hypermetropie zu vergrössern. Die Erfahrung zeigt aber, dass bei Myopie ein anderer Übelstand eintritt. Die Fig. 42 wird dies erklären. Bezeichnet $A_1 B_1$ das umgekehrte Bild von $A_2 B_2$ wie es durch D zwischen beiden Objektiven im Falle von Emmetropie entsteht, so wird das Stück ab des Augenhintergrundes bei $A_2 B_2$ abgebildet. Dabei geht das ganze Strahlenbüschel, das, von b kommend, die Linse C trifft, auch über B_1, nach B_2 und erfüllt die Linse D ganz.

Wird das Auge dagegen beispielsweise durch Achsenverlängerung myopisch, so muss das Kassettenloch zur Einstellung nach $A_3 B_3$ gerückt werden. Es wird jetzt vergrössert in $A_4 B_4$ durch D entworfen. $A_4 B_4$ wird dann durch C im Fernpunkt des Auges (in der Figur nicht gezeichnet) als virtuelles Bild dargestellt, von dem wieder das brechende System des Auges in $a_1 b_1$ ein Bild gibt. $a_1 b_1$ ($>$ a b) ist jetzt der Teil des Fundus der auf der Einstellplatte $A_3 B_3$ zur Abbildung gelangt. Nunmehr aber geht das Strahlenbündel, das von b durch die Pupille zu C geht, auf seinem weiteren Wege nicht mehr ganz durch D, sondern es kommt nur ein Teil dieses Bündels nach D und von da nach B_3.

Es wird also die ohnehin durch die früher erörterten Verhältnisse in den peripheren Teilen des Bildes schwache Beleuchtung noch weiterhin geschwächt. Die weitere Überlegung zeigt aber auch, dass bei Hypermetropie diese Schwierigkeit betreffs der Beleuchtung nicht besteht, da hier (siehe Fig. 41) das Bild von $A_3 B_3$ in $A_4 B_4$ verkleinert abgebildet wird.

Unser Bestreben muss also darauf gerichtet sein, das Gesichtsfeld bei Myopie im Interesse der gleichmässigen Beleuchtung kleiner zu machen, als es nach der bisherigen Anordnung ausfallen würde, um so mehr als das Gesichtsfeld bei Emmetropie (6 Papillendurchmesser) vollständig ausreichend ist. Es wäre also das einfachste, wenn wir bei Myopie und bei Hypermetropie nahezu die gleiche Vergrösserung und dasselbe Gesichtsfeld erreichen würden wie bei Emmetropie.

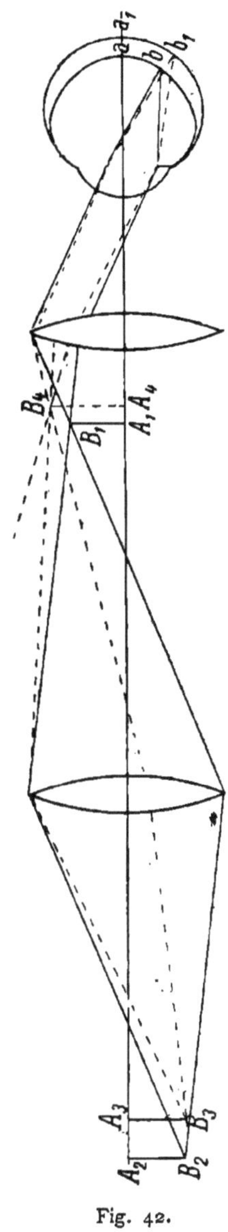

Fig. 42.

Als Mittel hiezu ergibt sich die Verschiebung des zweiten Objektivs (Planars) und zwar muss bei Myopie das zweite Objektiv dem ersten genähert werden, bei Hypermetropie weiter von ihm aufgestellt werden als bei Emmetropie. Wird nämlich (siehe Fig. 40) vom Augenhintergrunde des achsenmyopischen Auges nur das Areal $a_2 b_2$ = a b für die photographische Abbildung bestimmt, so entsteht zunächst durch das optische System des Auges von $a_2 b_2$ in $A_6 B_6$, im Fernpunkt des myopischen Auges, ein umgekehrtes Bild. $A_6 B_6$ wird dann durch C in $A_7 B_7$ entworfen. Soll jetzt das durch D von $A_7 B_7$ erzeugte Bild gerade die Gesichtsfeldblende (das Kassettenloch) ausfüllen, so müssen wir D nach D_1 schieben, und zwar so weit, dass D_1 um seine doppelte Brennweite von $A_7 B_7$ entfernt ist. In $A_8 B_8$ ($= A_2 B_2$) werden jetzt ebenfalls 6 Papillendurchmesser des myopischen Fundus abgebildet.

Bei Hypermetropie (Fig. 41) müssten wir D nach D_1, also weiter von C wegschieben. Denn wollen wir ein Stück $a_2 b_2$ des hypermetropischen Auges von derselben Grösse wie ab im emmetropischen Auge abbilden, so erhalten wir zuerst die Abbildung durch das dioptrische System des Auges in $A_6 B_6$. Von $A_6 B_6$ entsteht durch die Wirkung des Objektivs C in $A_7 B_7$ ein Bild. Rücken wir nun mit D nach D_1, so dass D_1 um seine doppelte Brennweite von $A_7 B_7$ absteht, so haben wir schliesslich in $A_8 B_8$ ($= A_2 B_2 = A_3 B_3$) ein Bild auf der photographischen Platte, das 6 Papillendurchmesser des hypermetropischen Auges umfasst.

Auch für Brechungsmyopie und für Brechungshypermetropie würden die soeben gegebenen Regeln gelten.

Es handelt sich nun noch darum, das Ausmass der Verschiebung des Planars zu bestimmen. Setzen wir eine Linse von 50 mm Brennweite 50 mm vor die Kornea, so dass also ihr Brennpunkt in die Kornea fällt, so haben wir etwa die Verhältnisse wie bei unserem Apparat. Denn das Planar liegt in einer solchen Entfernung vom ersten Objektiv, dass das Bild der Planarblende etwa 8 mm jenseits des Brennpunktes des ersten Objektivs entworfen wird. Nun liegt dieses Bild 9—10 mm vor dem kleinen Beleuchtungsspiegel, der bis knapp an die Kornea geschoben wird. Wir können also mit genügender Genauigkeit den Brennpunkt des ersten Objektivs mit dem Hornhautscheitel zusammenfallen lassen.

Beim emmetropischen Auge entsteht das Fundusbild im jenseitigen Brennpunkt des ersten Objektivs. Bringen wir an Stelle des emmetropischen Auges ein solches mit einer Myopie von 1 D in dieselbe Lage zum ersten Objektiv, so entsteht das umgekehrte Bild des Fundus jetzt nicht mehr im Brennpunkt, sondern um 2,5 mm näher am ersten Objektiv und zwar entspricht bei verschiedenen Stärken der Myopie jede Dioptrie eine Verschiebung des Fundusbildes um 2,5 mm und bei M = 20 D wird das umgekehrte Bild mit dem optischen Zentrum des ersten Objektivs zusammen fallen. Ganz die gleichen

Verschiebungen werden bei Hypermetropie, nur im entgegengesetzten Sinne stattfinden.

Wir werden also bei den verschiedenen Refraktionsanomalien annähernd dasselbe Gesichtsfeld und dieselbe Vergrösserung erhalten, wenn wir für jede Dioptrie Myopie das zweite Objektiv (Planar) dem ersten Objektiv um 2,5 mm nähern, bei Hypermetropie für jede Dioptrie um dasselbe Mass von ihm entfernen.

IV. Kapitel.

Beschreibung des Apparates.

In diesem Kapitel soll mein Apparat samt allen technischen Details besprochen werden, so wie es für denjenigen nötig erscheint, welcher sich behufs des Gebrauches mit seinen Einrichtungen vertraut machen will.

Wir haben an dem Apparate das Stativ mit den Vorrichtungen zur Fixation des Kopfes und den eigentlichen Apparat zu unterscheiden, welch' letzterer wieder in den Teil zur Beleuchtung und den Teil zur Aufnahme zerfällt. Endlich bildet die Vorrichtung zur elektrischen Auslösung der Momentverschlüsse einen gesonderten Bestandteil. Dementsprechend kann auch die Beschreibung eingeteilt werden.

1. Das Stativ und die Vorrichtung zur Fixation des Kopfes.

Das Stativ war jedenfalls in der Weise einzurichten, dass sowohl das Beleuchtungs- als auch das Abbildungssystem auf demselben montiert sind und dass diese beiden Systeme, welche zueinander in richtige Beziehung gebracht sind, dem Auge in entsprechender Weise genähert werden können. (Der gegensätzliche Gedanke, den ganzen Apparat ohne jede Beweglichkeit auf einem Tische zu befestigen und den Kopf der Versuchsperson in entsprechender Weise dem Apparate zu nähern, erschien von vornherein deshalb unausführbar, weil es unmöglich gewesen wäre, dem Kopfe die notwendige, feine Bewegung zu erteilen.) Natürlich muss auch der Kopf der Person in sicherer Weise fixiert sein und ebenso das Auge durch die Anordnung eines Fixationsobjektes. Es erschien als praktisch, die Vorrichtung zur Fixation des Kopfes an einem festen Tische anzubringen, welcher dann auch den ganzen

Apparat zu tragen hat. Der Apparat soll dann auf dem Tische so beweglich sein, dass auch feine Verschiebungen möglich sind, welche es gestatten, dem Apparate die geeignete Stellung zum Auge zu geben. Zu diesem Zwecke muss der ganze Apparat — und zwar Beleuchtungs- und Abbildungssystem zusammen — in allen 3 Richtungen des Raumes leicht und sicher auch nur um Teile eines Millimeters bewegt werden können, während das volle Ausmass dieser Bewegungen nur wenige Zentimeter zu betragen braucht, da man ja das Auge zum Apparate im groben vorläufig orientieren kann. Die Herstellung dieser Beweglichkeit war in Anbetracht der Grösse und des Gewichtes des ganzen Apparates, dem ja auch die elektrische Bogenlampe angehört, keine leichte Aufgabe, welche aber von Zeiss in glänzendster Weise gelöst wurde.

Taf. III, Fig. 1 zeigt uns diese ganze Einrichtung von der Seite gesehen. T ist ein schwerer und fester Tisch, dessen Tischplatte in der Mitte des vorderen Randes ein fest mit ihr verbundenes dickes Brett t trägt. Auf diesem Brette ist ein eiserner gebogener Träger S angeschraubt, welcher aus 2, an den freien Enden gegen einander konvergierenden und daselbst durch ein ebenfalls eisernes Querstück miteinander verbundenen Eisenteilen besteht (siehe Taf. III, Fig. 2 in der Ansicht von oben). In diesem Querstücke befinden sich 2 Öffnungen (Fig. 2). In eine von diesen kann eine kurze Metallstange E eingesteckt werden, welche an ihrem oberen Ende eine horizontale Platte trägt, die zum Einbeissen dient. Die Metallstange kann durch die Schraube S fixiert werden.

Um der Versuchsperson eine ruhige Haltung zu ermöglichen, ist mit dem Tische T eine Armstütze fest verbunden. Dieselbe besteht aus einem hölzernen Träger A_1, der unterhalb der Tischplatte befestigt ist, einem schmalen Brette A_2 zum Auflehnen der Arme und einem Fusse A_3, der auf dem Boden aufruht. Die Beine der sitzenden Person sind zwischen A_1 und A_3 vorgeschoben. A_2 ist auch in Fig. 2 auf Taf. III von oben sichtbar.

Taf. III, Fig. 2 zeigt uns die bis jetzt beschriebenen Teile von oben gesehen und ausserdem den ersten Bestandteil der Vorrichtung, welche zur Bewegung des Apparates dient. Die Tischplatte des Tisches T ist in der Mitte durchbrochen, um den Tisch etwas leichter zu machen. In t sieht man von oben das auf der Tischplatte befestigte Brett, welches die eiserne Stütze S trägt. Auf der Tischplatte ruht mittelst der Rollen r_1 das dreieckige Gerüst B_1. Von den beiden Rollen r_1 ist in Taf. III, Fig. 1 die eine von der Seite sichtbar, in Fig. 2 sind beide durch gestrichelte Linien angedeutet, obwohl sie eigentlich bei der Aufsicht von oben durch das Gerüst B_1 verdeckt werden. Die grossen Räder R_1 in Fig. 1 und Fig. 2 übertragen durch die mit ihnen verbundene horizontale Eisenstange a (Fig. 2), die in ihrer Mitte einen Schraubengang hat, ihre Bewegung auf das Gerüst B_1, so dass dasselbe im Sinne des Pfeiles oder in dem entgegengesetzten Sinne parallel zur Tischplatte verschoben werden kann.

Mit B_1 ist das viereckige Balkengerüst B_2 durch zwei Angeln verbunden, von denen nur eine in Fig. 1 bei c von der Seite erscheint; beide sind dagegen in Fig. 3 bei cc angedeutet. Auf dem mittleren Balken von B_1 ist ein senkrechter, mit Schraubengängen versehener zylindrischer Zapfen befestigt (b in Fig. 1, 2 und 3). Derselbe geht durch B_2 und das oberste Brett B_3. Fig. 3 stellt B_2 und B_3 von oben gesehen dar, wobei aber B_3 durchsichtig gedacht und nur in seinen Umrissen gezeichnet ist. Die Stange dd, die durch die Räder $R_2 R_2$ gedreht werden kann, bewirkt durch Übertragung mittelst Gewinde und Zahnrad eine Hebung von B_2 entlang des Zapfens b mit Drehung um die Angeln cc als Achse. Die in Fig. 1 bei B_2 angebrachten Pfeile bezeichnen diese Bewegung, die natürlich durch umgekehrte Drehung von R_2 auch in eine Senkung verwandelt werden kann. In einer bestimmten Stellung kann das Gerüst B_2 dadurch fixiert werden, dass eine Schraube angezogen wird, welche die von B_2 in Fig. 1 nach unten gehende geschlitzte Metallspange an einer seitlichen Wange der Tischplatte befestigt.

Der oberste Bestandteil des Stativs ist endlich das grosse Brett B_3, dessen äussere Umrisse durch die roten Linien in Fig. 3 angegeben sind. Dasselbe enthält nur einen ebenfalls durch eine rote Linie bezeichneten Ausschnitt, um den Zapfen B durchzulassen. Zwischen B_2 und B_3 liegt noch die Stange h mit den Rädern $R_3 R_3$ und der zylindrische Zapfen g verbindet B_2 und B_3 derart, dass sich B_3 um diesen Zapfen als Achse drehen kann (siehe Fig. 3). In Fig. 1 ist in der Seitenansicht g durch die links gezeichnete Rolle r_3 verdeckt. Diese Drehung bewirken die Räder R_3 und R_3 mittels der an h angebrachten Schraubengänge, welche in die Metallteile L und K eingreifen, indem L an B_2 und K an B_2 befestigt ist. Das Brett B_3 verschiebt sich dabei auf den 4 Rollen r_3 (Fig. 3). Man bemerke auch die Pfeile in Fig. 3.

Der Kopf der Person, die in dem Ausschnitte des Brettes B_3 sitzt, hat nun bei der Aufnahme des rechten Auges die Stellung D_1 (Fig. 3), bei Aufnahme des linken Auges die Stellung D_2 (das betreffende, zur Aufnahme bestimmte Auge ist in D_1 und D_2 jedesmal durch die schwarze Färbung gekennzeichnet). Es ergibt sich daraus, dass die Drehung an den Rädern R_1 jedesmal die Bewegung des Apparates in temporaler oder nasaler Richtung bewirkt. Die Drehung von R_2 macht Hebung und Senkung, die Drehung an R_3 Annäherung des Apparates an das Auge oder Entfernung von demselben. Die Hebung und Senkung des Apparates erfolgt allerdings nicht zu sich selbst parallel, da B_2 um die Angeln cc gedreht wird, doch macht dies bei der grossen Entfernung des vorderen Teiles des Apparates von der durch cc gehenden Achse einen so geringen Fehler, dass dieser gar nicht in Betracht kommt. Der Ausschlag der einzelnen Bewegungen beträgt nur wenige Zentimeter und braucht nicht mehr zu betragen, da man ja das Auge schon vorher im groben orientiert; dagegen sind die Bewegungen entsprechend fein, so dass stärkere Drehungen an den Rädern R_1, R_2 und R_3 nur geringe Verschiebungen bewirken.

Die Richtung, in welcher die 3 Räder R_1, R_2, R_3 jederseits die Verschiebung des Apparates bewirken, ist durch auf der obersten Platte des Stativs angebrachte Tafeln markiert. Diese Tafeln zeigen Kreise und Pfeile mit den Aufschriften: „Annähern, Entfernen, Heben, Senken, Nasal, Temporal." Diejenigen Tafeln, die zu den obern 2 Rädern gehören, sind am Rande der Tischplatte des Stativs angebracht, die Tafeln für die unteren Räder mehr gegen die Mitte des Tisches.

Schliesslich sei noch bemerkt, dass die Fig. 1—3, Tafel III in ca. 1/15 der natürlichen Grösse gezeichnet sind. In Wirklichkeit hat die Tischplatte von T eine Länge von 147 cm, eine Breite von 1 Meter, das oberste Brett B_3 eine Gesamtlänge von 213 cm (samt den seitlichen Fortsätzen) und eine Breite von 1 Meter an dem schmäleren, nicht ausgeschnittenen Ende, eine Breite von 150 cm dort, wo sich der Ausschnitt befindet.

2. Das Beleuchtungssystem.

Die Lampe und die damit verbundenen Teile.

Auf dem obersten Brette des Stativs, das auf Taf. III von den roten Streifen umgrenzt wird, ist der ganze eigentliche Apparat, Lichtquelle, Beleuchtungs- und Abbildungssystem befestigt. Die Bogenlampe und die vor ihr liegende optische Bank ist auf einem länglichen Brette angebracht, das auf dem obersten Brette des Stativs bewegt werden kann. Die Fig. 43 zeigt die Umrisse dieses obersten Brettes B. Mit b ist das bewegliche, längliche Brett bezeichnet, auf dem in L die Bogenlampe steht. Die optische Bank ist bei O. Auf ihr sind in A das Kondensorsystem (siehe auch A in Fig. 37), in W die Wasserkammer und in M das Fixationsobjekt angebracht. Alle drei sind auf Reitern befestigt und können mit diesen beliebig verschoben werden. Das ganze Brett b kann um den Punkt c als Achse gedreht werden, wobei es mit den 4 Rollen, die mit r bezeichnet sind, auf dem grossen Brette B hinrollt. Zur Erleichterung dieser Bewegung sind die Metallstreifen zz und zz in das Bett B eingelassen. Bei d hat das Brett b einen Ausschnitt, welcher dazu bestimmt ist, eine der Eisenstangen, die mit ihren Schraubengängen die Bewegung der Stativteile bewirken, durchtreten zu lassen. (Es ist die in Taf. III mit b bezeichnete Stange.)

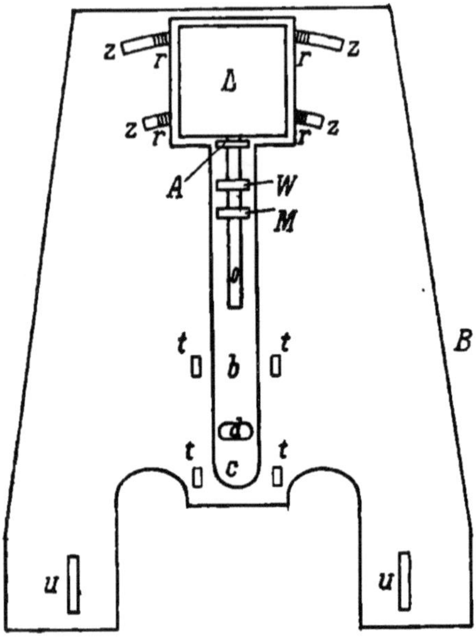

Fig. 43.

Mit t sind die 4 Stellen bezeichnet, an welchen das Rohr des Beleuchtungsapparates angeschraubt ist und mit u jene Stellen des Brettes B, auf die sich einmal bei der Aufnahme des rechten, das andere Mal bei der Aufnahme des linken Auges das Abbildungsrohr aufstützt.

Das Beleuchtungsrohr und die damit verbundenen Teile.

Das Beleuchtungsrohr ist ein metallener Hohlzylinder von ca. 15 cm Durchmesser und 50 cm Länge. Er ist mittelst 4 gusseiserner fester Füsse auf dem obersten Brette des Stativs angeschraubt (an den in Fig. 43 mit t bezeichneten Stellen). Auf der der Bogenlampe zugewendeten Seite des Rohres R (Fig. 44) ist ein Schlitten T befestigt, in dem ein flaches Kästchen V seitlich verschoben werden kann. Durch die Schrauben uu kann man die Beweglichkeit dieses Kästchens entsprechend begrenzen. Dieses Kästchen enthält den Verschlussapparat mit den beiden Öffnungen, welche in Fig. 37 mit den

Buchstaben d_1 und d_3 bezeichnet sind. An der anderen Seite hat das Beleuchtungsrohr R einen schmalen Ansatz r (Fig. 44). Dieser Ansatz r wird von einem Ringe umfasst, der einen Bügel I trägt; der Bügel I stellt die Verbindung mit dem Abbildungsrohre R_1 her. Vor r ist dann im Beleuchtungsrohr das Beleuchtungsobjektiv B angeschraubt und dieses trägt wieder den Beleuchtungsspiegel S (B und S sind in Fig. 37 mit den gleichen Buchstaben angeführt).

Nun sollen noch das Verschlusskästchen, das Beleuchtungssystem und der Spiegel des näheren beschrieben werden.

Fig. 45 stellt das Kästchen mit dem Verschlussapparat, das in Fig. 44 mit V bezeichnet ist, nach Wegnahme des Deckels dar. Dieser Deckel, der die vordere Wand des Kästchens bildet, enthält eine runde Öffnung, hinter welcher durch Drehung eines Knopfes eine Blechplatte geschoben werden kann, welche entweder die Öffnung ganz verschliesst oder ganz frei lässt, oder auch derart stellbar ist, dass eine in die Blechplatte eingelassene, mattierte rote Scheibe hinter die Öffnung des Deckels gelangt. Innerhalb des Kästchens ist eine kreissektorförmige Metallplatte a um die Achse b drehbar, wenn man an dem Griffe e, der unten aus dem Kästchen hervorragt, anfasst. Durch Drehung an der Metallplatte f kann man bewirken, dass auf der Rück-

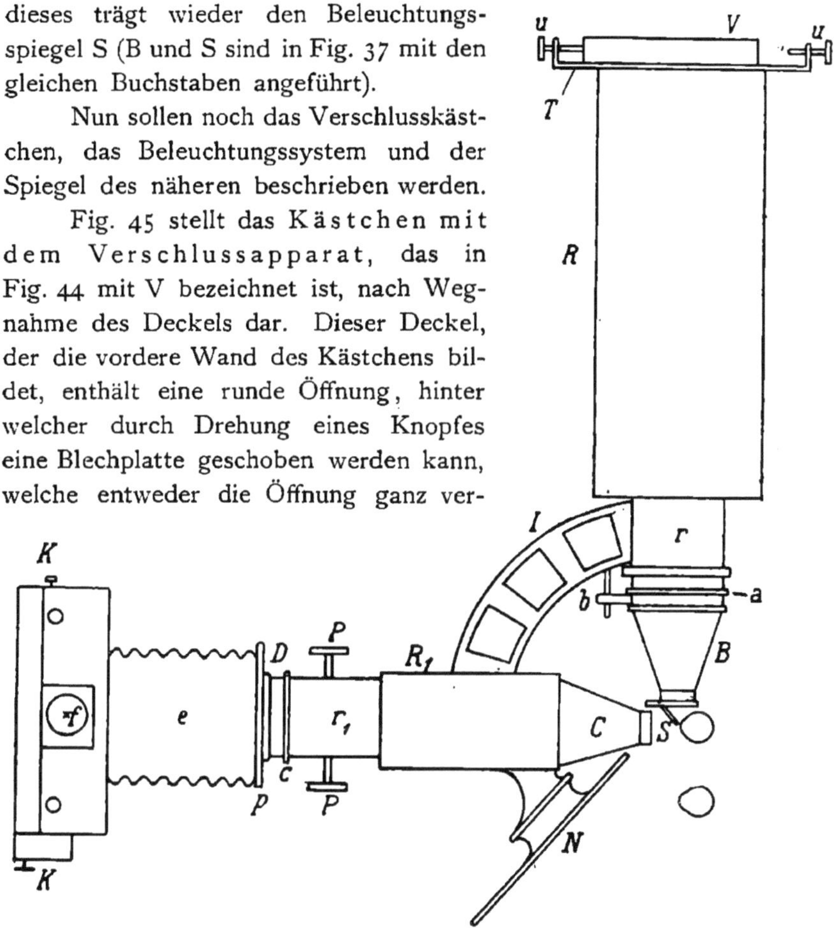

Fig. 44.

seite von e ein Stift vorspringt, welcher den Sektor a durch Anstützen an dem senkrechten Plättchen g in 2 Stellungen festhält. Diese 2 Stellungen sind diejenigen, bei denen einmal die Öffnung d_1, das andere Mal die Öffnung d_3 den Öffnungen in der vorderen und der hinteren Wand des Kästchens gegenüber liegen (d_1 und d_3 sind in Fig. 37 mit denselben Buchstaben bezeichnet). d_1 ist eine runde Öffnung und enthält die rauchgraue Glasscheibe und eine schwach-konvexe Linse, die es ermöglicht, dass das Auge in dem kleinen Metallspiegel S das Fixationszeichen M sieht (siehe auch Fig. 37). Die Öffnung d_3 ist in einer drehbaren Metallplatte angebracht; sie ist nicht rund, sondern

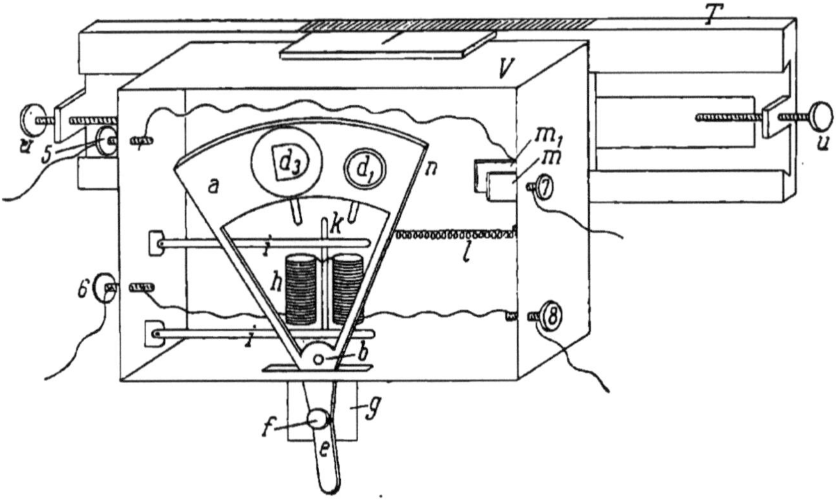

Fig. 45.

an der einen Seite durch eine gradlinige Begrenzung abgeschlossen, entsprechend der Figur auf Seite 61.

Bei h sind 2 von Draht umsponnene Eisenkerne, von denen die feinen Drähte nach den Seiten hin abgehen. Bei 6 und 8 können die zuleitenden Drähte eingeklemmt werden. Geht ein Strom von 8 kommend durch h nach 6, so wird die untere Platte des Ankers i an die untere Fläche der Eisenkerne h hinaufgezogen. Damit hebt sich auch der an dem oberen Teile des Ankers befestigte Stift k und der Sektor a wird in einer d_1 oder d_3 entsprechenden Stellung an einem der unter diesen Öffnungen vorragenden Metallstifte festgehalten. Es kann also der Sektor a sowohl mittelst des durch h gehenden elektrischen Stromes als auch durch den kleinen Stift hinter f in diesen beiden Stellungen fixiert werden.

Durch die Feder l wird der Sektor a gegen die beiden Metallplatten m und m_1 hingezogen. Geschieht dies, so legt sich der Sektor a mit seinem Ende n zwischen die beiden Platten m und m_1 hinein. Damit wird ein Kontakt hergestellt und ein Stromkreis geschlossen, für den Zuleitung und Ableitung sich bei 7 und 5 befinden. In dieser Stellung des Sektors (wo also n sich zwischen m und m_1 eingeschoben hat) ist der Weg für das Licht durch das Beleuchtungsrohr abgeschlossen, denn jetzt verschliesst der undurchbohrte Teil des Sektors links von d_3 (dort, wo sich der Buchstabe a befindet) die Öffnungen an der vorderen und hinteren Fläche des Kästchens.

An der oberen Fläche des Kästchens bemerkt man eine Platte mit einer Millimetereinteilung; auch an dem Schlitten T (siehe auch T in Fig. 44) ist oben eine solche Teilung sichtbar. Die beiden Schrauben u u begrenzen die Beweglichkeit des Kästchens V.

Wir kommen nun zur Beschreibung des Beleuchtungsobjektivs und des Spiegels. Das Beleuchtungsobjektiv (B in Fig. 37 und Fig. 44) ist ein vergrössertes Mikroskopobjektiv. Der Spiegel, ein gegen die Achse des Beleuchtungsobjektivs elliptisch geformter, an dieser Kante zugeschärfter Metallspiegel, muss in verschiedener Weise beweglich sein.

1. Der Spiegel muss mit seiner vorderen Kante bis zur Achse des Abbildungssystems ($x_2 x_2$ in Fig. 37) angenähert werden können.

2. Der Spiegel muss an das Beleuchtungsobjektiv angenähert und von ihm entfernt werden können, damit das Bild des Diaphragmas (das Bild d_2 des Diaphragmas d_1 in Fig. 37) in die richtige Entfernung vor den Rand des Spiegels gebracht werden kann.

3. Der Spiegel muss so gedreht werden können, dass der Winkel, den seine Fläche mit der Achse des Beleuchtungsobjektivs bildet, geändert werden kann.

4. Der Spiegel muss endlich parallel zu sich selbst in der Richtung der Achse des Abbildungssystems, also parallel zu den Linsen des Beleuchtungsobjektivs, verschoben werden können (in Fig. 37 parallel zu $x_2 x_2$).

Diese verschiedenen Bewegungen sind teils durch die Bewegung des Beleuchtungsobjektivs, teils durch die Bewegung des Spiegels selbst in folgender Weise realisiert: Die Bewegung 1 wird dadurch bewirkt, dass man den Ring a in Fig. 44 dreht. Dadurch wird das Beleuchtungsobjektiv und mit ihm der Spiegel in der gewünschten Richtung (der Achse des Beleuchtungsrohres) bewegt. Eine Drehung des Beleuchtungsobjektivs wird dabei durch die Führungsstange b verhindert. Der Mechanismus, der die übrigen Bewegungen des Spiegel, bewirkt, ist in Fig. 46a und in Fig. 46b ersichtlich. Fig. 46a stellt den Kopf des Beleuchtungsobjektivs in der Seitenansicht dar. Die Metallplatte c, auf welcher der Spiegel sitzt, kann durch Drehung um das Schraubengewinde, das der Objektivkopf vorne besitzt, mehr oder weniger auf das Objektiv hinaufgeschraubt werden. Dadurch erhält man die Bewegung 2. Fig. 46b zeigt, wie die Bewegung 3 erzielt wird. Fig. 46b ist eine Ansicht der Metallplatte c, wie sie aussieht, wenn sie von dem Objektivkopfe heruntergeschraubt ist und von der Rückseite des Spiegels betrachtet wird. Durch Vor- oder Rückwärtsschrauben der Schraube d wird die Metallplatte f, welche den Spiegel S trägt, um die Achse e gedreht (Fig. 46a). Die Schraube g ist, um diese Bewegung zu erleichtern, mit einer kleinen Spiralfeder umwickelt.

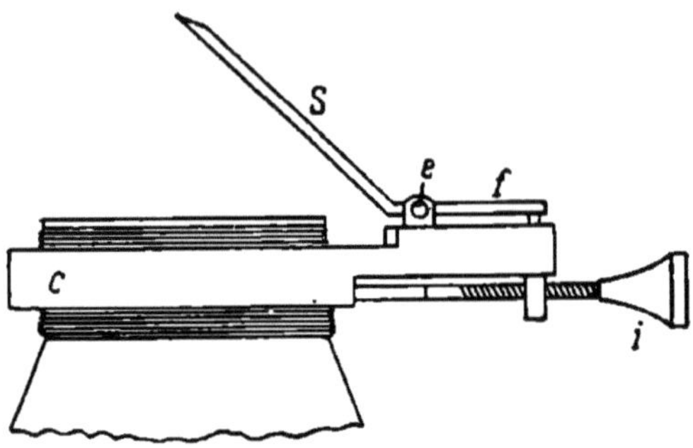

Fig. 46a.

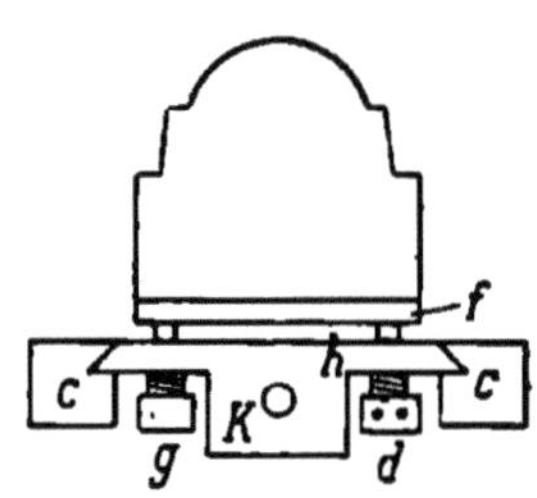

Fig. 46b.

Es bleibt noch die Bewegung 4. Der Schlitten h (Fig. 46b) ist in den Seitenteilen der Platte c verschieblich und kann durch Drehungen der Schraube i bewegt werden. Diese ist in Fig. 46a dargestellt, in Fig. 46b aber weggelassen und dadurch ist die Öffnung in der Mitte des mit dem Schlitten h zusammenhängenden Metallplättchens K sichtbar, durch welche die Schraube i geht.

Der kleine, an der einen Seite elliptisch begrenzte Metallspiegel selbst ist in die ihn tragende Metallplatte eingeschoben und kann eventuell gegen einen anderen vertauscht werden.

3. Das Abbildungssystem.

Es besteht zunächst aus einem Rohre R_1 in Fig. 44, welches durch den Bügel I mit dem Beleuchtungssystem verbunden ist. An diesem Rohre ist gegen das Beleuchtungssystem zu das erste Abbildungsobjektiv C angeschraubt. Es trägt vorne ein Schraubengewinde und eine Gradeinteilung zum Aufstecken von Zylinderlinsen im Falle von regelmässigen Astigmatismus. Ferner ist seitlich an dem Rohre ein schiefer Ansatz angebracht, welcher den grossen ovalen Spiegel N trägt, der in jenen Fällen in Funktion tritt, in denen das zu photographierende Auge keine genügende Sehschärfe hat, um das in M (Fig. 37) aufgestellte Fixationsobjekt zu sehen. Man stellt dann seitlich von der Person eine Kerzenflamme auf, deren von N entworfenes Spiegelbild als Fixationsobjekt für das zweite Auge dient.

In dem Rohre R_1 (Fig. 44) stecken zwei Hohlzylinder, die nach Art eines Fernrohrauszuges in dem Rohre R_1 beweglich sind (in der Figur ist nur der eine derselben r_1 sichtbar) und an der einen Seite eine Millimetereinteilung tragen. An dem Ende dieser Auszugsrohre ist das zweite Abbildungsobjektiv D (auch in Fig. 37 mit D bezeichnet) angeschraubt. Es enthält die halbmondförmige Blende, die durch Drehung des Ringes c in die für die Aufnahme des linken oder des rechten Auges notwendige Stellung gebracht werden kann.

In Fig. 44 ist dann links von D eine viereckige Metallplatte p sichtbar. Unter dieser (in der Figur nicht angegeben) ist der Fuss angebracht, auf dem das Abbildungssystem ruht. Er stützt sich auf die Stelle des obersten Brettes des Stativs, die in Fig. 43 mit u bezeichnet ist. An p Fig. 44 schliesst sich dann der Balg e an. Durch Lösung zweier Schrauben kann der Balg von der Platte p abgenommen werden, wodurch das Objektiv D zugänglich wird. Am Ende des Beleuchtungssystems befindet sich die Kamera K. Durch Drehung der Schrauben P kann die Kamera dem Objektiv D genähert oder von ihm entfernt werden, was unter Führung einer unterhalb des Abbildungssystems liegenden Zahnstange geschieht und die scharfe Einstellung des Bildes auf der Einstellplatte bewirkt.

An der Oberfläche der Kamera ist eine runde, durchsichtige Einstellplatte f mit Diamantkreuz angebracht. In dem kleinen Kästchen K, das an der Seite der Kamera K angeschraubt ist, befindet sich der Hebel, der beim Hinaufschlagen des Spiegels (Σ Σ in Fig. 37) den Kontakt herstellt. Der dem Balg e (Fig. 44) zugekehrte Teil der Kamera lässt sich nach Lösung von 5 Schrauben, von denen sich je zwei oben und unten und eine an der Seite befinden, im Zusammenhange mit dem Balge von dem übrigen Teile der Kamera entfernen und damit diese eröffnen, so dass die daselbst angebrachten Vorrichtungen behufs Beseitigung von etwaigen Fehlern leicht zugänglich sind.

Die Fig. 47 zeigt uns den hinteren Teil der Kamera, der mit der unterhalb befindlichen mit Zahn und Trieb beweglichen Stange fest verbunden ist. Von dem seitlichen Kästchen K ist nur die hintere und die obere Wand gezeichnet, damit man den Inhalt übersehen kann. Man sieht schräg auf das Innere des hinteren Teiles der Kamera K. Der Spiegel Σ ist an einer Achse a befestigt und ist in halb hinaufgeklappter Stellung abgebildet. An derselben Achse und zu ihm parallel gestellt ist der Metallstab b befestigt, der mit 2 Fortsätzen in die Klammern passt, die sich unter den Kontaktschrauben 1 und 2 befinden und mit diesen leitend verbunden sind. Mit dem Griffe c kann die Achse a, und also sowohl der Spiegel als auch der Metallstab b

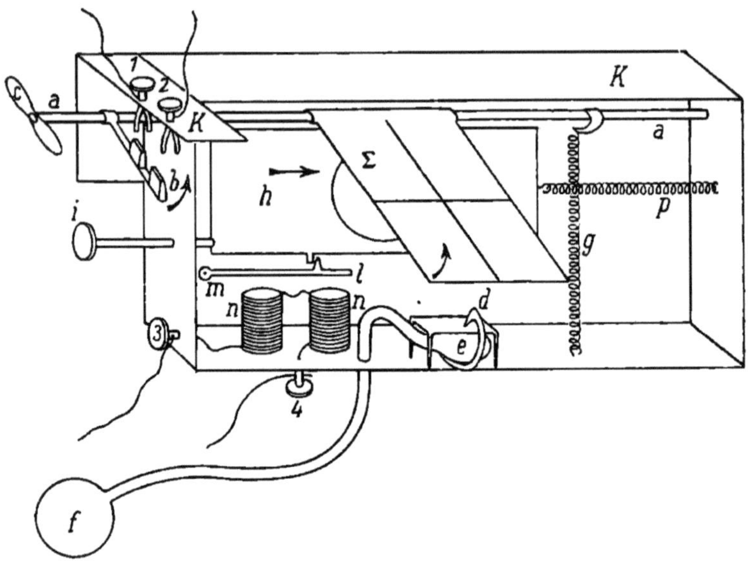

Fig. 47.

bewegt werden. Ist der Spiegel ganz bis zur horizontalen Stellung hinaufgeklappt, dann ist durch b der Kontakt zwischen 1 und 2 hergestellt und ein von dort weiterführender Stromkreis geschlossen.

Behufs Einstellung auf der horizontal oben in der Kamera angebrachten Einstellplatte wird der Spiegel ganz heruntergeklappt, bis er von der Feder d gefangen wird. Durch Druck auf den Kautschukballon f wird mittelst der kleinen Kautschukbirne e die Feder d zurückgedrückt und damit das Hinaufklappen des Spiegels bewirkt, indem ihn die Feder g in die horizontale Stellung zu bringen sucht.

Vor der rückwärts an der Kamera einzuschiebenden empfindlichen Platte kann seitlich eine Blechplatte mit runder Öffnung (h) verschoben werden. Es geschieht dies durch Zug an dem Knopfe i. Sobald dies geschehen und damit die Öffnung der Kassette freigelegt ist, wird h durch einen Zahn zurückgehalten, der an der eisernen Stange l vorragt, welche um die Achse m drehbar ist. Unter dieser sind die Elektromagneten n n aufgestellt, zu denen der Strom durch die Klemmschrauben 3 und 4 zugeleitet wird. Geht hier ein Strom durch, so wird l angezogen, die Verschlussplatte h wird freigegeben und bewegt sich, gezogen durch die Feder p, in der Richtung des auf ihr angebrachten Pfeiles. Durch die Platte h wird die photographische Platte, auch wenn der Schieber der Kassette noch offen ist, vollkommen gegen Lichteinfall abgeschlossen.

An der hinteren Seite der Kamera, in der Fig. 47 natürlich nicht sichtbar, befindet sich ein Schieber mit 3 Öffnungen. Von den beiden runden enthält die eine eine durchsichtige, die andere eine matte Einstellplatte, die dritte, viereckige Öffnung, ist zum Einsetzen der Kassette bestimmt, deren Schieber nach unten geöffnet werden kann.

Schliesslich sei noch erwähnt, dass man das Umstellen des Apparates für die Aufnahme des anderen Auges derart bewirkt, dass man (siehe Fig. 44) das ganze Abbildungssystem um die Achse des Beleuchtungssystems um 180° dreht, was durch den Bügel J vermittelt wird. Da aber dann der Fuss der Kamera nach oben zu liegen käme, so muss gleichzeitig eine Drehung der Kamera ausgeführt werden. Diese Drehung ist zwischen R_1 und r_1 möglich und muss um die Achse des Beleuchtungssystems selbst ebenfalls um 180° erfolgen, worauf dann der Fuss der Kamera auf der gegenüberliegenden Seite des obersten Stativbrettes seine Stütze findet.

4. Der Schaltapparat, die Verbindung der Verschlüsse und das Schaltbrett.

Um die Exposition durch den Verschlussapparat am vorderen Ende des Beleuchtungsrohres zu bewirken, wurde zunächst die Einrichtung getroffen, dass der Sektor a in Fig. 45 durch den Ruhestrom eines Akkumulators in der Stellung festgehalten wird, in der die mit der grauen Glasplatte bedeckte Öffnung d_1 vorgeschaltet ist. Dabei ist a am weitesten nach links geschoben, indem der Griff ganz weit nach rechts gezogen wird. Die Fixation erfolgt, wie oben erwähnt, durch die Anziehung des Ankers i und die dadurch bewirkte Hebung des Stiftes K. Wird der Strom nun auf ganz kurze Zeit unterbrochen, so wird der Sektor a von der Feder l nach rechts gezogen. Die neuerliche Schliessung des Stromes macht den Zahn K abermals hinaufsteigen, so dass jetzt die freie Öffnung d_3 eingeschaltet ist. So lange dies der Fall ist, wird die Platte exponiert. Eine abermalige Unterbrechung des Stromes macht dann K hinabsinken. Jetzt tritt wieder die Feder l in Aktion und zieht den Sektor a ganz nach rechts hinüber. Die Öffnung gegen das Beleuchtungsrohr wird dann durch den links von d_3 gelegenen Teil des Sektors verschlossen und die Exposition ist damit beendigt.

Für diese wiederholte und gesetzmässige Unterbrechung des Akkumulatorenstromes wurde ein eigener Schaltapparat konstruiert, der zuerst beschrieben werden muss, ehe zur Beschreibung der anderen Schaltung geschritten werden kann. Dieser Schaltapparat ist in seinen wesentlichen Teilen durch die Fig. 48 wiedergegeben. Auf einem kleinen Brettchen a ist ein Metallgestelle b b angeschraubt. Dieses enthält eine Achse c mit einer daran befestigten Trommel d. Durch Vorziehen der Metallplatte e nach rechts und Drehung der Platte im Sinne des auf ihr angebrachten Pfeiles wird eine Feder, die in der Trommel d enthalten ist, gespannt. Nachdem dies geschehen ist, muss man den Stab, an dem die Metallplatte e sitzt, ohne diese zu drehen wieder nach links in ihre ursprüngliche Stellung hinüberschieben, wobei mehrere an der Metallplatte befindliche Metallstifte in die für sie bestimmten Löcher einzugreifen haben.

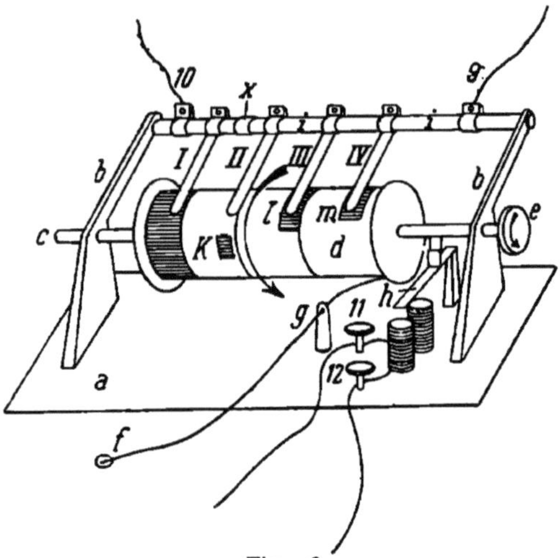

Fig. 48.

Zieht man jetzt an der Darmsaite f, die durch ein Loch an der kleinen Säule g geht, so wird, da f entsprechend an der Trommel befestigt ist, die Trommel in der entgegengesetzten Richtung gedreht, in welcher der Metallknopf e behufs Spannung der Feder gedreht wurde. Der Anker h, der an einer kleinen Säule um eine Achse beweglich ist, hält mit seinem Zahn die Trommel, die an ihrer Achse ebenfalls einen Vorsprung hat, fest. Die in der Trommel enthaltene Feder hat nun das Bestreben, die Trommel in dem Sinne des grossen, in der Mitte der Trommel gezeichneten Pfeiles zu drehen, sobald der Anker h loslässt. Dies geschieht aber, wenn durch den unterhalb befindlichen Elektromagneten ein elektrischer Strom zirkuliert, wodurch der Anker angezogen wird. Die Zuleitungen für den Strom des Elektromagneten sind bei 11 und 12.

Bei der Rotation der Trommel schleifen 4 Federn I—IV auf der Trommel. Der elektrische Strom hat bei 9 und bei 10 die Zuleitung in die Metallstange i, an der die Federn angeschraubt sind. Die Trommel, die in ihrer Achse aus Metall besteht, hat an ihrer Oberfläche mehrere Ringe, die teils aus leitender, teils aus nicht leitender Masse bestehen, so dass der Strom dann, wenn die Federn auf nicht leitender Masse schleifen, unterbrochen wird. Die leitenden Teile der Trommel sind in der Figur durch Schraffierung angegeben. Der Strom, der von 10 kommt, geht durch l auf die Trommel über, da ihm durch Einsetzen eines nicht leitenden Stückes x in den Stab i der Weg durch den Stab gegen 9 abgeschnitten ist. Ist die Trommel durch Anziehen des Fadens f vollständig gespannt, so liegt der kurze Metallstreifen K auf dem zweiten Ringe der Trommel unter der Feder II. Der Strom ist jetzt geschlossen. In dem Momente, wo die Trommel ihre Drehung beginnt, entsteht eine ganz kurze Unterbrechung, da der leitende Streifen l auf dem zweiten Ringe etwas zurückliegt. Es wird also einen Moment geben, wo die Federn II und III auf nicht leitendem Materiale schleifen, was eben die Unterbrechung hervorruft. Beim weiteren Ablaufen der Trommel kommen die Federn III und IV aber sogleich wieder auf leitende Streifen und der Kontakt ist wieder hergestellt. In dieser Stellung ist die Trommel in Fig. 48 gezeichnet. Der Kontakt bleibt so lange in Kraft als die Federn III und IV auf den Streifen l und m laufen. Sobald diese zu Ende sind, hört der Kontakt wieder auf. Damit ist die oben beschriebene, gesetzmässige Schliessung und Unterbrechung des Stromes bewirkt.

Man kann auch die Feder IV aufheben und nur die Feder III verwenden. Man kann ferner die Streifen l und m summieren, indem man m soweit zurückschiebt, dass es sich an l anschliesst. Der 3. und 4. Ring der Trommel lassen sich nämlich gegeneinander verschieben, was nach Lüftung von zwei Schrauben möglich ist, die in unserer Figur nicht sichtbar sind, da sie sich bei dieser Stellung an der Rückseite der Trommel befinden.

Nach den früheren Auseinandersetzungen ist die Zeit, während der nach der ersten kurzen Unterbrechung der Schluss in der Leitung erhalten wird, die Expositionszeit. Dieselbe kann also durch die alleinige Benützung der Feder III (bei aufgehobener Feder IV), oder bei alleiniger Benützung der Feder IV (bei aufgehobener Feder III), oder bei Benützung beider Federn III und IV nach Bedürfnis variiert werden. Eine zweite Art die Expositionszeit zu verändern besteht darin, dass die Spannung der Feder in der Trommel beim Aufziehen mittelst des Knopfes e stärker oder schwächer gemacht wird, womit eine raschere oder weniger raschere Drehung der Trommel verbunden ist.

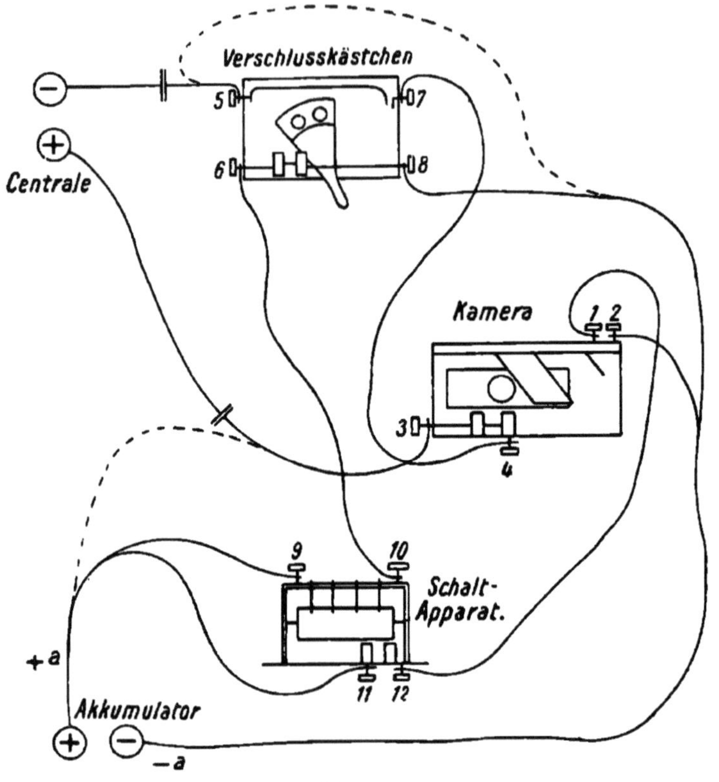

Fig. 49.

Sämtliche Schaltungen sind in Fig. 49 in schematischer Weise dargestellt. Die Stromquellen sind einerseits die Zentrale (falls sie Gleichstrom liefert), deren Strom unter Vorschaltung einer Glühlampe verwendet wird, andererseits ein Akkumulator von 4 Volt Spannung. Mit dem Akkumulatorenstrom wird der Ruhestrom zur Fixation der sektorenförmigen Verschlussplatte im Verschlusskästchen des Beleuchtungsrohres und die Auslösung des Schaltapparates bedient, die das Ablaufen der Trommel bewirkt, während der Strom der Zentrale das schliessliche Vorschieben der Verschlussplatte in der Kamera veranlasst.

Wenn der Kontakt zwischen 1 und 2 oben an der Kamera nicht hergestellt ist, so hält der Akkumulatorenstrom, der über 9 durch die Federn des Schaltapparates und über 10 nach 6, von dort nach 8 und von 8 wieder zum Akkumulator zurückgeht, die Verschlussplatte im Verschlusskästchen in der Stellung fest, in der das graue Glas eingeschaltet ist. Das Hinaufschlagen des Reflexspiegels in der Kamera erzeugt Kontakt zwischen 1 und 2. Nun geht der Strom des Akkumulators vom positiven Pole desselben über 11 und 12 nach 1, von da nach 2 und endlich zum negativen Pole des Akkumulators. Der Magnet bei 11 und 12 wird angezogen, die Trommel des Schaltapparates dreht sich und es wird in der früher beschriebenen Weise durch eine kurze Unterbrechung, neuerliche Schliessung und abermalige Unterbrechung des Stromes die Aufnahme bewirkt. Dabei bewegt sich nun der Sektor im Verschlusskästchen nach rechts hinüber und sobald er ganz rechts bei 7 angelangt ist, wird der Kontakt zwischen 5 und 7 hergestellt. Nun ist der Strom der Zentrale geschlossen. Er geht von 5 über 7 nach 4 und von da über 3 zurück. Bei 3 und 4 wird nun ebenfalls der Anker angezogen, der die Verschlussplatte frei lässt, die sich nach rechts hinüber bewegt und die Platte bedeckt.

Falls kein Strom aus einer Zentrale zur Verfügung steht (ein Fall der kaum in Betracht kommt, da man ja gewöhnlich den Strom für die Bogenlampe auch aus einer Zentrale beziehen wird), kann man auch alle Stromkreise mit einem starken Akkumulator betreiben. Man braucht dann nur die Leitung von 5, sowie es die gestreichelte Linie anzeigt, zu dem einen Pole des Akkumulators zu führen, während von 3 (ebenfalls durch die punktierte Linie angedeutet) der Strom zum Akkumulator zurückgeht. Der links von den doppelten Strichen liegende, zur Zentrale gehende Teil der Leitung bleibt dann weg und beide Pole des Akkumulators sind mit 3 Abzweigungen versehen. Der eine, in unserer Zeichnung der negative Pol, hat Verbindungen nach 2, 8 und 5, der positive Pol nach 3, 9 und 11.

Es mussten nun die hier im vorstehenden angegebenen Verbindungen derart angebracht werden, dass sie einmal bei den mit dem Apparate vorzunehmenden Manipulationen durchaus nicht stören und dass ferner die Drähte bei den Umänderungen, die an dem Apparate vorgenommen werden müssen, wenn man von der Aufnahme des rechten Auges zu der des linken Auges übergeht, nicht etwa abgeschraubt und wieder angeschraubt werden müssen. Diese Erwägungen haben dazu geführt, ein Schaltbrett zentral am Apparate an einer Stelle anzubringen, die bei jenen Veränderungen ganz unberührt bleiben kann.

Am besten schien hierzu das Beleuchtungsrohr geeignet, nicht nur wegen seiner Lage, sondern auch wegen seiner massiven Konstruktion.

Das Schaltbrett ist auf Tafel IV und V mit S bezeichnet und in Fig. 50a und b von vorne und hinten dargestellt. Fig. 50a ist die Ansicht von hinten, d. h. von der Seite der Bogenlampe, Fig. 50b die von der entgegengesetzten Seite. Der runde Ausschnitt des Brettes unten passt auf das Beleuchtungsrohr. Die letztere Skizze zeigt den Rheostaten R, dessen Drähte weiterhin bei a und b nach hinten zu das Brett durchbohren. Bei c und bei d sind Ausschalter angebracht,

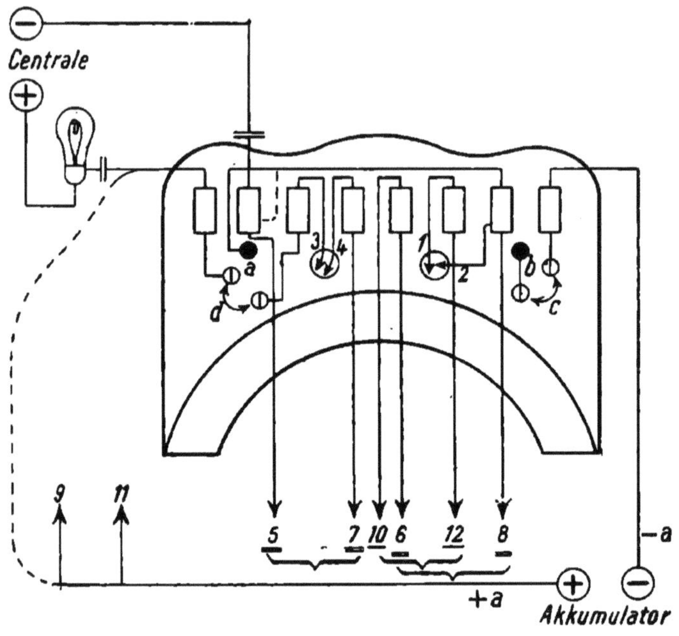

Fig. 50a.

die gemäss der sichtbaren Aufschrift für den Strom der Zentrale und jenen des Akkumulators bestimmt sind. (Im Falle nur Akkumulatorenstrom verwendet wird, genügt natürlich ein Ausschalter.) Ausserdem sind an dem Brette 2 Öffnungen zu sehen, aus denen je zwei umeinander gedrehte Kabel hervorkommen, die nach den mit den betreffenden Ziffern am Apparate bezeichneten Stellen gehen (siehe Fig. 49).

Bei der Ansicht von hinten, Fig. 50a, sieht man auf dem Brette 8 Metallklötze, die die betreffenden Verbindungen vermitteln, ebenso die 2 Öffnungen, durch die die Drähte nach 1 und 2 und nach 3 und 4 durchgehen. Durch die Pfeile bei c und d sind die Ausschalter angedeutet. Endlich bedeuten die schwarzen Flecken bei a und b jene Metallknöpfe, die mit dem an der anderen Seite des Brettes liegenden Rheostaten verbunden sind. Zwischen a und b ist also der Rheostat eingeschaltet. Man sieht die Zuleitungen vom Akkumulator und von dem Strome der Zentrale. In letztern ist noch eine Glühlampe als Widerstand eingeschaltet. Die mit Pfeilen versehenen Linien bedeuten die gegen die verschiedenen Teile des Apparates laufenden Drähte; sie sind mit Nummern bezeichnet, die den betreffenden Anschlussstellen an dem Apparate entsprechen, was durch Vergleich mit Fig. 49 leicht verständlich wird.

Die einfach unterstrichenen Nummern bezeichnen Drähte, die vom Schaltbrette nach unten gehen, teils zur Unterbrechung des Ruhestromes für den Verschlussapparat im Verschlusskästchen (nach 10), teils zur Auslösung der Trommel (12). Die mit dick unterstrichenen Nummern (5, 7, 6, 8,) bezeichneten Drähte gehen vom Schaltbrett nach rückwärts gegen das Verschlusskästchen. Die vorne austretenden Kabel (1, 2, 3, 4) sind vom Schaltbrette seitlich gegen die Kamera geführt. Die durch Klammern zusammengefassten Nummern sind ebenso wie 1 und 2 und wie 3 und 4 zu einem Kabelstrange zusammengedreht.

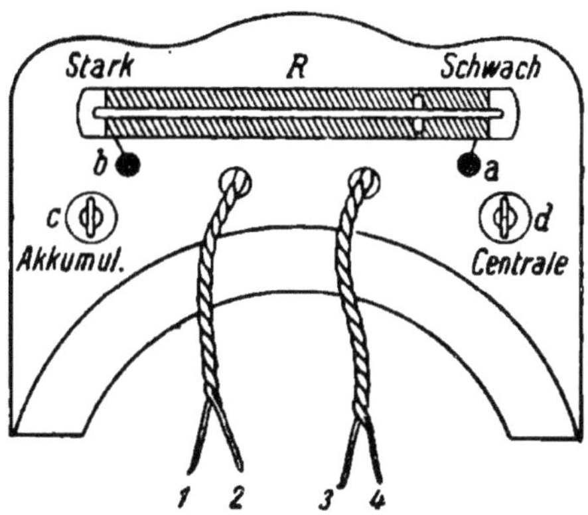

Fig. 50 b.

Sollen alle Apparate mit den Akkumulator bedient werden, dann wird analog der Zusammenstellung, die Fig. 49 anzeigt, die vom positiven Pole des Akkumulators kommende Leitung dreifach geteilt. Wie die gestrichelte Linie in Fig. 50a anzeigt, wird dieser dritte Zweig zum ersten Metallklotz und von dort zum Ausschalter d geführt. Auch die vom negativen Pole des Akkumulators kommende Leitung wird dreifach geteilt. Die Leitungen zu 2 und 8 waren schon früher vorhanden. Dazu kommt jetzt noch die Leitung zu 5, welche durch die gestrichelte Linie rechts von dem zweiten Metallklotz dargestellt wird. Die Zuleitungen von der Zentrale, links von den doppelten Strichen, bleiben jetzt weg.

Um die Verbindungen mit dem Akkumulator in praktischer

Weise herzustellen und um zugleich den trommelartigen Schaltapparat vor Staub und anderen Schädlichkeiten zu schützen, habe ich noch einen Kasten herstellen lassen, welcher den Akkumulator und den Schaltapparat in sich vereinigt. Fig. 51a und 51b zeigen diesen Kasten, der auch in Tafel IV und V, jedoch ohne den Deckel unter dem Tische des Stativs auf dem Boden stehend erscheint. Der viereckige Kasten, in dem der Akkumulator steht, hat vorne eine Tür. Sie ist in Tafel IV und V geöffnet dargestellt. In Fig. 51a ist diese Tür ganz weggenommen und der Akkumulator ebenfalls entfernt, so dass man in das Innere des Kastens hineinsieht. Auf dem Kasten ist der Schaltapparat

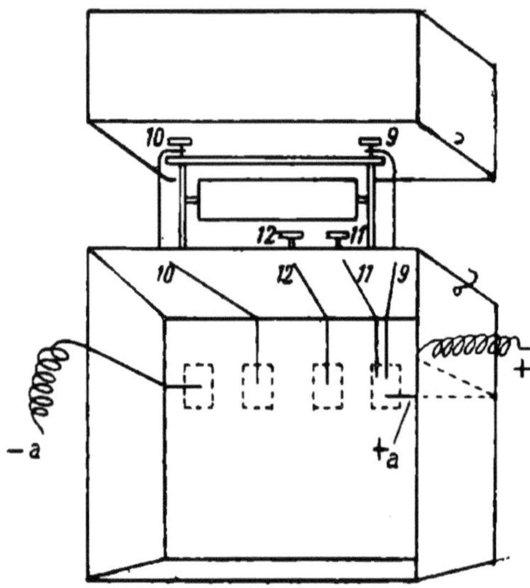

Fig. 51a.

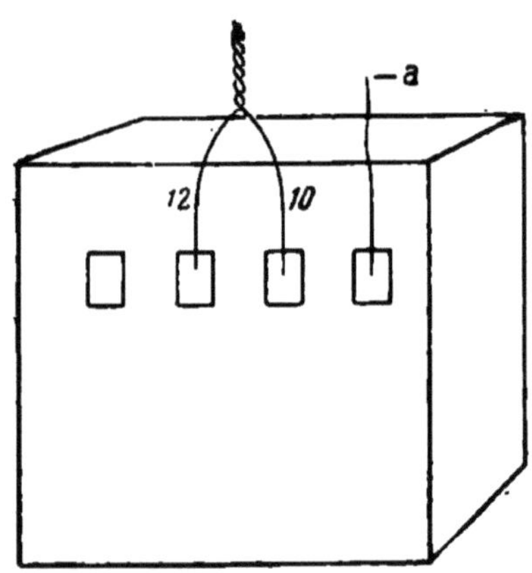

Fig. 51b.

angeschraubt. An der Rückwand des Kastens sind 4 Metallklötze befestigt, die die Zuleitung der Drähte besorgen. Sie sind in Fig. 51b, welche die Rückansicht des Kastens darstellt, samt den Verbindungen der Drähte, die ebenso bezeichnet sind wie in Fig. 50a und b, abgebildet. Es sind die Drähte 10 und 12 und der vom Schaltbrette zum negativen Pole des Akkumulators gehende Draht a. Die Fig. 51a zeigt dann, wie die Drähte von den Metallklötzen aus, nachdem sie die Wand des Kastens durchbohrt haben, an der Innenwand desselben weiter ziehen. Die Metallklötze sind hier nur durch gestrichelte Linien angedeutet. + a führt zum positiven Pole des Akkumulators.

Der Schaltapparat kann durch einen Deckel geschützt werden, der in Fig. 51a in senkrechter Richtung abgehoben gezeichnet ist. (In

Tafel IV und V ist dieser Deckel überhaupt entfernt.) Dadurch, dass alle Leitungen zum Schaltapparate an der inneren Fläche des Akkumulatorkastens geführt sind, können sie beim Aufsetzen und Abnehmen des Deckels ganz unberührt bleiben.

Zusammenfassende Beschreibung des zusammengestellten Apparates.

Dazu Tafel IV und V.

Die Tafel IV zeigt uns den Apparat samt den Nebenapparaten gesehen von der Seite, an welcher der Patient hingesetzt wird. Das Abbildungssystem ist in der Stellung, die es für die Aufnahme des rechten Auges einnehmen muss. In Tafel V dagegen, bei der die Aufnahme mehr von der Längsseite des Apparates gemacht wurde, ist das Abbildungssystem für das linke Auge gerichtet, wie auch die daran sitzende Person zeigt. Die hier folgende Bezeichnung gilt für beide Tafeln.

L ist die Bogenlampe von 30 Ampères in demselben Gehäuse, wie es zu Projektionszwecken benützt wird. Sie steht auf einem viereckigen Brette, an dem seitlich Rollen sichtbar sind und das sich in eine längere Latte fortsetzt. Die Achse, um die dieses ganze Brett drehbar ist, liegt unter dem Schaltbrette S.

O ist die optische Bank vor der Lampe; auf ihr befinden sich:

A Das Kondensorsystem, das sich unmittelbar an die Bogenlampe mit einem Blechrande zur Abhaltung seitlich vordringenden Lichtes anschliesst,

W eine Wasserkammer,

M das Fixationsobjekt.

R, das Beleuchtungsrohr, ist durch ein festes Gestell mit 4 Füssen auf dem obersten Brett des Stativs angeschraubt.

V ist das Verschlusskästchen, an der der Lampe zugewendeten Seite von R mit dem sektorenförmigen Verschlusse zur Einschaltung des grauen Glases oder der freien Öffnung.

S, das Schaltbrett, ist auf R aufgeschraubt. Es trägt einen Rheostaten und 2 Ausschalter.

B, das Beleuchtungssystem mit dem daran sitzenden kleinen Metallspiegel, ist nur in Tafel IV zu sehen.

R_1 ist das Rohr des Abbildungssystemes.

N, der Spiegel zur Fixation des anderen Auges ist seitlich an R_1 befestigt (in Tafel V ist er entfernt).

Das erste Abbildungssystem (C in Fig. 37) ist in beiden Tafeln nicht sichtbar; ebenso wenig der Bügel, welcher das Abbildungsrohr mit dem Beleuchtungsrohre verbindet.

D ist die Platte, vor der das Planar, das zweite Abbildungsobjektiv, sitzt.

Q ist der Fuss des Abbildungssystems und

P die Schraube, die die Einstellung durch Ein- und Ausziehen des Balges der Kamera bewirkt.

K ist die Kamera, zwischen K und D ist der Balg.

U, der Akkumulator, steht unter dem Tische in einem Kasten, auf dem oben

T, der Schaltapparat, steht. Man sieht die Drähte vom Akkumulator seitlich ausgehen und in dem Kasten verlaufen. Hinter dem Kasten, der den Akkumulator enthält, kommen dann die Kabel hervor, die zum Schaltbrette S gehen, das sie wieder zu dem Verschlussapparat und zur Kamera leitet, selbst aber auch einen Draht von der Zentrale unter Vorschaltung einer oben an der Wand angebrachten Glühlampe empfängt.

Am Tische des Stativs sind befestigt:

G der feste Metallbügel, der die Fixation des Kopfes zu besorgen hat.

H ist die daran anschraubbare Kinnstütze,

E die Einbissplatte,

F ist das kleine Tischchen zum Aufstützen der Arme.

Auf dem Tische des Stativs ruhen die beiden Rahmen und zu oberst die Platte und alle 3 sind mittels der seitlichen Räder r beweglich, von denen je 3 zu den Seiten des ganzen Stativs angebracht sind. (In Tafel IV sind alle diese Räder sichtbar, in Tafel V nur die der einen Seite.) e bezeichnet den Bügel, durch dessen Festschrauben sich die Stativteile fixieren lassen.

V. Kapitel.

Die Handhabung des Apparates.

In diesem Abschnitte soll zuerst dargelegt werden, wie der Apparat nach seiner Zusammenstellung, die ja aus der im vorigen Kapitel gegebenen Beschreibung leicht ersichtlich ist, durch Justierung des kleinen Metallspiegels für den Gebrauch hergerichtet wird. Die zweite Aufgabe wird dann sein, den Leser mit den Manipulationen vor und bei der Aufnahme bekannt zu machen, wobei auch die Vorbereitung des Patienten zu erwähnen sein wird. Weiter müssen die Handgriffe beschrieben werden, welche notwendig sind, wenn statt des rechten Auges, für das bisher der Apparat aufgestellt war, das linke Auge aufgenommen werden soll. Auch sollen noch einige Worte über die Instandhaltung des Apparates gesagt werden.

Die Justierung des Metallspiegelchens.

Es handelt sich darum, das Spiegelchen derart zu den beiden Objektiven, dem Beleuchtungsobjektiv und dem ersten Abbildungsobjektiv zu stellen, dass das Bild des im Verschlussapparate des Beleuchtungsrohres befindlichen Diaphragmas 6—7 mm vor dem Rande des Spiegels liegt; ferner muss das Licht, welches vom Beleuchtungssystem gegen den Spiegel geht, fast vollständig auf den Spiegel fallen und endlich soll das Bild, das das erste Abbildungssystem von der im zweiten Abbildungsobjektiv angebrachten halbmondförmigen Blende entwirft, 9—10 mm vor dem Rande des Spiegels, und in seitlicher Richtung 1,5 mm von dem ersteren Diaphragmabilde entfernt zu liegen kommen, kurz die beiden Bilder müssen sich so zueinander verhalten, wie es die Fig. 33b zeigt. Zugleich müssen sich die beiden Bilder nahezu decken, die das optische System des Auges von dem Beleuchtungssystem und dem ersten Abbildungssystem auf der Netzhaut entwerfen.

Die Art, wie man am einfachsten vorgeht, ist folgende: Man bringt zunächst das zweite Objektiv (Planar) in die für Emmetropie richtige Stellung. Diese ist an der Millimetereinteilung der beiden Auszugsrohre (r_1 in Fig. 44) ablesbar. Von dieser Teilung müssen 115 mm sichtbar sein, d. h. die Entfernung von dem in der Fig. 44 nach rechts gekehrten Rande des Planars bis zu dem nach links gekehrten Rande des dickeren, schwarzen Rohres R_1 muss 115 mm betragen.

Hierauf durchleuchtet man sowohl das Abbildungs- als das Beleuchtungssystem und erzeugt dadurch die beiden reellen Diaphragmenbilder. In der Kamera wird der Verschluss (h Fig. 47) durch Anziehen an dem dazu gehörigen Knopfe i beiseite geschoben und damit die Öffnung in der Hinterfläche der Kamera frei gelegt. Der Reflexspiegel Σ muss natürlich hinaufgeklappt sein. Nun verschiebt man den Schlitten an der Hinterfläche der Kamera, bis die matte Einstellplatte vor der hinteren Öffnung der Kamera liegt und stellt eine Lampe (Gasrundbrenner) in angemessener Entfernung und gleicher Höhe hinter dieser Einstellplatte auf.

Man durchleuchtet auch das Beleuchtungssystem durch eine auf dem Tisch des Stativs vor die optische Bank aufgestellte Lampe (Auerbrenner). Die Flamme muss in der Höhe der Öffnung des Verschlussapparates liegen. Der Verschlussapparat selbst (V Fig. 44) wird entsprechend exzentrisch verschoben, und zwar in der Richtung von dem zu photographierenden Auge weg (siehe auch Fig. 37). Die richtige Stellung ist jene, bei der die Mitte des Kastens V um ca. 5 mm exzentrisch in der angegebenen Richtung liegt, was man an der Einteilung des Schlittens leicht ablesen kann (T in Fig. 44). Die in dieser Figur wiedergegebenen Schrauben u können dann so eingestellt werden, dass ihre Spitzen die Seitenwände des Kastens V bei jenen seitlichen Stellungen gerade berühren.

Nun wird am Verschlusskasten die freie Öffnung d_3 eingestellt (Fig. 45). Man macht das durch die Drehung des Knopfes f, so dass an der Hinterfläche von e der Stift vorspringt, der den ganzen Sektor a in der gewünschten Stellung durch Druck auf g festhält. Der Ring, der die Öffnung d_3 enthält, muss so gestellt sein, dass das Bild von d_3 in der richtigen Stellung erscheint (siehe Fig. 33b). Die vordere Platte des Verschlusskastens lässt sich, um dies zu tun, leicht entfernen. Wenn man dann diese vordere Platte wieder eingesetzt hat, kann man auch durch Drehung des aus der vorderen Platte des Verschlusskastens aufragenden Knopfes eventuell die rote Mattscheibe vor d_3 bringen, womit die Einstellung durch die verschiedene Farbe der durch das Abbildungs- und das Beleuchtungssystem dringenden Lichtstrahlen wesentlich erleichtert wird.

Zur Einstellung dienen ferner zwei kleine Nebenapparate. Der erste dieser kleinen Vorrichtungen ist in Fig. 52 abgebildet. Es ist ein kleiner Millimetermassstab, der an seiner unteren Fläche einen Handgriff hat. An dem Massstab sind zwei Hülsen verschiebbar. Die eine trägt eine senkrecht stehende, matte Glasplatte mit einer Teilung in halbe Millimeter, die andere eine starke Konvexlinse. Man bedient sich des Massstabes derart, dass man ihn an dem Handgriffe vor das eigene Auge hält und durch die Linse als Lupe die beiden Diaphragmenbilder auf der senkrecht stehenden Mattscheibe und ihre Entfernung voneinander betrachtet und abmisst. Man stellt die senkrechte Mattscheibe in der Entfernung von 6–7 mm vom Ende des Massstabes auf und lässt von einer zweiten Person beurteilen, ob der Anfang des Massstabes genau unterhalb des vorderen Spiegelrandes steht, sobald das Bild des Diaphragmas aus dem Beleuchtungssystem scharf auf der senkrechten, matten Scheibe sich abzeichnet. In ähnlicher Weise bestimmt man die Entfernung (9—10 mm) für das andere Diaphragmabild.

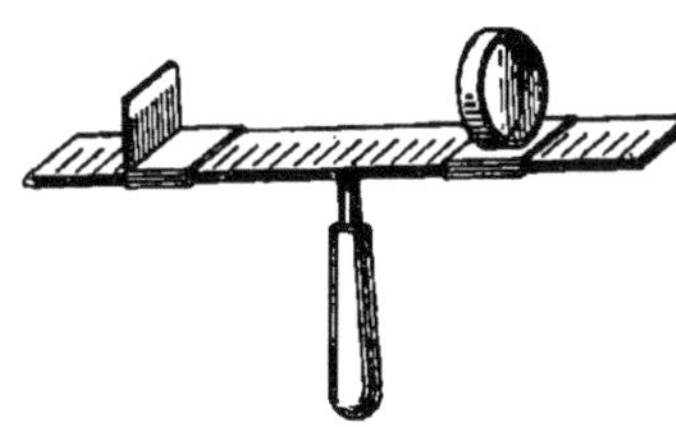

Fig. 52.

Der andere kleine Hilfsapparat ist ein kleines künstliches Auge, das aus einem oben offenen Metallkästchen besteht. Das brechende System ist eine Linse von 25 mm Brennweite. Die Pupille hat 8 mm Öffnung. An Stelle der Netzhaut ist eine matte Glasscheibe eingelassen, vor die man nach Bedarf ein Stück weissen Karton hineinstecken kann. Das Kästchen hat ebenfalls unten einen Griff, mit dem es in ein Stativ eingeklemmt werden kann. Dieses künstliche Auge wird nun mit der Oberfläche seiner Kornea wenige Millimeter vom vorstehenden Rande des Spiegels aufgestellt und die Beleuchtung auf dem Augengrunde dieses künstlichen Auges durch die obere Öffnung des Kästchens auf dem weissen Papier oder (was aber weniger empfehlenswert ist) von rückwärts auf der als Hintergrund dienenden, matten Scheibe beobachtet.

Mittels des zuerst beschriebenen Einstellapparates gelingt es bei der Durchleuchtung leicht die richtige Stellung der im Planar enthaltenen Blende zu konstatieren. Sollte sie nicht richtig stehen, so wird die Röhre r_1 (Fig. 44) so lange gedreht, bis das mit ihr verbundene Planar, das sich in der ihm anliegenden viereckigen Metallplatte p (Fig. 44) drehen lässt, richtig eingestellt ist. Übrigens bezeichnet dies auch das Zusammenfallen zweier Marken, von denen die eine am Rande von R_1, die andere an dem ihm zunächst liegenden Rohr r_1 angebracht ist.

Oben auf Seite 91 wurde die Beweglichkeit des Spiegelapparates geschildert und an der Fig. 46a und 46b erläutert. Es sei hier nur noch erwähnt, dass die Drehung des Spiegels um die Achse e mittels der Schraube d dahin wirkt, dass das beleuchtete und das abzubildende Feld zusammenfallen, d. h. es muss das Bild, das von dem Beleuchtungsobjektiv B auf dem Augenhintergrunde entsteht, mit jenem zusammenfallen, welches das brechende System des Auges vom ersten Abbildungsobjektiv C auf der Netzhaut entwirft. Man beurteilt dies entweder mittels des künstlichen Auges oder auch so, dass man die Pupille des eigenen Auges künstlich erweitert und nun die beiden leuchtenden Scheiben, die rote und die weisse, im eigenen Auge zusammenfallen macht, indem man sich mit dem Auge dem vorderen Rande des Spiegels nähert. (Bei enger Pupille kann man nie beide Scheiben zugleich ganz sehen und es gelingt nur sehr schwer, sich ein Urteil darüber zu verschaffen, ob wirklich beide zusammenfallen.)

Die übrigen Arten der Bewegungen des Spiegels und des Beleuchtungssystems, wie sie oben beschrieben wurden, dienen dann dazu, dem Spiegel auch in anderer Richtung die verlangte Stellung zu geben. Es ist am besten, wenn die helle Scheibe, die bei Durchleuchtung des Beleuchtungssystems in dem an die richtige Stelle gebrachten künstlichen Auge entsteht (also bei Benutzung der roten Mattscheibe im Verschlusskästchen die rote), etwas grösser ist als die helle Scheibe, welche ebenfalls auf dem Hintergrunde des künstlichen Auges durch die vom Abbildungssystem herkommenden Lichtstrahlen entworfen wird. Es gelingt nicht, es so einzurichten, dass alles Licht, das vom Beleuchtungssysteme kommt, auch wirklich vom Spiegel aufgefangen wird. Es geht vielmehr immer etwas Licht neben dem elliptisch geformten Spiegelrand vorbei. Doch hat dies gar nichts zu bedeuten, es ist im Gegenteile von Vorteil, wenn das Licht etwa in der Breite von 1 mm neben dem Spiegel vorbeigeht, was man am besten so beurteilt, dass man ein weisses Papier an die Rückwand des Spiegelchens anlegt. Dieses Papier wird dann neben dem Spiegelrand in der Breite von 1 mm beleuchtet. Es ist allerdings möglich, die Beleuchtung des Fundus durch das Beleuchtungssystem vollkommen gleichmässig zu machen. Die Blende im Abbildungssysteme und der Beleuchtungsspiegel bilden aber ein Hindernis für die gleichmässige Verteilung des Lichtes auf der photographischen Platte, so dass diese in ihrer, dem nasalen Teil des Fundus entsprechenden Partie weniger Licht erhält. Führt man nun die Einstellung des Spiegels so aus, dass ein Teil des Lichtes neben dem Rande des Spiegels vorbeigeht, so wird der nasale Teil des Augenhintergrundes etwas stärker beleuchtet. Dies ist das zweite, bereits oben auf Seite 72 erwähnte Mittel zur Ausgleichung der Beleuchtungsverhältnisse. Und in der Tat gelingt es so bei weiter Pupille Platten zu bekommen, die nur rings am Rande etwas unterbelichtet sind.

Noch muss einiges über die Stellung des Beleuchtungsspiegels zur Achse des Abbildungssystems erwähnt werden:

Durch die Drehung an dem Ring a (Fig. 44) kann der Spiegel in der Richtung der Achse des Beleuchtungssystems sich selbst parallel verschoben werden. Sein konvexer Rand soll genau bis zur Achse des Abbildungssystems vorragen. Man erreicht dies am besten so: das erste Objektiv ist durch das Schraubengewinde, mit dem es in das Rohr R_1 (Fig. 44) eingreift, in der Richtung der Achse des Abbildungssystems verschiebbar. Man verschiebt das Objektiv damit so lange, bis das Bild der im zweiten Objektiv (Planar) angebrachten Blende genau in dieselbe Ebene fällt wie der vordere konvexe Rand des Beleuchtungsspiegelchens. Dann muss die konkave Begrenzung des halbmondförmigen Planarblendenbildes genau mit dem konvexen Rand des Beleuchtungsspiegelchens zusammenfallen; damit ist bewiesen, dass dieses Spiegelchen genau bis zur Achse des Abbildungssystems vorragt.

Die richtige Stellung des Planarblendenbildes zum Spiegel endlich wird durch die soeben erwähnte Verschiebbarkeit des ersten Objektivs mittelst seines Schraubengewindes erreicht, worauf der Aufschraubring das Objektiv in seiner Stellung fixiert. Man achte beim Hineinschrauben des ersten Objektivs auch darauf, dass die Gradeinteilung am vorderen Ende dieses Objektivs, die zur Bestimmung der Achsenstellung der zur Korrektion von Astigmatismus nötigen

Zylinderlinsen dient, so steht, dass eine von den angeschriebenen Ziffern das Ende des vertikalen Meridians markiert.

Es ist immerhin eine mühsame Arbeit oft von mehreren Stunden, bis die richtige Stellung des Metallspiegelchens gefunden ist. Es muss aber hervorgehoben werden, dass diese Mühe eine einmalige ist, da diese Stellung dann durchaus konstant eingehalten wird und auch bei der Umänderung des Apparates zur Aufnahme des anderen Auges nicht verloren geht.

Manipulationen vor, bei und nach der Aufnahme.

Die Vorbereitungen zur Aufnahme betreffen einerseits die zu photographierende Person, andererseits den Apparat.

1. Vorbereitung des Patienten.

Als Mittel zur Erweiterung der Pupille verwende ich eine 1 % Homatropinlösung und nur in Fällen, in denen das Sehen stark gestört ist, wo also die Mydriasis und Akkommodationslähmung nicht unangenehm empfunden wird, statt dessen eine 1 % Atropinlösung. Der Gebrauch von Kokain gleichzeitig mit den Mydriaticis, um die Pupillenerweiterung noch stärker zu machen, ist ohne besondere Vorsichtsmassregeln zu widerraten, da die an der Kornea leicht eintretenden Epithelveränderungen die Schärfe des Bildes sehr beeinträchtigen können. Will man Kokain anwenden, so träufle man es am besten gleichzeitig mit Homatropin (eventuell Atropin) ein, lasse aber hierauf die Augen durch 15—20 Minuten wie im Schlafe geschlossen halten. Wenn auch bei jenen Fällen, wo die Erweiterung der Pupille auf mindestens 8 mm gelingt, die Verhältnisse am günstigsten sind, so kann die Aufnahme doch auch dann, wenn die Pupillenerweiterung eine geringere ist, versucht werden und gibt oft ganz gute Resultate, wenn man auch da meist auf das ganz gleichmässig beleuchtete Gesichtsfeld verzichten muss, da die Beleuchtung gegen die Nasenseite hin insuffizient wird (siehe später). Ich habe auch noch bei 7,0 mm weiter Pupille gute Bilder bekommen.

Die ruhige Haltung des Kopfes wird durch die Einbissvorrichtung erzielt. Dieselbe wird in folgender Weise hergerichtet: Ich verwende als Masse das sogenannte „Stent“, das bei den Zahnärzten zur Abnahme von Modellen für künstliche Gebisse in Gebrauch steht. Ein Stück der Masse wird in einem Gefässe mit heissem Wasser erweicht und knetbar gemacht und dann um die Metallplatte (E Tafel V), welche dafür bestimmt ist, herumgelegt und fest angedrückt. Die Person beisst nun in diesen Belag der Platte, während man den Stiel der Platte senkrecht hält, fest hinein, natürlich so lange die Masse noch warm und weich ist. Es entsteht ein guter Abdruck der Zähne, so dass der Kopf fest und ruhig durch Hineinbeissen in diesen Abdruck fixiert wird. Auch hat man es bei späteren Aufnahmen leicht, den Kopf wieder in die gewünschte Stellung zu bringen. Die Kinnstütze ist in den seltensten Fällen nötig.

Ich habe anfangs in den meisten Fällen die Cilien am oberen Lide mittelst Streifen von Leukoplast an die Hautfläche des Lides zurückgeklebt, damit durch das Anstreifen der Cilien an den Spiegel nicht etwa Unruhe oder Tränen der Augen ausgelöst werde. Es wurde ein 10—15 mm langer und 3—4 mm breiter Streifen von doppelt gestrichenem Leukoplast bei geschlossenem Lide, in der Mitte der Cilienreihe und unmittelbar ober den Cilienwurzeln an die Haut des Lides geklebt. Hierauf wurden die Cilien am besten mit einer geschlossenen Schere oder Pinzette im Bereich des Streifens nach oben umgelegt und an den Streifen angedrückt. Schliesslich wurde ein zweiter Streifen von gleicher Länge und Breite, der aber nur auf einer Seite mit Leukoplast gestrichen sein soll, auf die hinaufgebogenen Cilien aufgelegt, so dass die Cilien also zwischen zwei Lagen von Leukoplastpflaster eingeklebt waren.

Später habe ich diese, übrigens recht schwierige Prozedur aufgegeben, weil ich mich überzeugt habe, dass sie unnötig ist. Ich erwähne sie hier nur, weil einem doch hie und da eine Person unterkommen kann, die gegen die Berührung der Cilien besonders empfindlich ist, so dass man vielleicht zu dem Zurückkleben der Cilien greifen muss. Jedenfalls wird dies nur sehr selten der Fall sein. Ich habe meine letzten 250 Aufnahmen ohne diese Vorbereitung der Augen gemacht und ohne dass die Aufnahmen dadurch schwieriger geworden wären. Bei manchen Patienten könnte man auch in der Mitte des Oberlides einige Cilien stutzen oder ganz kurz schneiden.

Vorbereitungen am Apparat.

Ich setze voraus, dass, wie vorhin beschrieben, der Spiegel ebenso wie der Verschlussapparat am vorderen Ende des Beleuchtungsrohres richtig eingestellt ist.

Sobald man nun den Strom der Bogenlampe geschlossen und abgewartet hat, bis die Kohlen sich entsprechend eingestellt haben, so dass die Lampe ruhig und gut brennt, richtet man das Licht der Lampe gegen die Öffnung im Verschlussapparate. Hierbei muss die Bogenlampe samt dem Brette, auf dem sie befestigt ist, seitlich geschoben werden (siehe Fig. 37), und zwar immer in der Richtung von dem zu photographierenden Auge weg. Man stellt im Verschlussapparate die freie Öffnung ein und überzeugt sich, ob die Beleuchtung wirklich eine gute ist, indem man ein Stück weissen Kartons vor den kleinen Metallspiegel hält. Auf demselben erscheint dann eine helle Scheibe. Steht die Bogenlampe genau in der Achse des Beleuchtungsapparates, dann wird von der weissen Scheibe ein Stück durch den Rand der Kondensorlinse abgeschnitten. Aus dieser Stellung muss das Brett, das die Bogenlampe trägt, seitlich verschoben werden. Die Beleuchtung der hellen Scheibe wird natürlich nur dann hell sein, wenn das Bild der Lichtquelle, das vom Kondensor (A in Fig. 37) entworfen wird, auf dem Verschlusskästchen des Verschlussapparates (V Fig. 44) mit der freien Öffnung gut zusammenfällt. Man muss dort neben der Öffnung die Bilder der Kohlenspitzen sehen. Ferner achte man darauf, dass der Lichtbogen der Lampe möglichst klein sei, da sonst viel von dem Lichte verloren geht.

Nun überzeugt man sich auch davon, ob das Fixationszeichen lichtig steht. Man schaltet zu diesem Zwecke zunächst im Verschlussapparate statt der freien Öffnung jene mit dem grauen Glase ein. Durch das hier auch miteingelegte Konvexglas kann man jetzt das Fixationsobjekt scharf sehen, vorausgesetzt, dass es die richtige Stellung auf der optischen Bank hat. Man überzeugt sich davon leicht, indem man das eigene Auge dem kleinen Metallspiegelchen nähert. Bei einer Refraktionsanomalie des aufzunehmenden Auges bewaffnet man am besten das eigene Auge mit einem entsprechenden Glase und stellt dann das Fixationsobjekt mit Hilfe dieses Glases ein. Doch ist dies nur bei sehr bedeutenden Refraktionsanomalien nötig, da es überhaupt einer ganz scharfen Einstellung nicht bedarf. Der Knopf, der als Fixationsobjekt dient, muss in der nasalen Hälfte der hellen Scheibe stehen, die man im Spiegel sieht, wenn man, wie dies ja meist der Fall sein wird, ein Bild des Fundus haben will, auf dem Papille und Makula gleichzeitig erscheinen.

In allen Fällen, wo das Sehvermögen des aufzunehmenden Auges zu gering ist, verwendet man als Fixationsobjekt für das Auge, das nicht photographiert wird, den ovalen Spiegel am Abbildungssysteme (N in Fig. 44 und in Taf. IV), indem man damit das Spiegelbild einer rückwärts und seitlich aufgestellten Kerze erzeugt, die am besten in ein grosses, am Boden stehendes Stativ eingeklemmt ist.

Weiter hat man am Schaltapparate die Metallstreifen richtig zu stellen. Der zweite Ring, auf dem sich K befindet (Fig. 48), bleibt immer stehen. Ebenso kann der dritte Ring, auf dem l liegt, immer fix bleiben. Es wird sich nur darum handeln, ob man allein l oder allein m verwendet, oder man zu l den Streifen m teilweise oder ganz addiert. Darüber werde ich noch im VI. Kapitel einige Winke geben. Natürlich ist bei alleiniger Verwendung von l die Feder IV aufgehoben, umgekehrt bei alleiniger Verwendung von m die Feder III.

Nachdem diese Vorkehrungen getroffen sind, geht es an die Spannung der Verschlüsse, die am besten in einer ganz bestimmten Reihenfolge vorgenommen werden, da man sonst leicht einen der betreffenden Handgriffe vergisst. Ich empfehle die folgende Reihenfolge einzuhalten.

1. Hinunterschlagen des Reflexspiegels in der Kamera (am Bügel c Fig. 47).

2. Herausziehen der Verschlussplatte vor der Platte in der Kamera (Anziehen des Knopfes i, Fig. 47).

3. Herausziehen des Schiebers in der Kassette.

4. Spannen der Feder im Schaltapparate (durch Vorziehen und Drehen des Knopfes c in Fig. 48).

5. Spannen der Trommel durch Anziehen an der Darmsaite f (Fig. 48).

6. Feststellung des Sektors im Verschlusskästchen V (Fig. 45). Man macht den Sektor a zuerst frei beweglich, stellt ihn durch Anziehen an seinem Griffe e so dass die Öffnung d_1 (die mit dem grauen Glase verschlossen ist) eingeschaltet ist und schliesst den Akkumulatorenstrom durch Drehung jenes Einschalters am Schaltbrette S (Taf. IV und V und Fig. 50b bei c), der durch die Schrift als zum Akkumulatorenstromkreise gehörig bezeichnet ist. Ein hörbares Geräusch zeigt uns an, dass der Anker i (Fig. 45) angezogen ist und man kann den Griff e loslassen.

7. Einschalten des Stromes der Zentrale durch Drehung des entsprechenden Schaltknopfes auf dem Schaltbrette S (Taf. IV und V), der in Fig. 50b mit d bezeichnet ist. Dieser Handgriff fällt natürlich weg, wenn im Sinne der in den Figg. 49 und 50 gestrichelten Linien alle Verschlüsse nur vom Akkumulator bedient werden.

Um keine dieser Manipulationen zu vergessen, empfiehlt es sich, die vorstehenden 7 Punkte in kurzen Schlagworten und grosser Schrift gleichlautend auf 2 Tabellen niederzuschreiben und diese Tabellen an den Wänden des Zimmers, in dem der Apparat aufgestellt ist, so anzubringen, dass man jedesmal (sowohl bei der Aufnahme des rechten als des linken Auges) eine derselben vor sich hat.

2. Die Aufnahme.

Sind nun alle diese Vorbereitungen getroffen, so kann man die Person auf einen Sessel zum Apparat setzen, wie es die Taf. V zeigt, und sie anweisen, sich in die Einbissplatte einzubeissen. Hierbei muss natürlich dafür gesorgt werden, dass das Metallspiegelchen sich noch in genügender Entfernung vom Auge befindet. Die Höhe kann man ungefähr schon durch höheres oder tieferes Anschrauben der Einbissplatte regulieren, so dass hieran nicht viel zu ändern ist. Dagegen muss das Stativ durch Drehen an den Rädern r (Taf. IV und V) noch seitlich verschoben und angenähert werden, sowie auch in der Höhestellung die letzte Korrektur durch die Räder erfolgen muss.

Hierbei blickt man von oben auf die durchsichtige Einstellplatte, durch die man das Bild der Pupille wahrnimmt. Dieses ist zunächst hinter dem Planar ein in jeder Richtung umgekehrtes. Es wird aber durch den in der Kamera gelegenen Reflexspiegel in der Richtung von oben nach unten wieder aufgerichtet, so dass man im Reflexspiegel ein aufrechtes Bild sieht, in dem medial und lateral vertauscht ist.

Um nun die Pupille zum Abbildungssystem genau zu zentrieren, was behufs Erzielung einer gleichmässigen Beleuchtung nötig ist, gehe man in folgender Weise vor: Auf dem Reflexspiegel in der Kamera (Σ Fig. 47) sind 2 Linien gezogen, deren Kreuzungspunkt genau die Stelle markiert, wo die Achse des Beleuchtungssystems den Reflexspiegel trifft. Diese Achse wird durch die Spiegelwirkung in senkrechter Richtung abgelenkt. In der Richtung dieser abgelenkten Achse muss man aber auf die Einstellplatte blicken, während man die Zentrierung der Pupille vornimmt. Man ist nun sicher, dass man sein Auge in die richtige Lage gebracht hat, wenn man in der halbmondförmigen Planarblende gerade die eine Hälfte des auf dem Reflexspiegel angebrachten Kreuzes sieht, so dass der Kreuzungspunkt mit dem Mittelpunkt der äusseren Zirkumferenz der halbmondförmigen Blende zusammenfällt. Ist die Pupille nicht sehr weit, so sieht man ihren Rand innerhalb der Planarblende. Dann muss, während das Auge des Beobachters immer in der Achse des Beleuchtungssystems visiert, das Stativ so lange mittelst der

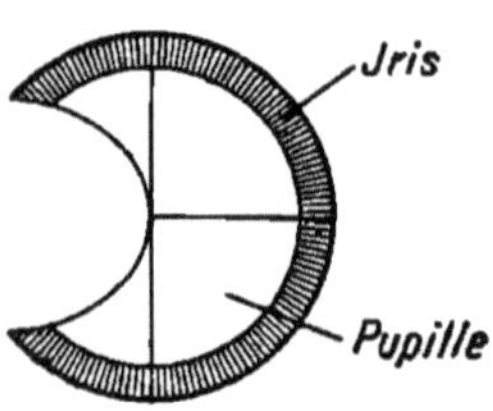

Fig. 53.

Räder bewegt werden, bis der Pupillarrand zur äusseren Zirkumferenz der halbmondförmigen Planarblende zentriert ist (Fig. 53). In Fällen, wo die Pupille besonders weit ist (mehr als 9 mm) wird man bei richtiger Zentrierung und genügender Annäherung des Apparates an das Auge überhaupt nichts von der Iris sehen.

Es ist während dieser Manipulationen unbedingt nötig, dass ein Gehilfe die Annäherung des Metallspiegels an die Kornea von der Seite her betrachtet, damit man bei dieser Bewegung nicht allzuweit gehe. Es soll der Rand des Metallspiegelchens in der Entfernung von 2—3 mm von der Kornea liegen, so dass der Lidschluss nicht mehr möglich ist. Man wird bemerken, dass so lange die Annäherung des Metallspiegelchens nicht die genügende ist, noch neben dem Rande des Spiegels im Bereiche des halbmondförmigen, im Apparate sichtbaren Teiles der Pupille Reflexe von den brechenden Medien sichtbar sind, so dass das Verschwinden dieser Reflexe als ein Zeichen dafür betrachtet werden kann, dass die Annäherung des Spiegels zur Vermeidung der Reflexe genügt. Behufs Erzielung einer möglichst guten und gleichmässigen Beleuchtung muss noch weiter angenähert werden.

Hat man den ganzen Apparat auf diese Weise in die richtige Stellung gebracht, so stellt man mittelst der Einstelllupe auf der durchsichtigen, horizontalen Einstellplatte für die feinen Gefässe des Augenhintergrundes durch Drehen an der Schraube P (Taf. IV, Fig. 44) scharf ein. Man benützt hierzu eine gewöhnliche Einstelllupe, wie sie für mikrophotographische Zwecke dient. Dieselbe zeigt aber natürlich nur einen kleinen Teil des Fundus und muss auf der Einstellplatte herumgeschoben werden. Nachdem so scharf eingestellt ist, nimmt man die Einstelllupe zur Hand, die von der Firma Zeiss speziell für den Apparat konstruiert wurde. Sie zeigt das ganze Bild, wie es auf der empfindlichen Platte abgebildet wird, so dass man mit dieser Lupe auch Ungleichmässigkeiten der Beleuchtung oder Reflexe erkennt. Gerade mit dieser Lupe gelingt es sehr gut, den richtigen Moment für die Aufnahme zu erhaschen. Es ist oft angezeigt, im letzten Moment durch einen Gehilfen das obere Lid ganz leicht in die Höhe ziehen zu lassen, da es sonst öfter vorkommt, dass durch das obere Lid ein Teil des Lichtes, das zur Platte gehen soll, abgehalten wird. Nachdem man sich eventuell nochmals mittels der gewöhnlichen Einstelllupe von der scharfen Einstellung und durch Anblick mit freiem Auge von der richtigen Zentrierung des Apparates zur Pupille überzeugt hat, benützt man schliesslich wieder die zweite Lupe und drückt im geeigneten Momente auf den Kautschukballon der pneumatischen Auslösung, womit die Aufnahme vollendet ist.

Sollte auch der letzte Verschluss durch die Verschlussplatte (h Fig. 47) vor der empfindlichen Platte etwa nicht ausgelöst werden, so hat das weiter keinen Nachteil, wenn man in einem sonst verdunkelten Zimmer arbeitet und gleich nach der Aufnahme den Schieber der Kassette schliesst.

3. Manipulationen am Apparat nach der Aufnahme und Instandhaltung des Apparates.

Sogleich nach der Aufnahme schaltet man durch Drehung an den beiden Ausschaltern am Schaltbrette beide Ströme aus, wobei auch die Vorschaltglühlampe, die zuletzt aufgeflammt war, erlischt. Von sehr grosser Wichtigkeit ist ferner, dass die Feder in der Trommel des Schaltapparates nicht durch längere Zeit gespannt bleibt. Wenn man mehrere Aufnahmen hintereinander macht, so kann man die Feder wohl gespannt lassen, niemals aber darf dies geschehen, wenn man für längere Zeit die Arbeit unterbricht. Man muss dann stets die Feder durch Vorziehen des Griffes e Fig. 48 entspannen, da sie sonst sehr bald leidet.

Alle Teile des Apparates sind ferner durch sorgfältiges Zudecken vor Verstaubung zu schützen, der Schaltapparat ist mit dem dafür bestimmten Deckel zu versorgen. Wenn der Apparat nicht gebraucht wird, so schraube man auch die Bügel fest, die in Taf. III Fig. 1 und Taf. IV bei e sichtbar ist und vom mittleren Brett zur Tischplatte herabgeht. Dadurch werden die unteren 2 Rahmen des Stativs an den Tisch des Stativs fixiert und die oberste Platte des Stativs zur Aufstellung von Hilfsapparaten etc. benützbar. Niemals darf man aber an den Rädern R_1, R_2, R_3 (Taf. III) drehen, wenn dieser Bügel festgeschraubt ist.

Der Spiegel N (Taf. IV) zur Fixation des zweiten Auges, der ja zumeist oder wenigstens sehr häufig nicht in Verwendung kommt, wird am besten für gewöhnlich gar nicht am Apparate belassen, sondern getrennt aufgehoben.

Nach Beendigung der Aufnahmen und vor jeder neuen ist der metallene Beleuchtungsspiegel sorgfältig mit einem weichen Leder zu reinigen, da er leicht durch die Cilien verunreinigt wird.

4. Umänderungen am Apparate behufs Aufnahme des anderen Auges.

Diese ergeben sich eigentlich schon aus der Beschreibung des Apparates im vorigen Kapitel.

1. Man erfasst das Rohr des Abbildungssystems und dreht es bis zu einem Winkel von 180° um die Achse des Beleuchtungsrohres, wobei der Bügel I (Fig. 44) die Verbindung zwischen beiden Rohren herstellt. Gleichzeitig muss aber auch der Fuss des Abbildungsrohres (Q, Taf. IV) ebenfalls um 180° gedreht werden, um auf der analogen Stelle auf der anderen Seite des obersten Stativbrettes sich aufstützen zu können (siehe u und u in Fig. 43). Diese Manipulation kann ausgeführt werden, ohne dass die Drähte, die von der Kamera K zum Schaltbrette S gehen, irgendwie gezerrt werden. Sie können vielmehr vollkommen ruhig eingeklemmt bleiben und deshalb hat sich die zentrale Anbringung des Schaltbrettes S sehr gut bewährt.

2. Man dreht die halbmondförmige Blende in dem zweiten Abbildungsobjektiv D mittelst des Ringes c in Fig. 44 um 180°, was durch Drehen des Planars zugleich mit den damit verbundenen Röhren r_1 (Fig. 44) geschieht. Die richtige Einstellung ist an den Seite 108 beschriebenen Marken kenntlich.

3. Ferner wird das Verschlusskästchen im Beleuchtungsrohre (V in Fig. 44) um dieselbe Zahl von Millimetern nach der entgegengesetzten Seite gerückt, um die es bisher exzentrisch stand.

4. Das Brett, das die Bogenlampe und die optische Bank trägt, ist um ebensoviel, als es früher nach der einen Seite gedreht war, jetzt nach der anderen Seite zu drehen.

5. Das Fixationsobjekt im Ringe M ist, wenn man eine gleichartige Aufnahme wie früher machen will, ebenfalls nach der anderen Seite zu verschieben.

Die hier beschriebenen Manipulationen lassen sich in kaum 3 Minuten leicht und sicher ausführen, was wirklich einen sehr geringen Zeitaufwand bedeutet. Immerhin wird man natürlich bei Aufnahme mehrerer Fälle es sich am besten so einrichten, dass man alle rechten Augen nacheinander und ebenso alle linken Augen nacheinander photographiert. Es ist deshalb von Vorteil, mehrere Einbissplatten zur Verfügung zu haben, die abwechselnd in Gebrauch gezogen werden.

5. Umänderung des Apparates bei Refraktionsanomalien.

Bei Myopie muss das zweite Objektiv (Planar) dem ersten genähert werden, bei Hypermetropie muss umgekehrt das zweite Objektiv vom ersten entfernt werden. Die Begründung für diese Umänderung wurde bereits auf Seite 80 u. ff. gegeben.

Die richtige Stellung des Planars bei Emmetropie ist, wie gesagt, jene, wo an der Teilung der Auszugsrohre der beiden Objektive 115 mm bis zu dem dicken Rohr R_1 (Fig. 44) abgelesen werden können. Von dieser Stellung aus muss das Planar für jede Dioptrie Myopie um 2,5 mm gegen das erste Objektiv geschoben werden. Bei Hypermetropie wird das Planar für jede Dioptrie um 2,5 mm gegen die Kamera verlegt. Die Rohrauszüge r_1 werden dann durch die Klemmschrauben fixiert.

Bei regelmässigem Astigmatismus wird das betreffende Korrektionsglas, ein Konvexzylinder, vorne auf das erste Objektiv gesetzt und die Achse nach der dort befindlichen Einteilung eingestellt. Was die Wahl des Korrektionsglases betrifft, so wird man sich natürlich nach dem Resultate der subjektiven und objektiven Bestimmung des Astigmatismus richten, aber auch der grossen Entfernung des Korrektionsglases Rechnung tragen, und das Glas dementsprechend bei Myopie stärker, bei Hypermetropie schwächer als der gefundene Grad des Astigmatismus nehmen. Geringe Grade von Astigmatismus (1—1,5 D) können überhaupt vernachlässigt werden.

VI. Kapitel.

Die Photogramme des Augenhintergrundes und deren Herstellung.

Nach der Darstellung der Handhabung des Apparates erübrigt nun noch die Besprechung der Expositionszeit, der Plattensorten, ferner des Negativ- und Positivprozesses und endlich eine Würdigung der Photogramme und deren Verwendung.

Fast stets wurde die Exposition derart vorgenommen, dass bei mittlerer Spannung der Feder der Schalttrommel der kürzeste Metallstreifen auf dieser für die Exposition gewählt wurde. Um immer dieselbe Federspannung zu erzielen, empfiehlt es sich, durch einen Ritz am Metallknopfe e (Fig. 48) die Stelle zu markieren, bis zu welcher dieser in der Richtung des darauf angebrachten Pfeiles gedreht werden soll. Dieser Metallknopf hat (in der Figur nicht angegebene) Stifte, welche in die dafür bestimmten Löcher an dem Gestelle b passen. Neben einem dieser Stifte, bis zu welchem die Drehung immer gemacht werden soll, ebenso wie neben einem der Löcher, ritzt man die Marken ein. Nur in seltenen Fällen, bei dunklem Fundus und auch dann nur, wenn der Patient sich bei den Einstellungsversuchen als ruhig erwiesen hat, kann man den längeren Metallstreifen an der Trommel oder auch eine Kombination beider benützen. Auch wird diese längere Exposition nur dann anwendbar sein, wenn mindestens ein Auge ein genügend gutes Sehvermögen hat, um das Fixationsobjekt fest zu fixieren.

Die Expositionszeit wurde bei einer gewissen, stets benützten Federspannung und bei Einschaltung des kürzesten Metallstreifens auf der Trommel in folgender Weise gemessen. Der ganze am vorderen Ende des Beleuchtungsrohres befindliche Verschlussapparat (V in

Fig. 44) wurde vom Schlitten entfernt und vor dem Objektiv einer gewöhnlichen photographischen Kamera lichtdicht angebracht. Die Schalttrommel blieb mit dem Verschlussapparate in derselben Verbindung, wie sie dem Apparate selbst angeschlossen ist. Dagegen wurde die Verbindung mit dem Abbildungsrohre des Apparates zur Photographie des Augenhintergrundes gelöst, so dass man die Trommel selbst einfach durch einen Druck auf den Anker h (Fig. 48) am Schaltapparate zum Ablaufen bringen konnte. In einiger Entfernung vor der mit dem Verschlussapparate montierten, gewöhnlichen Kamera stellte ich einen schwarzen Hintergrund auf und unmittelbar vor diesem wurde ein Marey'scher Chronograph, auf dessen schwingenden Metallstreifen eine weisse Porzellanhalbkugel angeklebt war, in senkrechter Richtung bewegt. Die mit dem Chronographen in Verbindung stehende Stimmgabel machte in der Sekunde 100 Schwingungen. Der photographische Apparat wurde auf die weisse Kugel an dem Chronographen eingestellt. Während der Bewegung des Chronographen vor dem schwarzen Hintergrunde, der von direktem Sonnenlichte beleuchtet war, wurde die Schalttrommel und damit der Verschluss am Verschlussapparate in der oben beschriebenen Weise in Bewegung gesetzt. Auf der in der Kamera eingelegten photographischen Platte bildeten sich die Schwingungen des am Chronographen sitzenden, weissen Knopfes ab und die Zahl derselben ergab die Expositionszeit.

Diese Methode, die ich nach Ratschlägen des Kollegen Professor Zoth ausgeführt habe, zeigte bei der betreffenden Federspannung der Schalttrommel eine Expositionszeit von $^1/_{20}$ Sekunden an. Sie genügt also in den meisten Fällen für die Aufnahme, darf aber wie erwähnt, nur ausnahmsweise überschritten werden. Noch kürzere Expositionen, die sich durch eine stärkere Federspannung erreichen liessen, werden wohl nur bei einem sehr hellen Fundus in Anwendung gezogen werden können. Ich habe sie deswegen nie versucht, weil ich bei $^1/_{20}$ Sekunde Expositionszeit fast niemals verwackelte Bilder bekam, auch nicht bei jenen Fällen, wo die Aufnahme wegen Unruhe der Person sehr schwierig war, sei es dass diese Unruhe durch mangelhaftes Sehvermögen, durch mangelnde Intelligenz oder Nervosität bedingt war.

Es muss hier hervorgehoben werden, dass mit Ausnahme von Augen mit Nystagmus die Aufnahmen selbst bei ziemlich unruhigen Personen, ja auch bei beiderseitiger Amaurose, selbst häufig beim ersten Versuche, gelingen. Unter den Bildern, die am Schlusse dieses Buches auf den Tafeln reproduziert sind, befinden sich auch ein solches von einer ganz blinden Person, was im erläuternden Texte bemerkt ist.

Erleichtert wird die Fixation solcher Augen durch das bekannte Mittel, dass man den Kranken gegen seine eigene Hand schauen lässt.

Betreffs der Aufnahme der verschiedenen Teile des Fundus sind schon im vorigen Kapitel einige Winke gegeben. Es sei hier nur noch einiges hinzugefügt. Durch die Verschiebung der als Fixationsobjekt dienenden Kugel und ebenso durch Verschiebung der Kerzenflamme, die sich in dem grossen Spiegel abbildet, wenn das andere Auge zur Fixation benützt wird, kann man schon dem Auge sehr verschiedene Blickrichtungen anweisen. Doch kann man noch über dieses hinausgehen und das zu photographierende Auge seitlich, über oder unter der hellen Scheibe vorbeisehen lassen, die das Auge am kleinen Beleuchtungsspiegel sieht, oder auch durch entsprechende Fixationsobjekte das andere Auge neben dem grossen Spiegel vorbeiblicken lassen. Solche Bilder werden dann allerdings wegen der schiefen Richtung, in welcher die Strahlen aus den peripheren Teilen der brechenden Medien austreten, nicht scharf, können aber doch sehr wohl genügen, um z. B. die Konfiguration, die Grösse und Gestalt von atrophischen Herden zu fixieren. Für eine gute und genügend scharfe Abbildung erstreckt sich das Gesichtsfeld für die photographische Aufnahme in der Richtung der Netzhautmeridiane über ca. 12—14 Papillendurchmesser, was natürlich so zu verstehen ist, dass die Abbildung dieses ausgedehnten Teiles des Fundus nur durch mehrere Aufnahmen gelingt, da ja das Gesichtsfeld für jede einzelne Aufnahme nur 6 Papillendurchmesser beträgt. So zeigt Tafel VI, Fig. 4 eine Abbildung des lateralen, Taf. VII, Fig. 2 des medialen Teiles des Fundus und die Figuren 5 und 6, Taf. VI den oberen und unteren Teil. Weniger scharfe Aufnahmen gelingen aber auch noch weiter gegen die Peripherie zu. In den Tafeln am Schlusse des Buches sind auch für solche Aufnahmen Beispiele zu finden. Auf Tafel XIII sind in Fig. 1 und 2 solche in vertikaler Richtung sehr peripher gelegene Partien dargestellt. Als ein praktisch wichtiger Wink sei noch speziell betont, dass man in jenen Fällen, wo eine Kerzenflamme zur Fixation des anderen Auges benützt wird, mit grosser Sorgfalt vermeiden muss, dass ein Reflexbild der Kerzenflamme auf jenen Teilen der Kornea oder Linse entsteht, welche ihr Licht gegen die photographische Platte senden. Man bemerkt dieses Reflexbild sehr leicht beim Einstellen und wird durch entsprechende Verschiebung der Kerze es leicht derart einrichten können, dass es nicht beim Einstellen sichtbar ist, also auch nicht die Aufnahme durch Verschleierung stören kann.

Durch zahlreiche Versuche habe ich ermittelt, dass die Verwendung von orthochromatischen Platten selbst vor den allerempfindlichsten, nicht orthochromatischen unbedingt den Vorzug verdient. Auch mit den so besonders empfindlichen Σ Platten von Lumières wurden entschieden weniger gute Resultate erzielt als mit orthochromatischen Platten. Als solche wurden benützt: die orthochromatic snapshotplates von Edwards in London, die panchromatischen Platten von Lumière, die orthochromatischen Platten von Lumière Serie B (gelbrot empfindlich), endlich die orthochromatischen Agfaplatten. Wohl die besten Resultate wurden mit den letztgenannten Platten erzielt. Sie haben offenbar neben guter Farbenempfindlichkeit eine grosse allgemeine Empfindlichkeit und geben die dichtesten Negative. Es wurde natürlich darauf geachtet, dass die Platten nicht zu alt waren.

Da bei der Aufnahme des Augenhintergrundes Lichthofbildung nicht ausgeschlossen ist, besonders dann, wenn die atrophische Papille, weisse Plaques in der Netzhaut oder atrophische Stellen der Chorioidea zur Abbildung kommen, so empfiehlt es sich, die Platte entweder mit einer der bekannten gegen die Lichthofbildung gebräuchlichen Mittel (Antisol) auf der Glasseite überziehen zu lassen, oder die Mühlenbruch'schen Blätter gegen Lichthofbildung zu benützen.

Als Entwickler hat sich nach mehrfachen Versuchen mit vielen anderen besonders das Edinol bewährt. Der Entwickler besteht nach der Empfehlung der Firma Bayer aus zwei Lösungen, die zum Gebrauche zu gleichen Teilen zusammengeschüttet werden.

Lösung I besteht aus

Edinol 5,0,
Hydrochinon 2,5,
Bromkali 0,7,
Natriumsulfit. cryst. 64,0,
Aqu. dest. 250,0

Lösung II besteht aus

Natr. carbonic. 100,0
Aqu. dest. 250,0

Der Entwickler hält sich nicht und es soll zu jedesmaligem Gebrauche ein frischer Entwickler gemischt werden. In dieser Entwicklerflüssigkeit ist das Bild in ca. 4—10 Minuten fertig entwickelt. Zur Vermeidung jeglichen Schleiers wurde die Entwickelung immer in vollständiger Dunkelheit vorgenommen. Die Platte wurde bei ganz herabgeschraubter Dunkelkammerlampe und ohne dass das Licht derselben direkt auf die Platte gelangte in die Tasse mit dem Entwickler gebracht und diese dann zugedeckt. Erst nach 4 Minuten wurde gewöhnlich die Platte bei wiederaufgedrehter Lampe betrachtet, aber nur im Schatten des Deckels, mit dem die Tasse bedeckt war. Da es sich wohl durchwegs um knapp exponierte oder unterexponierte Platten handelt, so hat man niemals zu fürchten, dass die Wirkung des Entwicklers allzukräftig werde. Überhaupt vollzieht sich die Entwickelung im ganzen recht einfach, da die Beleuchtungsverhältnisse ziemlich gleichartig sind, oder wenigstens in nicht allzu weiten Grenzen variieren. Das Edinol bringt tatsächlich alles, was eben möglich ist, mit möglichster Kraft und zugleich möglichst kontrastreich aus den Platten heraus. In sehr vielen Fällen ist es allerdings notwendig, die Platten (mit Sublimat und Natriumsulfit) zu verstärken. Es versteht sich, dass eventuelle Plattenfehler auf der Schichtseite in der bekannten Weise zu retouchieren sind, was am besten ein geübter Retoucheur ausführt.

Die fertigen Platten sind nun nicht in ganzer Ausdehnung gleichmässig beleuchtet. Es ist dies regelmässig in den Randteilen der Platte und ohne Anwendung besonderer Massregeln auch in jenem Teil der Bilder der Fall, welche die medialen Partien des Fundus darstellen. Die Erklärung dafür findet sich bereits bei der Beschreibung des Apparates auf Seite 67 u. ff. angegeben. Doch sind auch auf Seite 71 und Seite 108 die Mittel angeführt, die geeignet sind, wenigstens teilweise die ungleichmässige Beleuchtung der Platten zu beseitigen. Das eine davon besteht darin, dass man absichtlich den medialen Teil des Augenhintergrundes stärker beleuchtet, das andere besteht in der Verkleinerung des Pupillenbildes. Mitunter kommt aber und zwar besonders bei etwas unruhigen Personen auch noch dazu, dass die Pupille im Momente der Aufnahme nicht vollständig zur Achse des Abbildungssystems zentriert war. Endlich wird dies leichter dann der Fall sein oder eine stärkere Wirkung ausüben, wenn die Pupille nicht sehr weit ist. Ein Grund für die Ungleichmässigkeit der Plattenbelichtung kann auch darin liegen, dass gewisse Partien des Fundus mehr Licht reflektieren. So geben, besonders bei jugendlicheren Individuen die Teile des Fundus ober- und unterhalb der Papille und entlang der grossen Gefässe einen stärkeren Reflex. Es muss aber ausdrücklich hervorgehoben werden, dass bei einiger Übung in der richtigen Zentrierung des Apparates zur Pupille, dann bei richtiger Anwendung der auf Seite 108 u. 109 näher beschriebenen stärkeren Beleuchtung des medialen Fundusteiles, die meisten Platten eine relative Unterbelichtung nur in ihren Randteilen zeigen, die bei einer Pupillenweite von über 8 mm meist auch nicht sehr erheblich ist.

Wenn auch in den weniger belichteten Teilen der Platten bei der Durchsicht gewöhnlich alle Details deutlich hervortreten, so ist es doch natürlich, dass beim Positivprozess der ganze dünnere Teil der Platte so stark kopiert, dass alle Details verwischt werden. Es bleibt somit nichts anderes übrig, als durch entsprechendes Abdecken der Platte auch diese Partien im Positiv herauszubringen. Ich habe verschiedene Arten dieser Abdeckung versucht und schliesslich das Verfahren als das geeigneteste befunden, das im folgenden beschrieben werden soll.

Zuerst wird eine Kopie des Negativs auf gewöhnlichem Zelloidinpapier angefertigt. Dann nehme man eine Glasplatte 9×6, reinige sie gut mit absolutem Alkohol und übergiesse sie mit Mattlack. Nachdem der Lack getrocknet ist, wird sie derart als Deckglas auf das Negativ gelegt, dass sie mit der nicht übergossenen Seite die Glasseite des Negativs berührt. Beide Scheiben werden zusammen und so, dass sie einander genau decken, auf ein Retouchierpult gelegt, das mit einer durchsichtigen Glasscheibe (nicht mit einer matten Scheibe) versehen ist. Man kann so in der Durchsicht die zu dünnen Stellen des Negativs sehr leicht erkennen, besonders wenn man noch das Positiv zum Vergleiche heranzieht. Die dünnen Stellen werden dann durch feines Graphitpulver gedeckt. Dieses Pulver wird mit einem feinen und weichen Wischer oder auch mit der Fingerkuppe mit möglichst wenig Druck ganz leicht in den Mattlack eingerieben. Für jene Fälle, wo es sich nur um die Abdeckung eines schmalen Teiles, z. B. am Rande der Platte handelt, ist der Wischer geeigneter, während grössere Flächen fast am besten durch das Einstreichen mit der Fingerkuppe gedeckt werden. Bringt man bei einmaligem Einreiben nicht genügend Graphit in den Mattlack, so kann man auch mehrmals dieselbe Stelle überfahren. Es kommt dann freilich ein Moment, wo die Schichte Mattlack keinen Graphit mehr aufnimmt. Durch ganz leichtes Erwärmen, indem man die Glasplatte mit der übergossenen Seite nach abwärts in einiger Entfernung ober einer Gaslampe hin und herführt, kann man dann die Mattlackschicht für den Graphit wieder aufnahmsfähig machen.

Meist wird die Abdeckung auf dieser Deckplatte vollständig genügen. Sollte dies nicht der Fall sein, dann reinigt man die Glasseite des Negativs mit absolutem Alkohol, übergiesst sie ebenfalls mit Mattlack und verfährt nun hier in derselben Weise, indem man jene Stellen des Negativs, die durch die Abdeckung auf der Deckplatte noch nicht die genügende Dichte erlangt haben, ebenfalls durch

Einreiben von Graphit dichter macht. Natürlich ist es nach jedem Auftragen von Graphit auf der Glasseite des Negativs notwendig, sich durch Auflage des Deckglases zu überzeugen, ob man nicht etwa zu viel getan hat. Die Beurteilung der Dichte ist sehr leicht, weil man in der Durchsicht die dünneren Stellen so dicht zu machen hat, wie die dichtesten Stellen des Negativs sind. Und dies ist auch der Grund, weshalb diese Art der Abdeckung jenen Verfahren, bei denen eine rote Farbe verwendet wird, vorzuziehen ist. Handelt es sich doch hier ganz besonders darum, dass der abgedeckte Teil der Platte genau dieselbe Dichte hat wie die dichteren Teile, und zwar ohne dass im geringsten eine Grenze zwischen diesen beiden Partien zu bemerken ist.

Um endlich ein scharfrandiges Bild auf schwarzem Grunde zu bekommen, wird der Mattlack rings herum mit einem Radiermesser abgekratzt, was eventuell auch vor unscharfen Randteilen des Negativs geschehen kann, wenn sich solche überhaupt vorfinden. Beide Glasplatten (das Negativ mit dem Deckglase) werden genau aufeinander gepasst in den Kopierrahmen gebracht und man überzeugt sich an dem ersten Abzuge, ob die Abdeckung in richtiger Weise vorgenommen wurde. Eine Korrektur kann eventuell leicht angebracht werden. Kopiert das so abgedeckte Negativ richtig, so klebt man Deckglas und Platte an den Ecken zusammen. Zum Schutze der Graphitschicht kann ein Seidenpapier oder Strohpapier ebenfalls an den 4 Eckpunkten aufgeklebt werden, das bei dünneren Platten auch während des Kopierens darauf bleiben kann.

Sehr helle Partien des Augenhintergrundes, beispielsweise eine atrophische Papille, ein Conus, ein Staphyloma posticum etc. werden im Negativ so dicht, dass das Positiv an den entsprechenden Stellen, wenn es die übrigen Partien des Fundus richtig zeigt, keine Details erkennen lässt. In solchen Fällen ist es am besten den Mattlack an der betreffenden Stelle in der einen, eventuell auch in beiden Abdeckungsschichten ganz wegzukratzen. Doch ist die abgekratzte Stelle kleiner zu machen wie die dichte Partie der Platte und vom Rande der abgekratzten Stelle aus müssen zarte radiäre Striche in die Mattlackschicht angebracht werden, damit jede scharfe Abgrenzung fehlt.

Die hier beschriebene Art des Abdeckens der Negative ist leicht ausführbar und kann die Details der Bilder natürlich nicht stören, da sie ja nicht auf der Schichtseite vorgenommen wird. Der Umstand, dass die matte Lackschicht mit dem eingeriebenen Graphit sich sehr weit von der Schichtseite befindet, bewirkt, dass geringe Ungleichheiten in der Abdeckung nicht leicht im Positiv zum Vorschein kommen, besonders wenn man noch während des Kopierens dafür sorgt, dass durch häufigeres Wenden des Kopierrahmens das Licht in verschiedenen Richtungen einfällt.

Das Abdecken der Negative kann natürlich nach den hier gegebenen Anweisungen von einen tüchtigen Retoucheur ausgeführt werden. Doch muss man diesem jene Stellen des Negativs angeben, die abzudecken sind, was am besten so geschieht, dass man diese Stellen auf dem zur Probe von dem unabgedeckten Negative hergestellten Positive durch Schraffieren mit Tinte und Feder bezeichnet. Jeder geschickte Retoucheur wird sehr bald verstehen, auf was es ankommt und das Abdecken richtig und gleichmässig machen.

Als Kopierpapier empfehlen sich glänzende Papiere mehr als matte, da sie die feinen Details bekanntlich besser bringen. Im übrigen können auch je nach der Beschaffenheit der Platte verschiedene Papiere gewählt werden. Bei mehr flauen Platten gibt das Soliopapier, bei noch flaueren Rembrandtpapier Nr. 1 oder Nr. 2 viel bessere oder auch ganz gute Bilder. Flaue Platten kann man auch durch die bekannte Methode verbessern, dass man von ihnen ein Kontakt-Diapositiv macht, dieses verstärkt und von dem verstärkten Diapositiv ebenfalls mittels Kontakt ein neues Negativ hergestellt, das eventuell auch noch verstärkt werden kann, und schliesslich, wenn nötig teilweise abzudecken ist. Es ist erstaunlich, wie durch diese, übrigens allen Photographen geläufige Methode, flaue und wenig kontrastreich kopierende Platten verbessert werden können, ja oft erhält man auf diese Weise sehr gute Bilder.

Vergrösserungen nach den Negativen lassen sich leicht auf die bekannten Arten ausführen und zwar indem man in einem Vergrösserungsapparat ein vergrössertes Diapositiv anfertigt, von dem man dann durch Kontakt eine Negativ erhält, oder indem man durch Aufnahme eines kleinen Positiv-Papierbildes ein vergrössertes Negativ herstellt. Ich habe zwischen diesen beiden Verfahren, was die Schärfe der Bilder betrifft, keinen wesentlichen Unterschied finden können. Von guten Negativen sind noch 2—3 malige Vergrösserung mit ziemlich befriedigender Schärfe zu erhalten, so dass die wirkliche Vergrösserung im Verhältnisse zur :natürlichen Grösse der Papille eine 8—12 malige ist, somit in letzterem Falle der Vergrösserung des aufrechten Bildes nahe kommt. Die dem Buche beigefügten Tafeln XIV und XV enthalten Beispiele von solchen Vergrösserungen.

Zur Projektion wird am besten ein nicht ganz zweimal vergrössertes Diapositiv nach dem Negativ angefertigt, so dass das Bild in einer Grösse von ca. 60 mm für die übliche Grösse der Diapositive (8×8 cm) geeignet erscheint. Gute Bilder sind dann, in der Grösse von ca. 1 m projiziert, sehr gut zur Demonstration von Augenspiegelbefunden beim Unterricht und bei wissenschaftlichen Vorträgen verwendbar.

Was die Güte der Bilder und die Vollkommenheit der Darstellung der am Fundus sichtbaren Details durch dieselbe betrifft, so wurde schon oben einiges erwähnt, was hier noch im Zusammenhange dargelegt werden soll. Eine Störung bilden natürlich bei jungen Leuten die Netzhautreflexe, welche allerdings immer sehr genau abgebildet werden, aber naturgemäss sehr oft darunterliegende Details verdecken. Es gibt selbstverständlich kein Mittel, diese Störung zu vermeiden; es sei denn die Aufnahme bei verschiedener Blickrichtung, wobei die Netzhautreflexe in derselben Weise wie bei der ophthalmoskopischen Beobachtung in anderer Form und Lage erscheinen, somit nicht immer dieselben Stellen der Retina bedecken. Die Verwendung polarisierten Lichtes zur Vermeidung der Reflexe erscheint wegen des starken damit verbundenen Lichtverlustes ausgeschlossen. Andererseits wird durch die Netzhautreflexe bei jugendlichen Individuen die Form und Grösse der Fovea centralis im Photogramm mit der grössten Deutlichkeit bezeichnet.

Weisse Herde verschiedener Art werden natürlich immer sehr leicht und gut abgebildet, ebenso sind Blutungen, wie unsere Bilder zeigen, sehr deutlich in den Photogrammen wahrnehmbar. Dagegen wird es sehr oft auffallen, dass Pigmentflecke meist nicht in jener dunkeln Färbung erscheinen, wie wir sie mit dem Augenspiegel sehen. Speziell war dies z. B. bei den Befunden zu konstatieren, welche durch die Bilder, Taf. XI, Fig. 5, dargestellt werden. Es scheint hieran die immer noch mangelnde Rotempfindlichkeit der Platten Schuld zu tragen, welche den Unterschied nicht so deutlich hervortreten lässt, Taf. XII, Fig. 3, wie für die ophthalmoskopische Untersuchung. Andererseits will es mir scheinen, dass die Pigmentflecke oft deshalb nicht so auffallend hervortreten, weil sie von dem sehr intensiven elektrischen Licht vielleicht teilweise durchleuchtet werden. Auch spielt der Umstand mit, dass Blutungen meistens in den inneren Netzhautschichten liegen, während dies bei den Pigmentflecken oft nicht der Fall ist, so dass sich ein zarter Schleier, bedingt durch Lichtreflexion an der inneren Netzhautoberfläche, über sie legt.

Dass bei sehr starken Niveaudifferenzen im Augenhintergrunde natürlich nur eine Ebene scharf wiedergegeben werden kann, ist nicht anders zu erwarten. Beispiele dafür geben die Fälle von Stauungspapille, Glaukom, Netzhautablösung auf den Tafeln. Andererseits bildet bei klaren Medien gerade dieser Umstand einen sehr scharfen Indikator für jene Gebilde, welche in dieselbe Ebene versetzt werden können.

Medientrübungen und Astigmatismus stören das Bild nicht immer so stark wie man erwarten sollte. Bei allen jenen Fällen, wo man bei der Untersuchung im umgekehrten Bilde ein ziemlich scharfes Bild bekommt, kann die photographische Darstellung versucht werden. Erscheint dann das Bild auf der Einstellplatte allzu verschwommen, so kann man ja von vorneherein von der Aufnahme absehen. Dasselbe Verfahren gilt in Fällen von unregelmässigem Astigmatismus. Bei regelmässigem Astigmatismus hat man im Vorsetzen von Zylindergläsern ein Mittel, um die Bilder schärfer zu machen. Übrigens zeigte mir die Erfahrung, dass geringe Grade von Astigmatismus von 1 D oder selbst mehr die Schärfe des Bildes nur so wenig beeinträchtigen, dass die Anbringung von Zylindergläsern nicht notwendig ist. Natürlich ist stets der Totalastigmatismus zu berücksichtigen und da hier die Pupille immer erweitert werden muss, so wird die Korrektion des Astigmatismus, der in der optischen Zone der Kornea zur Beobachtung kommt, nicht immer genügen.

Um die Bilder bei späterem Gebrauche und zum Vergleiche von Veränderungen in den Befunden beim Wiedererscheinen eines Patienten rasch wieder finden zu können, habe ich sie in Albums zu je 100 Stück vereinigt, in welchen sie nicht aufgezogen, sondern, in quadratischem Format von 50 mm Seitenlänge zugeschnitten, mit den 4 Ecken unter entsprechenden Einschnitten in dem Karton eingeschoben werden. Die Bilder werden nummeriert und gewöhnlich in dieser Reihenfolge eingelegt. Nur wenn ein und derselbe Fall mehrmals aufgenommen wurde, pflege ich diese Bilder womöglich unmittelbar nacheinander anzuordnen. Über die Bilder werden Verzeichnisse geführt, welche die Nummer, die Diagnose, das Datum, die Grösse der Pupille, den Entwickler, die Plattensorte, die Expositionszeit und sonstige Anmerkungen enthalten. In einem dem Verzeichnisse angefügten alphabetischen Register sind halbbrüchig rechts die Namen der Kranken mit der Nummer des Verzeichnisses, links die Diagnosen ebenfalls mit dieser Nummer angeführt, so dass man sowohl die gleichartigen Fälle, als auch den betreffenden Fall leicht aufzufinden vermag.

Es wird gut sein, hier noch einige Worte über den mit der Benützung des Apparates verbundenen Zeitaufwand zu sagen. Das Füllen der Kassetten, das Herrichten des Einbisses, das Einträufeln von Homatropin besorgt leicht ein geschickter Diener, ebenso das Entwickeln der Aufnahmen und das Anfertigen der Probebilder, sowie das Kopieren und die Herstellung der definitiven Bilder nach den abgedeckten Negativen. (Die hier genannten Verrichtungen wurden bei allen auf meiner Klinik gemachten Aufnahmen von dem Diener der Klinik, Michael Pfundner, ausgeführt.) Die Abdeckung aber wird vom Retoucheur besorgt. Es bleibt also für die Tätigkeit des Arztes der sehr geringe Zeitaufwand von wenigen Minuten, der für die Aufnahme selbst benötigt wird. Es sei auch daran erinnert, dass die Umänderung des Apparates von der Einrichtung für die Aufnahme des rechten zu jener für Aufnahme des linken Auges nur wenige Minuten erfordert und auch grösstenteils oder selbst ganz vom Diener ausgeführt werden. kann. Mein ganzes Bestreben bei den Angaben zur Konstruktion des Apparates war stets darauf gerichtet, dass alle Manipulationen möglichst rasch zu bewerkstelligen sind. Dank der Mitarbeit des Herrn Dr. A. Köhler wurde dies auch in der Zeiss'schen Werkstätte erreicht.

Ich erwähne dies ausdrücklich, weil die Fachkollegen leicht zur irrigen Meinung verleitet werden könnten, dass die Benützung des Apparates sehr viel Zeit und Arbeit erfordert. Dies ist nach dem Gesagten ganz unrichtig. Ich oder einer meiner Assistenten machen die Aufnahmen während oder am Schlusse des Ambulatoriums von jenen Kranken, die das Ambulatorium (die Poliklinik) besuchen Die klinischen Patienten werden meist am Nachmittage, womöglich gleich mehrere nacheinander zwischen anderen Arbeiten des klinischen Dienstes oder des Laboratoriums photographiert. Durch den geringen Zeitaufwand, den die einzelnen Aufnahmen benötigen, erklärt sich auch die grosse Zahl derselben. So wurden beispielsweise in der Zeit vom Anfang Juli 1905 bis Mitte Mai 1907 340 Aufnahmen gemacht (etwa die Hälfte von mir, die Hälfte von meinem Assistenten Dr. R. Hesse). Gerade dies erweist den Wert des Apparates. Es gelingt eben damit, alle bemerkenswerten Befunde rasch zu fixieren, was natürlich nicht nur für seltene Krankheitsbilder von Wert ist, sondern auch für alle Fälle, wo es erwünscht sein muss, Besserungen oder Verschlimmerungen mit Sicherheit zu konstatieren.

Schliesslich sollen noch die Reproduktionsverfahren, die sich für die Bilder eignen, einer Besprechung unterzogen werden. Unter diesen scheint sich das sogenannte Kilometerverfahren der Berlin-

Steglitzer photogr. Gesellschaft am meisten zu empfehlen, weil es den gewöhnlichen photographischen Positivbildern ganz gleichkommt. Ich habe mich auch überzeugt, dass es sehr gute Resultate liefert. Dennoch habe ich aus verschiedenen Gründen für die diesem Buche beigegebenen Tafeln den Lichtdruck gewählt. Dass damit, speziell mit der als Crayondruck bezeichneten Methode, sehr gute Bilder zu erreichen sind, beweisen unsere Tafeln I, II und VI—XIII. Sie wurden von J. B. Obernetter in München in vorzüglicher Weise ausgeführt. Nur bei wenigen Bildern und zwar bei den schlechteren Negativen gingen einzelne Details verloren. Die grosse Mehrzahl der Bilder zeigt dagegen dasselbe wie die photographischen Positive, ja in manchen sind Details zum Vorschein gekommen, die das photographische Positiv nicht gebracht hatte. Noch besser sind die beiden ebenfalls von J. B. Obernetter ausgeführten Heliogravüretafeln XIV und XV.

In Fällen, wo es nicht auf die feinsten Details und auf keine so schöne Weichheit der Bilder ankommt, wird auch der gewöhnliche Lichtdruck (Mattdruck) genügen (siehe die Tafel zu meiner Arbeit über die Macula lutea in Graefes Archiv für Ophthalmologie, Bd. LXV, Heft 3). Die einfache Autotypie, die den Vorzug grösserer Billigkeit hat und mittelst der man auch Bilder dem Texte einfügen kann, wird wegen der Verwendung eines Rasters immer hinter den bisher genannten Reproduktionsverfahren zurückstehen. Doch ergibt auch die Autotypie bei sorgfältiger Ausführung gute Reproduktionen wie die Tafel, die dem Berichte über den Luzerner internationalen Ophthalmologenkongress beigegeben ist, zeigt.

Anhang.

Verwendung des Apparates als Demonstrationsaugenspiegel.

Der Apparat lässt sich auch in sehr einfacher Weise zur Demonstration des Augenhintergrundes verwenden. Dies geschieht so, dass man in dem Verschlusskästchen am vorderen Ende des Beleuchtungsrohres die freie Öffnung einschaltet (durch Drehung des Sektors p und Fixierung desselben mittelst Anziehen und wieder Loslassen des Knopfes f [Fig. 45]). Unmittelbar vor dem Verschlusskästchen wird eine Gaslampe (Auerbrenner) aufgestellt. Der Kopf des Patienten wird ganz so wie bei der Aufnahme durch den Einbiss fixiert. Die Annäherung des Spiegels an das Auge braucht meist nicht so weit getrieben zu werden wie bei der photographischen Aufnahme, da ein geringer Reflex nicht stört. Der Spiegel Σ (Fig. 47) wird hinaufgeklappt und an der Hinterwand der Kamera der Schieber so gestellt, dass die freie Öffnung jedoch ohne Kassette in der Achse des Abbildungssystems steht. Endlich wird die grosse Einstelllupe an Stelle der Kassette hinter der freien Öffnung fixiert. Durch die Lupe überblickt man den Fundus in derselben Ausdehnung (von 6 Papillendurchmessern) wie er auch photographiert werden kann.

Ich bediene mich des Apparates zu dem genannten Zwecke in meinen Vorlesungen sehr häufig, wenn es sich darum handelt ein selteneres Augenspiegelbild den Hörern rasch zu demonstrieren. Man kann einen grossen Teil des Fundus auf einmal überblicken und gerade dieser Umstand ist bei ausgedehnteren Fundusveränderungen ein Vorteil, den der Thorner'sche reflexlose Spiegel nicht bietet. Kleine Korrekturen der Stellung, die hier und da notwendig sind, können ebenso rasch gemacht werden wie beim Thorner'schen Spiegel, indem man darauf achtet, dass das Licht unmittelbar neben dem Pupillarrand, die Iris neben diesem noch etwas beleuchtend, ins Auge dringt. Auch kann man die Stellung zur Pupille beim Durchblick durch den Apparat leicht kontrollieren. Hiezu empfiehlt es sich für einen Augenblick den obengenannten Spiegel Σ hinunterzuklappen, damit man die Einstelllupe nicht entfernen muss.

Die von mir angestellten Versuche, den Apparat auch zur Photographie des vorderen Bulbusabschnittes (im auffallenden oder durchfallenden Licht und unter Lupenvergrösserung) zu benützen, sind bisher nicht von Erfolg begleitet gewesen.

Nachtrag.

Während der Drucklegung dieses Buches wurde mir von Herrn Dr. A. Köhler, Mitarbeiter der Firma Zeiss, mitgeteilt, dass er bei der Ausführung von Wiederholungen des Apparates einige Veränderungen anzubringen beabsichtige. Ein Teil dieser Veränderungen soll es ermöglichen, dass durch Verwendung mancher Teile, die bei Zeiss schon ohnehin für andere Apparate in grösserer Menge angefertigt werden, der Preis des Apparates ein geringerer wird. Andere Veränderungen aber sollen die Manipulationen mit dem Apparate vereinfachen. Nur diese letzteren werden sich bei der Benützung des Apparates bemerkbar machen und bedürfen daher hier, so weit dies jetzt schon möglich ist, einer kurzen Beschreibung.

Zunächst soll beim Beleuchtungssystem die optische Bank direkt auf die oberste Platte des Stativs aufgeschraubt werden. Es würde also das bewegliche Brett b in Fig. 43 wegfallen und die Bogenlampe L sowie die optische Bank o auf dem Brett B unbeweglich befestigt werden. Statt des aus 2 Linsen bestehenden Kondensorsystems A wird die Linse I des „lichtstarken Sammellinsensystems“ vor der Bogenlampe aufgestellt werden. Eine zweite Konvexlinse soll vor dem Verschlussapparat V (Fig. 44) angebracht werden. Die erste Linse allein erzeugt ein ca. 4mal vergrössertes Bild der Lichtquelle und dieses Bild wird dann durch die zweite Linse auf die der Öffnung im Verschlussapparate entsprechende Grösse gebracht und auf dieser Öffnung entworfen. Die bei der photographischen Aufnahme des rechten und hierauf des linken Auges notwendigen Verschiebungen des Kraters der Bogenlampe werden statt durch Bewegung der ganzen Lampe nur durch seitliche Bewegung der Kohlenspitzen in derselben vorgenommen werden.

Wahrscheinlich wird auch infolge dieser Umänderung das ganze Stativ des Apparates in einfacherer Weise hergestellt werden können.

Der kleine Metallspiegel wird möglicherweise nicht am Beleuchtungsrohr sondern an dem halbkreisförmigen Verbindungsstück zwischen dem Abbildungs- und dem Beleuchtungssystem angebracht werden.

An dem Schaltapparat (Fig. 48) wird die Änderung der Expositionszeit nicht durch die getrennten Metallstreifen l und m, sondern durch einen stufenweise sich verbreiternden Kontaktring ermöglicht werden.

Die Verschlussplatte h vor der empfindlichen Platte (siehe Fig. 47) wird wegfallen indem der Spiegel Σ nach Ablauf der Expositionszeit wieder in seine ursprüngliche Lage zurückkehren wird. Die Verschlüsse werden dadurch vereinfacht werden, da dann der eine Stromkreis wegfallen wird, nämlich jener, der nach Fig. 49 von der Zentrale kommt und durch 5, 7, 3 und 4 wieder zur Zentrale zurückgeht. Man wird dann zur Auslösung der Verschlüsse jedenfalls nur einen Akkumulator und wohl auch einen schwächeren als bisher benötigen.

Sollten von Herrn Dr. Köhler noch weitere Veränderungen vorgenommen werden, die demjenigen, der dieses Buch gelesen hat, nicht ohne Weiteres verständlich sind, so werde ich dieselben unter Hinweis auf die in diesem Buche gegebene Beschreibung des von mir benützten Apparates in einer diesem Zwecke gewidmeten kurzen Abhandlung darstellen. Durch diesen Artikel, den ich im Archiv für Augenheilkunde gleichsam als Ergänzung zu diesem Buche veröffentlichen will, werden jene Kollegen, welche sich etwa bei Zeiss einen nach meinem Prinzipe konstruierten Apparat zur Photographie des Augenhintergrundes anschaffen wollen, vollkommen in den Stand gesetzt werden, diesen zu gebrauchen.

Literaturverzeichnis.

1. Noyes, Internationaler Kongress in Kopenhagen. 1884. Diskussion zum Vortrage Dors.
2. Rosebrugh, On a new instrument for photographing the fundus oculi. American Journal of Ophth. N. Y. 1864 und Ophthalmic review. Vol. I. 1864.
3. Liebreich in Graefe-Sämisch Handbuch der Augenheilkunde 1874. Bd. III, pag. 148—149.
4. Th. Stein, Das Licht im Dienste wissenschaftlicher Forschung. Leipzig 1877.
5. Fr. Fuchs, Vorschlag zur Konstruktion eines Augenspiegels mit neuer Reflexions- und Polarisationsvorrichtung. Zeitschrift f. Instrumentenkunde 1882.
6. Dor, La photographie de l'image ophthalmoscopique. Internationaler medizin. Kongress in Kopenhagen 1884.
7. Albertotti, Reale accademia di medicina di Torino. 27 Giugno 1884 (L' osservatore delle cliniche. Torino. 1° luglio 1884.
8. W. Th. Jackman und J. D. Webster. On photographing the retina of the living human eye. Photographic News 1886.
9. Rosebrugh, A. M., Photographing the retinal image impressed on the living fundus oculi. Canadian practitioner. Toronto June 1887.
10. Panel, D'un moyen pratique de photographier le fond de l'œil. Paris. Delahaye et Leerosnièr 1887.
11. L. Howe, Photographing the interior of the eye. Transact. of the Am. ophth. society, Boston 1887.
12. Starr Elemer, On photographing the interior of the human eye-ball. The Am. journal of ophthalm. 1887, July.
13. Starr Elemer, Photographing the human eye. Philad. photogr. N. Y. 1887. XXIV.
14. H. Cohn, Über Photographieren des Auges. Hirschbergs Zentralblatt 1888.
15. H. Cohn, Über das Photographieren des Augenhintergrundes. Bericht des VIII. internationalen Ophth. Kongresses 1888.
16. Leroy, Moyen d'éviter le reflet corneen. Société franç. d'ophth. 1888.
17. H. Cohn, Die photographische Rhomboëderkamera speziell für die Aufnahme von Spiegelbildern. Berliner klin. Wochenschrift 1889.

18. S. Segal, Ein Apparat zum Photographieren des Augenhintergrundes. Abhandlungen der mediz. Sektion der Gesellschaft der experim. Wissenschaften an der Kais. Universität in Charkow 1888.
19. Bagnéris, Société des sciences de Nancy 1889.
20. E. Fick, Einige Bemerkungen über das Photographieren des Augenhintergrundes. XXI. Versammlung der Heidelberger ophth. Gesellschaft.
21. Cl. du Bois-Raymond, Vorlage von Photographien des Augenhintergrundes, eingesendet von Dr. Gerloff. Berliner physiol. Gesellschaft 1891.
22. O. Gerloff, Photogramme des Augenhintergrundes des lebenden menschlichen Auges. Zehend. klin. Monatsblätter 1891.
23. Th. Guilloz, La photographie instantanée du fond de l'œil humain. Arch. d'ophth. 1893.
24. L. Howe, Orthochromatic plates for photographing the interior of the human eye. Ophthalm.-society of the united kingdom 1893.
25. A. F. Beckmann, Ein neues Reflektor-Ophthalmoskop. Wratsch 1895.
26. Aarland, Die Photographie des Augenhintergrundes. Internat. mediz.-photograph. Monatsschrift 1895.
27. Jankau, Ein Rückblick auf die medizinisch-wissenschaftliche Photographie. Internationale med.-photogr. Monatsschr. 1895.
28. Meissner, Zur Photographie des Augengrundes. Berliner physiol. Gesellschaft 1896.
29. W. Thorner, Über die Photographie des Augenhintergrundes. Dissertation Berlin 1896.
30. Guinkoff, Photographie de la retine. Comptes rendus de l'Académ. des sciences 1896. 4. Mai.
31. Th. Guilloz, Photographie de la retine. Comptes rendus de l'Académie des sciences 1896.
32. E. Borghi, Sulla fotografia del fondo dell' occhio. Bollettino della Società medico-chirurgica di Modena 1897—1898.
33. F. Dimmer, Über Photographie des Augenhintergrundes. IX. internat. Ophthalm. Kongress in Utrecht 1899.
34. W. Nikolaew und J. Dogiel, Die Photographie der Retina. Pflügers Archiv Bd. 80, 1900.
35. Shirls-Jackson, Photographing the eye-ground. Journal of the Am. medic. assoc. 1901.
36. F. Dimmer, Die Photographie des Augenhintergrundes. Heidelberger Kongress 1901.
37. F. Dimmer, Demonstration von Photogrammen des Augenhintergrundes. Heidelberger Kongress 1902.
38. W. Thorner, Zur Photographie des Augenhintergrundes. Berliner klin. Wochenschr. 1902.
39. F. Dimmer, Zur Photographie des Augenhintergrundes. Berliner klin. Wochenschr. 1902.
40. H. Wolff, Bemerkungen zur obigen Abhandlung. Berliner klin. Wochenschrift Nr. 49, 1902.
41. F. Dimmer, Entgegnung auf Herrn Dr. Wolffs Bemerkungen. Berliner klin. Wochenschr. Nr. 9, 1903.
42. H. Wolff, Erwiderung und Berichtigung. Berliner klin. Wochenschrift 1903.
43. W. Nikolaew, Das Photographieren des Augenhintergrundes der Tiere. Pflügers Archiv. 1903.
44. W. Thorner, Die Theorie des Augenspiegels und die Photographie des Augenhintergrundes. Berlin 1903.

45. H. Wolff, Über Mikroophthalmoskopie und über die Photographie des Augengrundes (Vorläufige Mitteilung). Ophthalmolog. Klinik 1903. Nr. 10.
46. F. Dimmer, Ein Apparat zur Photographie des Augenhintergrundes, intern. Ophthalmologenkongress in Luzern 1904.
47. H. Wolff, Neue Mitteilung über die Photographie des direkten umgekehrten Augengrundbildes. Ophthalmologische Klinik 1906, Nr. 15.
48. H. Wolff, Weiteres über die Photographie des direkten umgekehrten Augengrundbildes. Ophthalmologische Klinik 1906, Nr. 18.
49. Dimmer, Demonstration von Photogrammen des Augenhintergrundes. Versammlung der Heidelberger ophthalm. Gesellschaft 1906.

Beschreibung der Tafeln.

Tafel I und II enthalten Bilder anderer Autoren und Bilder, die von mir vor Vollendung des in diesem Buche beschriebenen Apparates hergestellt wurden, in chronologischer Reihenfolge.

Tafel III, IV und V sind Darstellungen des Apparates und des Stativs.

Tafel VI—XV sind Reproduktionen nach Augenhintergrundbildern die mit meinem in diesem Buche beschriebenen Apparat aufgenommen wurden.

Tafel I.

Fig. 1 stellt das von Gerloff aufgenommene Bild dar, reproduziert nach Zehender's klin. Monatsblätter. 1891. Siehe oben Seite 6.

Fig. 2 und 3 sind nach Guilloz's Bildern aus Archives d'ophthalmologie 1893 reproduziert.

Fig. 3 ist ein normaler Fundus, Fig. 4 ein Fall von Sclerochorioiditis post. Siehe oben Seite 8.

Fig. 4. Bild eines normalen Fundus von Thorner, reproduziert nach Thorner: Über die Photographie des Augenhintergrundes. Dissert. Berlin 1896. Siehe oben Seite 13.

Tafel II.

Fig. 1 und 2. Dimmer 1901. Siehe oben Seite 17 und Literaturverzeichnis 36. Kurze Zeitaufnahmen. Fig. 1: Atrophia nervi optici, Fig. 2: Retinitis albuminurica. Die meisten Bilder wurden wegen Unruhe der Augen unscharf. Im Falle von Fig. 1 bewahrte der Patient während der Aufnahme eine ganz besonders ruhige Haltung des Auges.

Fig. 3 und 4. Dimmer 1902. Siehe oben Seite 19 und Literaturverzeichnis 37. Momentaufnahmen. Fig. 3 Fundus eines 37jährigen Mannes, Fig. 4 Retinochorioiditis.

Fig. 5. Bild eines normalen Fundus, aufgenommen von Dr. W. Thorner, reproduziert aus Thorner: „Die Theorie des Augenspiegels und die Photographie des Augengrundes. Berlin 1903. Tafel II. Siehe oben Seite 23.

Fig. 6. Bild eines normalen Fundus aufgenommen von Hugo Wolff, reproduziert nach H. Wolff: „Weiteres über die Photographie des direkten umgekehrten Augengrundbildes. Ophthalmologische Klinik. 1906. Nr. 18. Siehe oben Seite 27.

Tafel III, IV und V.

Darstellungen meines Apparates. Die nähere Beschreibung findet sich oben auf Seite 103 u. 104.

Tafel VI—XV.

Die Bilder auf diesen Tafeln sind sämtlich Reproduktionen nach Momentaufnahmen, die mit meinem Apparate ausgeführt wurden. Auf Tafel VI—XIII sind die Photogramme in der Grösse der direkten Aufnahme (ca. 4malige Vergrösserung im Vergleich zum Naturobjekt) wiedergegeben; auf Tafel XIV und XV sind Vergrösserungen nach den direkten Aufnahmen dargestellt. Die Tafeln VI und VII zeigen den normalen Fundus und angeborene Anomalien, die Tafeln VIII und IX Sehnervenerkrankungen, die Tafeln X und XI Retinalerkrankungen und die Tafeln XII und XIII Chorioidealerkrankungen.

Die Auswahl dieser Bilder wurde derart getroffen, dass möglichst alle verschiedenen Funduserkrankungen vertreten sein sollten. Infolge dessen und da die Herstellung der Tafeln längere Zeit in Anspruch nahm, sind durchaus nicht nur die besten aller vorhandenen Bilder zur Reproduktion gekommen. Auch stammen viele Aufnahmen aus der Zeit, wo mir die grosse Einstelllupe noch nicht zur Verfügung stand, deren Gebrauch die grössten Vorteile bietet. Endlich waren mir nicht bei allen Aufnahmen bereits die oben beschriebenen Mittel zur Erzielung einer möglichst gleichmässigen Beleuchtung geläufig. Ich kann daher sagen, dass die Zahl der vollkommen gelungenen Bilder jetzt eine viel grössere ist als es nach diesen Tafeln den Anschein hat.

Tafel VI.

Fig. 1. Normaler Fundus eines 18jährigen Mädchens; deutliche Netzhautreflexe, Rand der Fovea und Grund der Fovea sichtbar; Emmetropie.

Fig. 2. Normaler ziemlich dunkel pigmentierter Fundus eines 36jährigen Mannes; Emmetropie.

Fig. 3. Albinotischer Fundus eines 10jährigen Knaben; hochgradige Hypermetropie infolge Luxation der Linse in den Glaskörper.

Fig. 4. Normaler Fundus, lateraler Teil, 27jähriger Mann; im rechtsseitigen Randteile des Bildes (vom Beobachter aus) ist der laterale Rand der Fovea zu sehen; E.

Fig. 5. Normaler Fundus, oberer Teil, 27jähriger Mann; E.
Fig. 6. Normaler Fundus, unterer Teil, 27jähriger Mann; E.

Tafel VII.

Fig. 1. Markhaltige Nervenfasern, normaler Fovealreflex; 25jähriger Mann; E.

Fig. 2. Markhaltige Nervenfasern im medialen Teil des Fundus, phys. Exkavation; 46jähriger Mann; E.

Fig. 3. Conus nach innen unten, Defekt im Pigmentepithel nach unten; phys. Exkavation; 21jähriger Mann; M = 1,5 D.

Fig. 4. Coloboma chorioideae in regione Maculae luteae, ringförmiger Conus; sichtbare Chorioidealgefässe; 64jährige Frau; M = 10 D (die Patientin hatte auch Linsentrübungen und war sehr unruhig. Die Aufnahme wurde noch ohne die Einstelllupe gemacht, die das ganze Bild zugleich zeigt).

Fig. 5. Conus nach aussen, cilioretinales Gefäss; 51jähriger Mann; H = 1,0 D.

Fig. 6. Angeboren schrägovale, verschwommene Papille, Defekt im Pigmentepithel nach innen unten; 14jähriger Knabe; myopischer Astigmatismus, im horizontalen Meridian 5, im vertikalen Meridian 7 D.

Tafel VIII.

Fig. 1. Leichte Papillitis bei retrobulbärer Neuritis; 26jähriger Mann; E.

Fig. 2. Stauungspapille bei Hirntumor; Einstellung auf die Papille; 22-jähriger Mann.

Fig. 3. Papillitis mässigen Grades; Refraktionsdifferenz ca. 2 D. 32jähriger Mann.

Fig. 4. Papillitis; derselbe Fall nach Tuberkulineinspritzung; bedeutende Zunahme der Schwellung; Hämorrhagien sind am Papillenrand aufgetreten (die doppelseitige Papillitis war in diesem Falle, wie die Obduktion zeigte, nicht durch eine tuberkulöse Erkrankung, sondern durch ein Sarkom des Gehirnes bedingt).

Fig. 5. Papillitis mit beginnender Atrophie; Hypermetropie = 2 D; Refraktionsdifferenz = 3 D; Einstellung auf die Papille.

Fig. 6. Atrophia nervi optici nach Papillitis; 41jährige Frau; beiderseitige Amaurose; die Erkrankung war wahrscheinlich durch einen Hypophysentumor bedingt.

Tafel IX.

Fig. 1. Atrophia nervi optici, genuine Form; 36jähriger Mann; E.

Fig. 2. Atrophia nervi optici, genuine Form, Conus; 58jähriger Mann; E.

Fig. 3. Distraktionssichel, phys. Exkavation; 15jähriger Knabe; M = 1,5 D.

Fig. 4. Distraktionssichel nach aussen, Chorioiditis centralis, sichtbare Chorioidealgefässe; 29jähriges Mädchen; M = 18 D.

Fig. 5. Glaukomatöse Exkavation; 32jähriger Mann.

Fig. 6. Glaukomatöse Exkavation; 46jährige Frau.

Tafel X.

Fig. 1. Totale Embolie (oder Thrombose) der Zentralarterie; 42-jährige Frau; Emmetropie; Amaurose.

Fig. 2. Atrophia nervi optici et retinae nach totaler Embolie oder Thrombose der Zentralarterie; derselbe Fall wie Fig. 1 5 Wochen nach der Erblindung.

Fig. 3. Atrophia nervi optici et retinae (Embolie oder Thrombose der Zentralarterie?); 32jähriger Mann; E.

Fig. 4. Embolie (oder Thrombose) eines Astes der Zentralarterie; 70jähriger Mann; E.

Fig. 5. Retinitis haemorrhagica; 62jähriger Mann; E.

Fig. 6. Thrombose der Zentralvene; 76jähriger Mann; E.

Tafel XI.

Fig. 1. Retinitis albuminurica; 23jähriges Mädchen; E.

Fig. 2. Retinitis albuminurica; 17jähriges Mädchen; E.

Fig. 3. Retinalveränderungen bei Arteriosklerose; 46jährige Frau; E.

Fig. 4. Retinitis circinata; 65jährige Frau; E.

Fig. 5. Retinitis pigmentosa; 51jährige Frau; E.

Fig. 6. Ablatio retinae; 33jähriger Mann; spontane Ablösung bei E; Einstellung auf die Papille.

Tafel XII.

Fig. 1. Traumatische Makulaveränderung; 32jähriger Mann; Steinwurf auf das Auge; lateral von der Mitte der Fovea war später ein verticaler Riss im Pigmentepithel sichtbar, der ebenfalls photographisch abgebildet wurde.

Fig. 2. Chorioiditis disseminata, Conus nach unten.

Fig. 3. Chorioiditis disseminata; 31jährige Frau.

Fig. 4. Retinochorioiditis; 33jährige Frau; E.

Fig. 5. Retinochorioiditis specifica; 55jähriger Mann; E.

Fig. 6. Retinochorioiditis; 56jähriger Mann.

Tafel XIII.

Fig. 1. Retinochorioiditis sympathica, unterer Teil des Fundus; 22jähriges Mädchen; sympathische Iridokyklitis und Chorioiditis, die nach der Enukleation des anderen, durch einen Revolverschuss in die Orbita verletzten Auges aufgetreten war.

Fig. 2. Retinochorioiditis peripherica; Lues?; oberer Teil des Fundus; 20jähriges Mädchen.

Fig. 3. Circumpapillare Chorioidealatrophie, centrale Chorioiditis; sichtbare Chorioidealgefässe; 62jähriger Mann; M = 15 D.

Fig. 4. Circumpapillare Chorioidealatrophie; Chorioiditis centralis; sichtbare Chorioidealgefässe; 18jähriger Mann; M = 18 D.

Fig. 5. Circumpapillare Chorioidealatrophie; Chorioiditis centralis; sichtbare Chorioidealgefässe; 25jähriges Mädchen; M über 20 D.

Fig. 6. Atrophie der Chorioidea um die Papille nach Trauma (Obliteration hinterer Ciliararterien?); 21jähriger Mann; Schlag auf das Auge; Subluxatio lentis

Tafel XIV.

Fig. 1. Normaler Fundus; 13jähriges Mädchen; heller Fundus; starke Lichtreflexion an der inneren Netzhautoberfläche, die in der Fovea mangelt; E.

Fig. 2. Retinochorioiditis; 24jähriger Mann; M = 1,5 D.

Tafel XV.

Fig. 1. Drusen des Pigmentepithels; 80jährige Frau; E.

Fig. 2. Circumpapillare Chorioidealatrophie; Chorioiditis centralis; sichtbare Chorioidealgefässe; 53jährige Frau; M = 9 D.

Die Tafeln wurden von der Kunstanstalt für Lichtdruck J. B. Obernetter in München ausgeführt und zwar Tafel I, II und VI—XIII in Crayondruck, Tafel XIV und XV in Heliogravure.

In den wissenschaftlichen Abteilungen der photographischen Ausstellungen in Graz 1902 und Berlin 1906 waren zahlreiche Bilder sowie auch Bilder des Apparates ausgestellt; auf der erstgenannten Ausstellung erhielt ich die goldene Medaille.

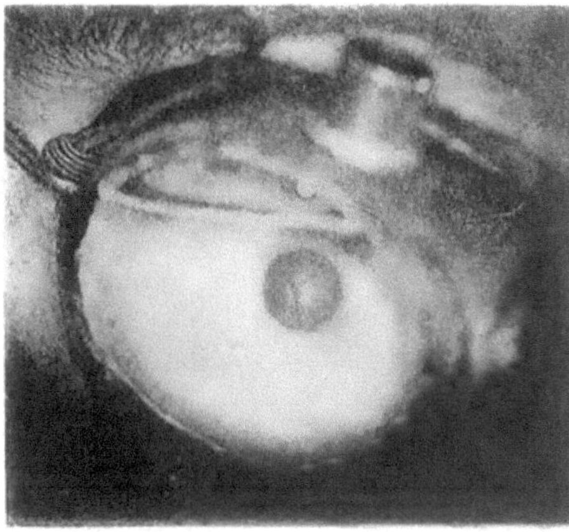

1

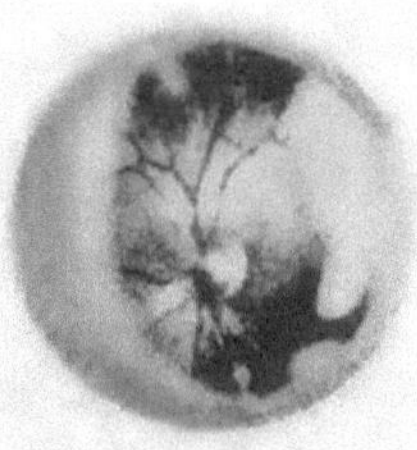

2

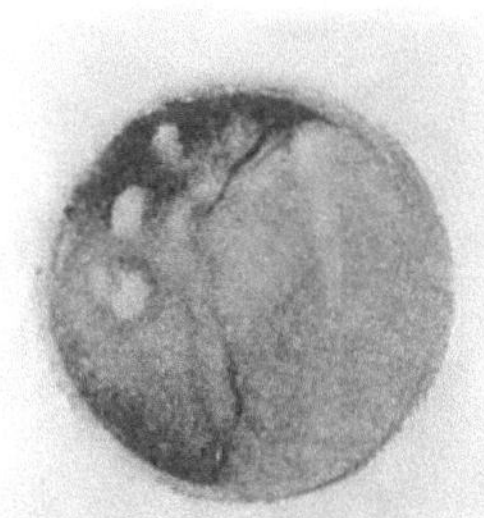

3

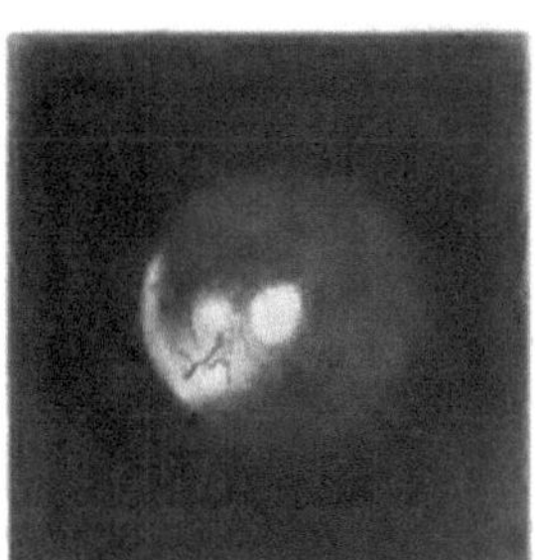

4

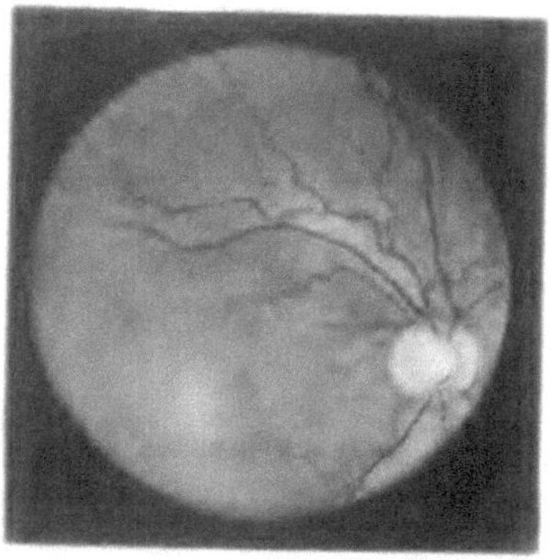

1

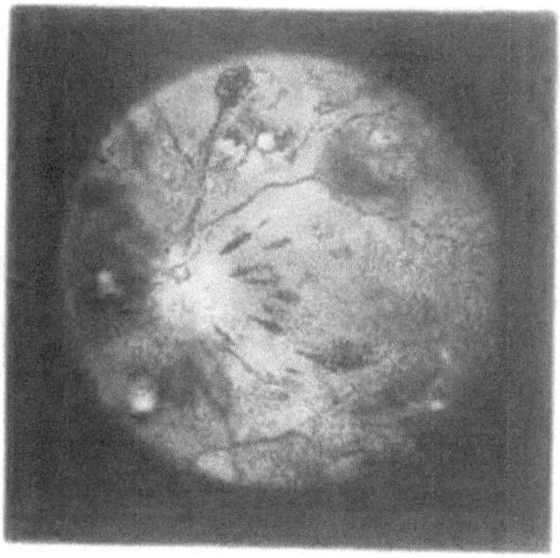

2

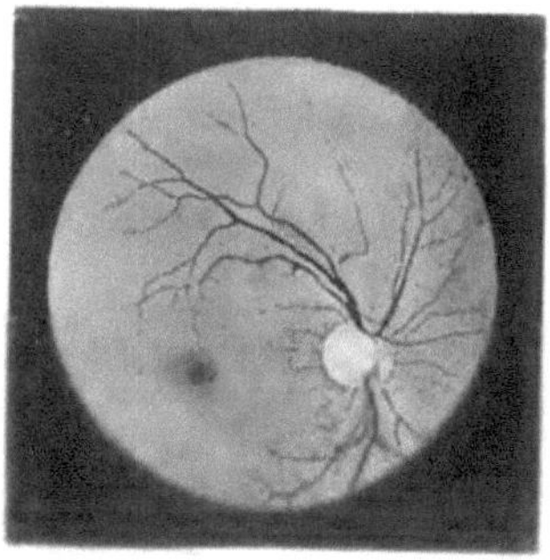

3

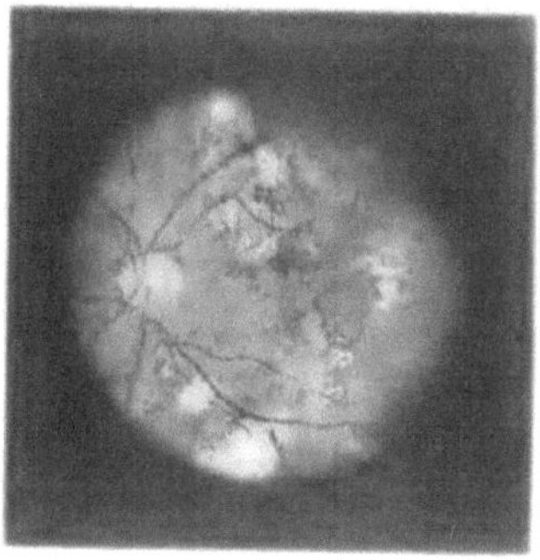

4

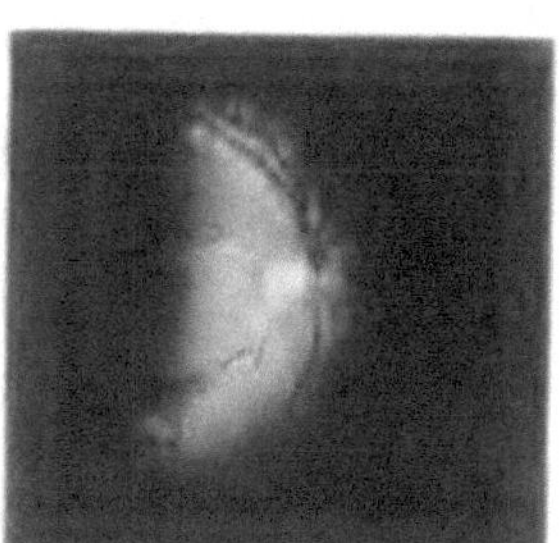

5

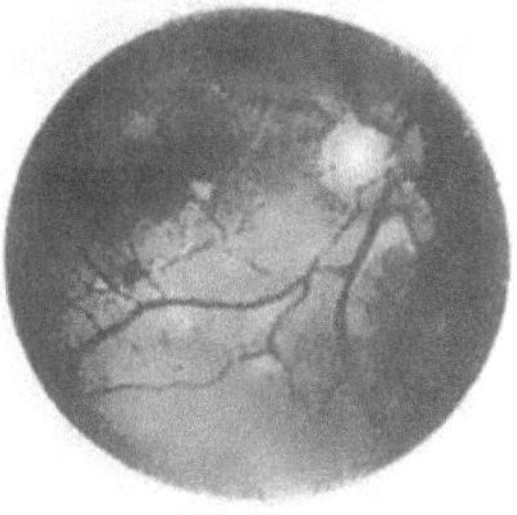

6

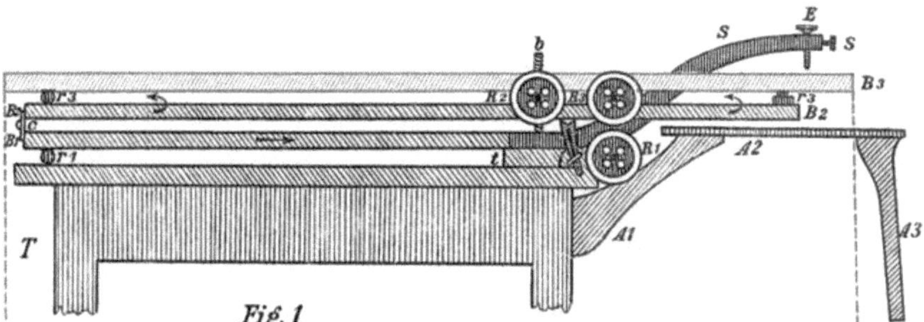

Fig. 1

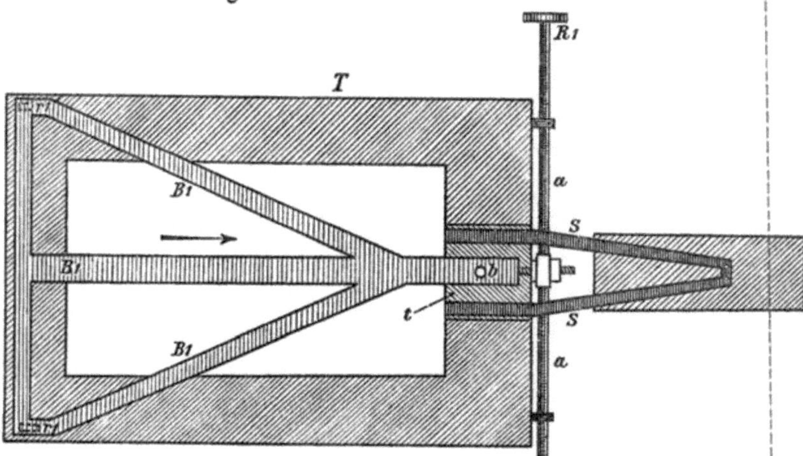

Fig. 2

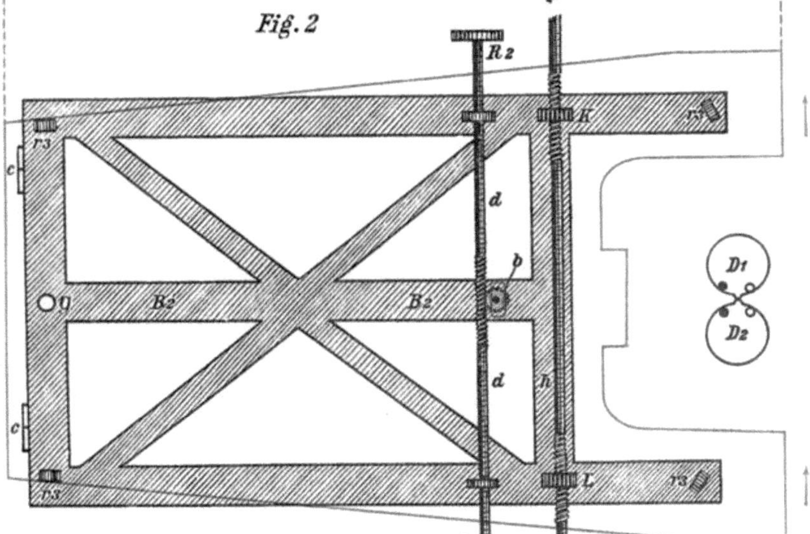

Fig. 3

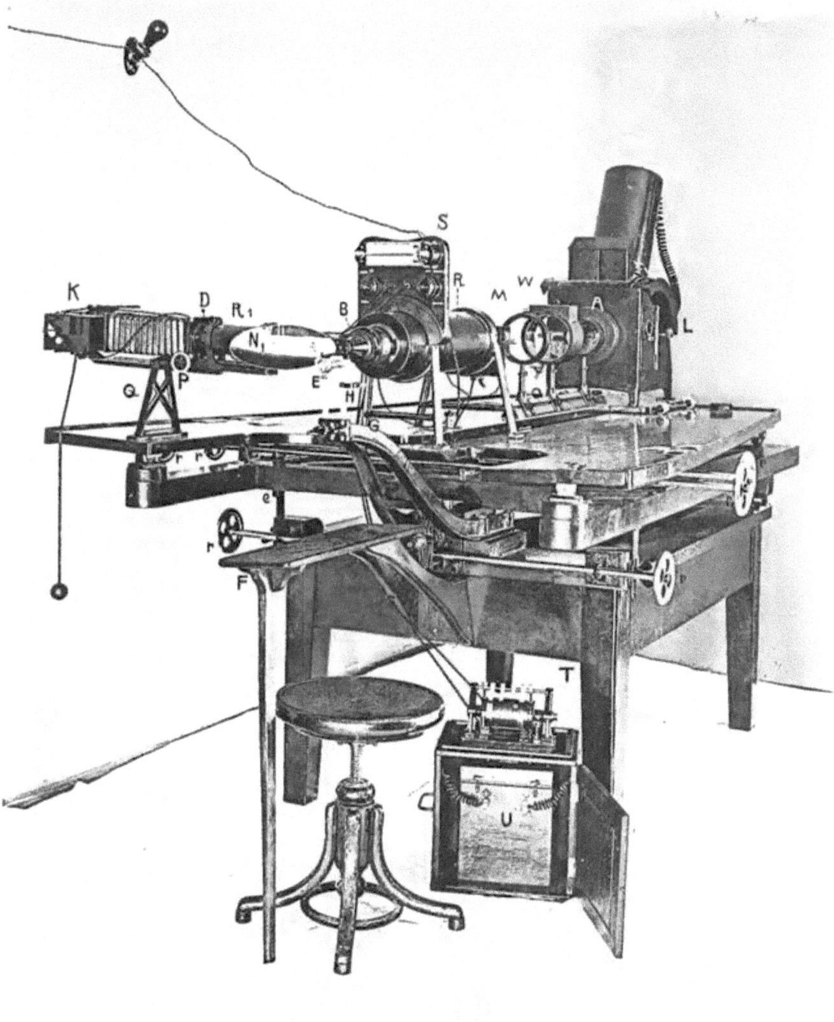
S
K
D
R1
B
R
M
W
A
L
N1
E
H
G
Q
P
F
T
U

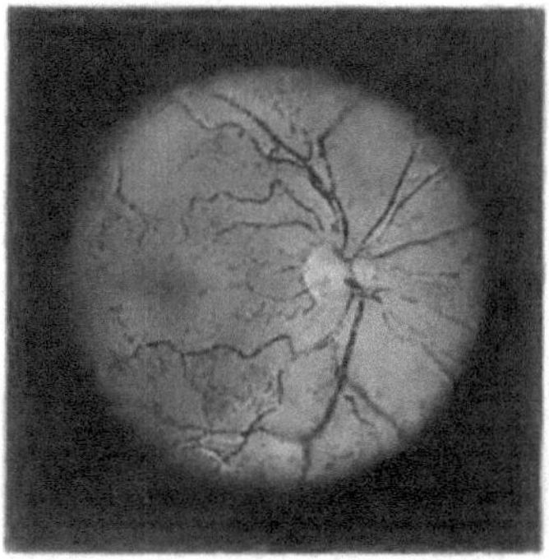

1

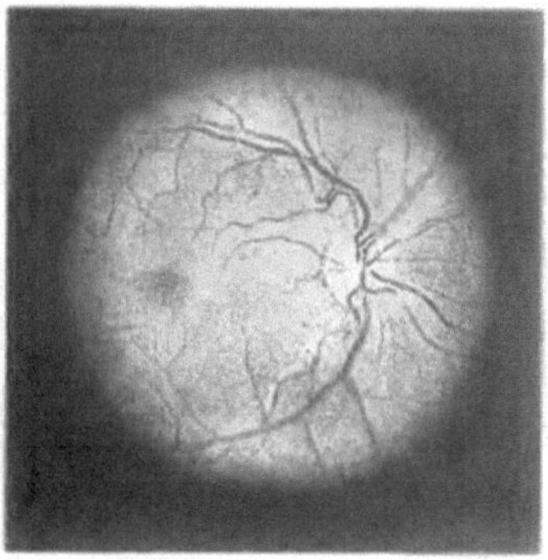

2

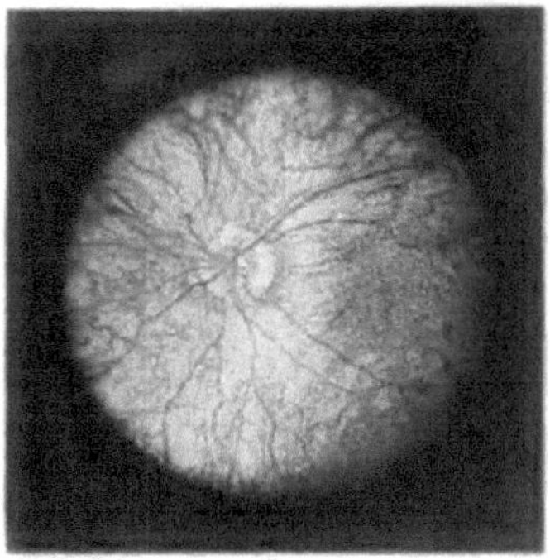

3

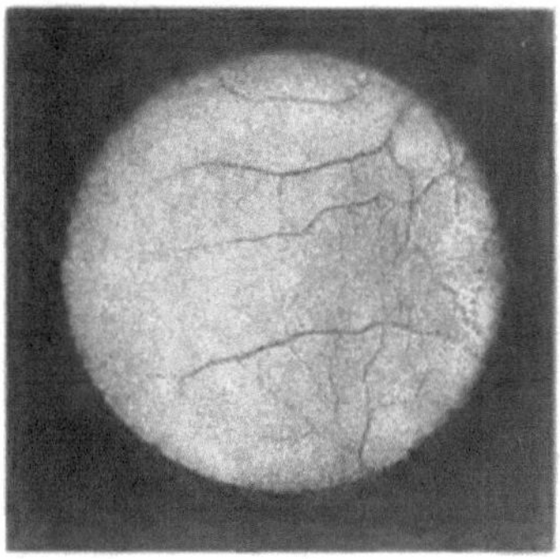

4

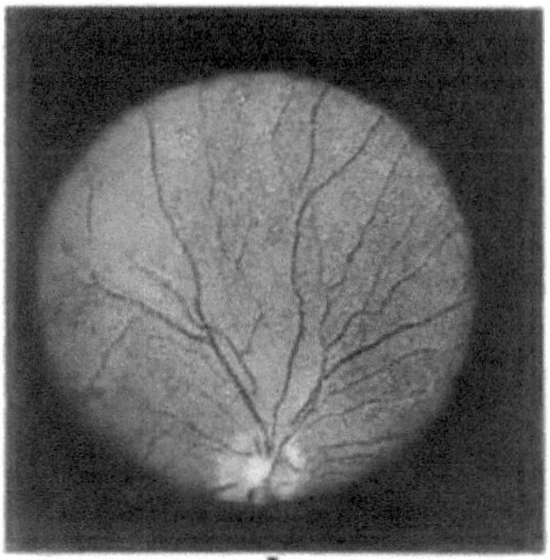

5

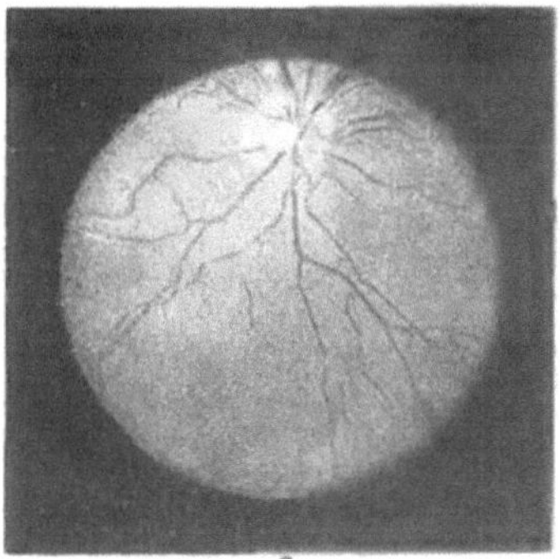

6

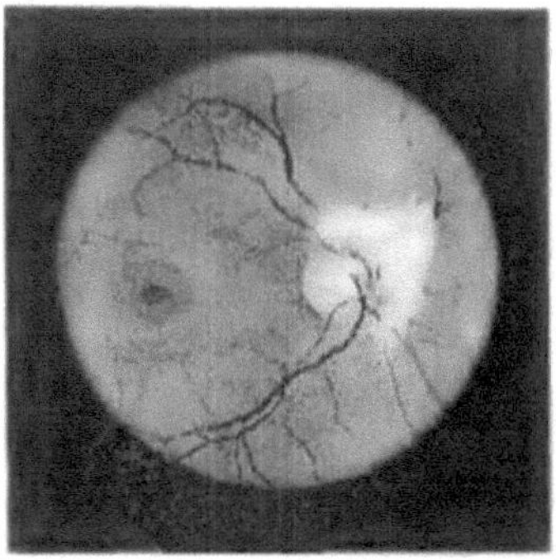

1

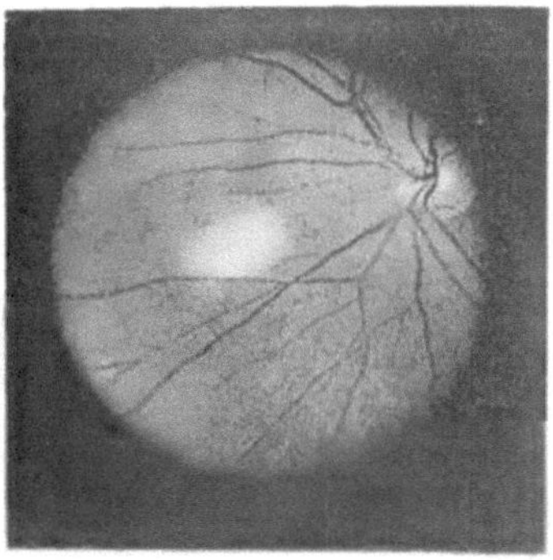

2

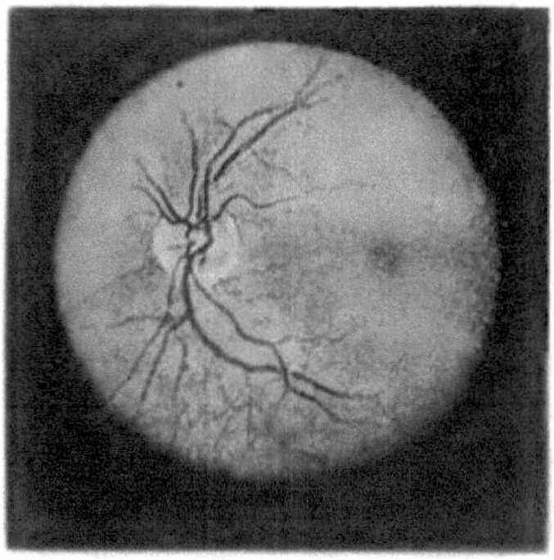

3

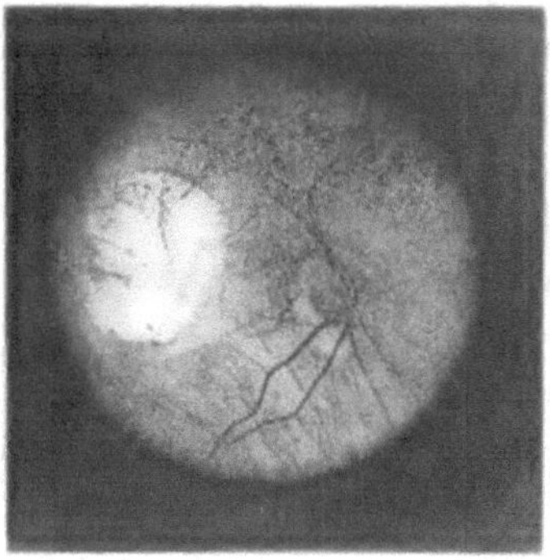

4

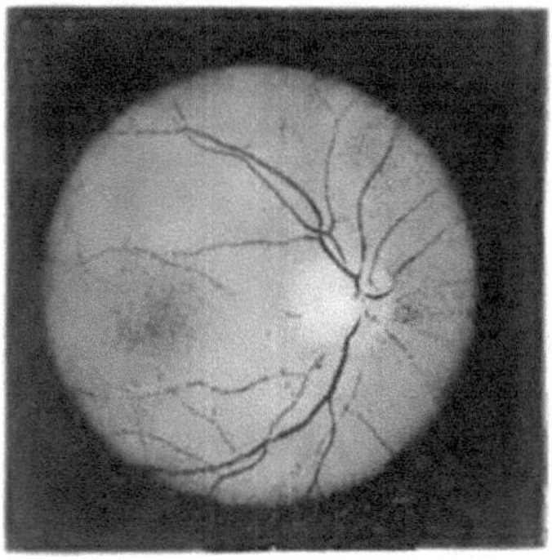

5

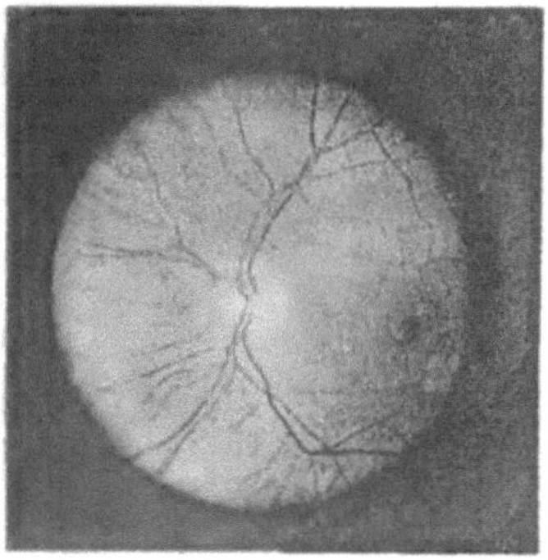

6

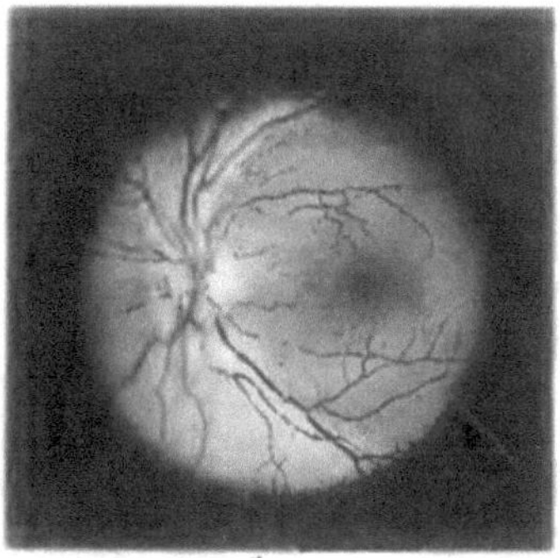

1

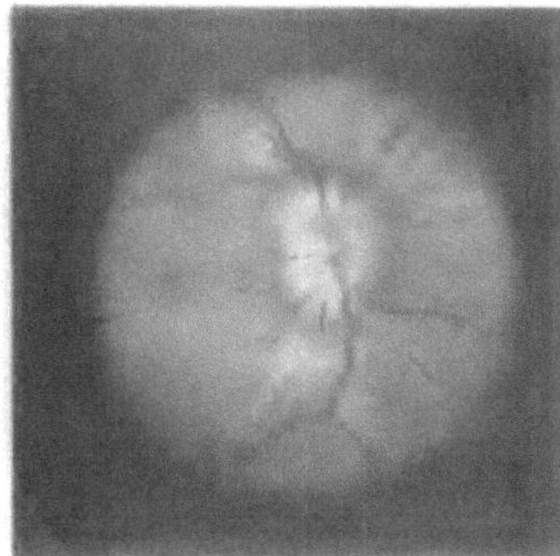

2

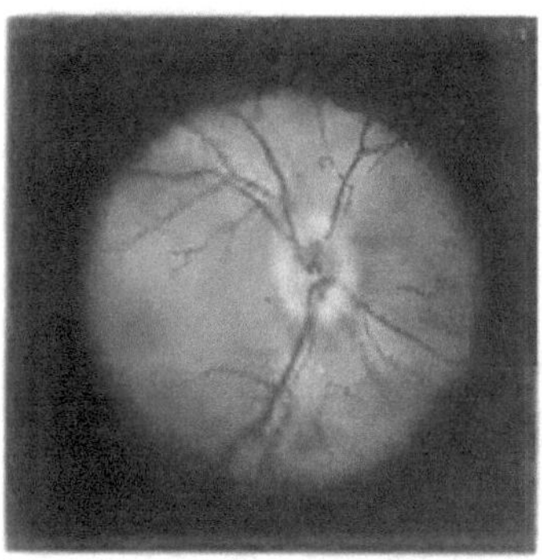

3

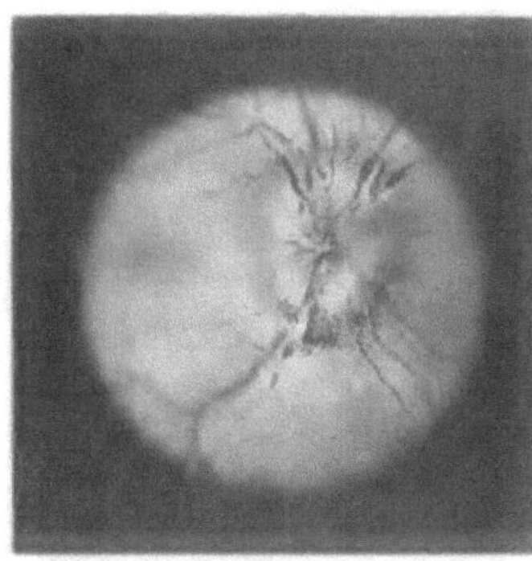

4

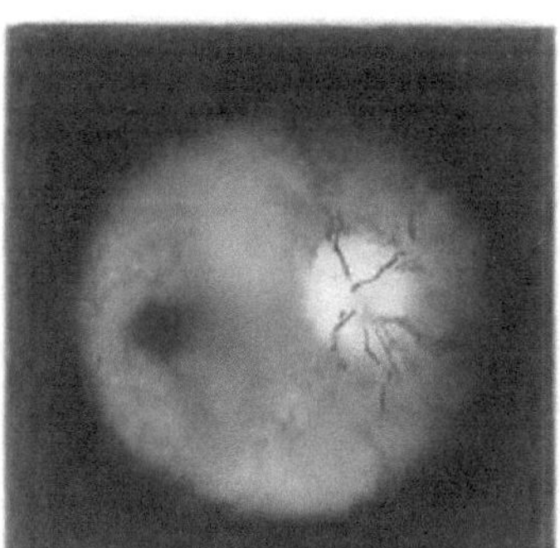

5

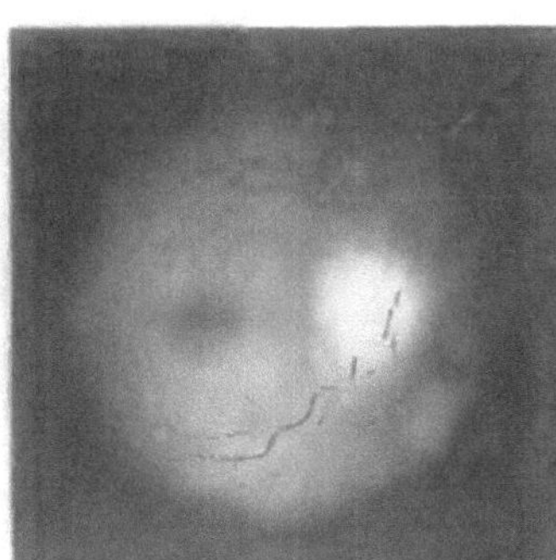

6

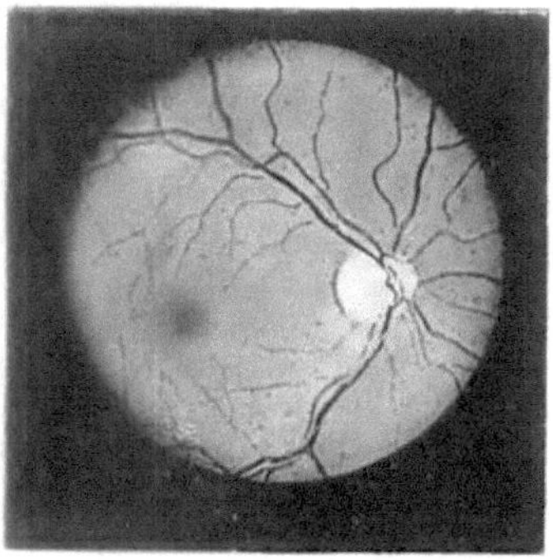

1

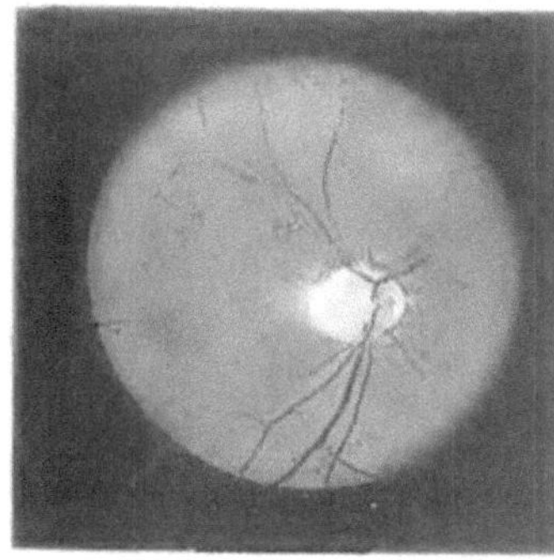

2

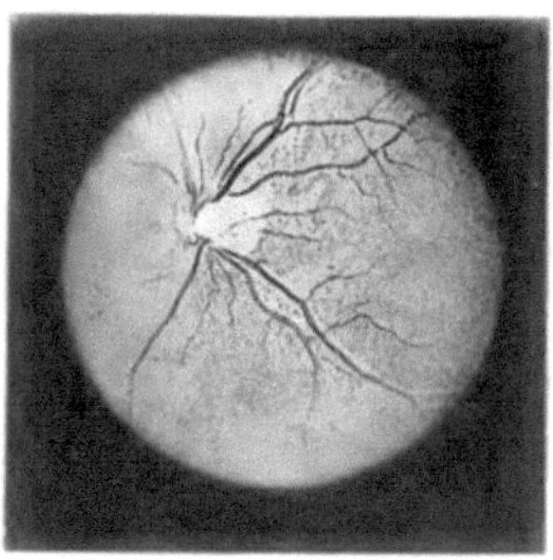

3

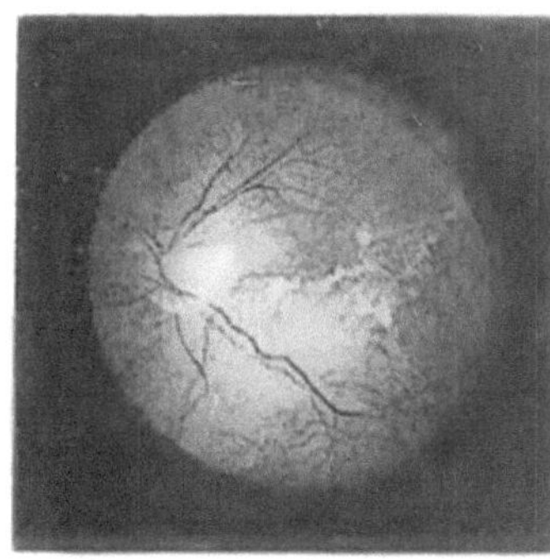

4

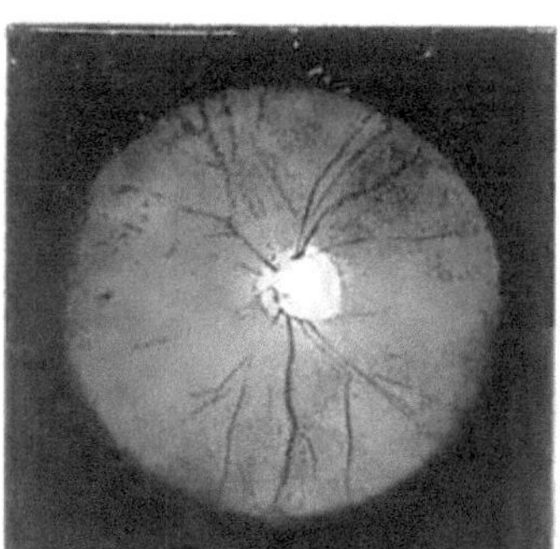

5

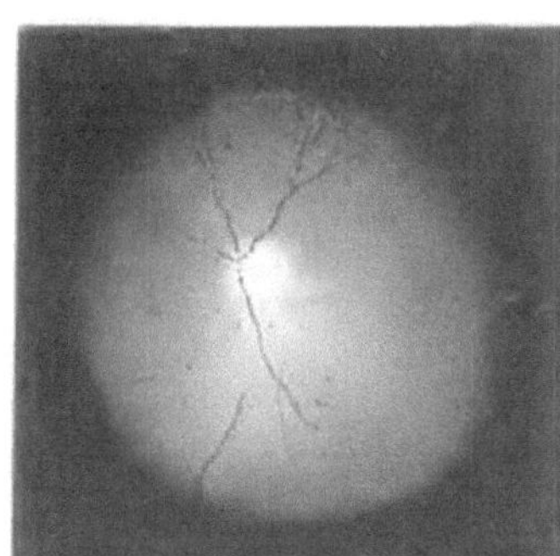

6

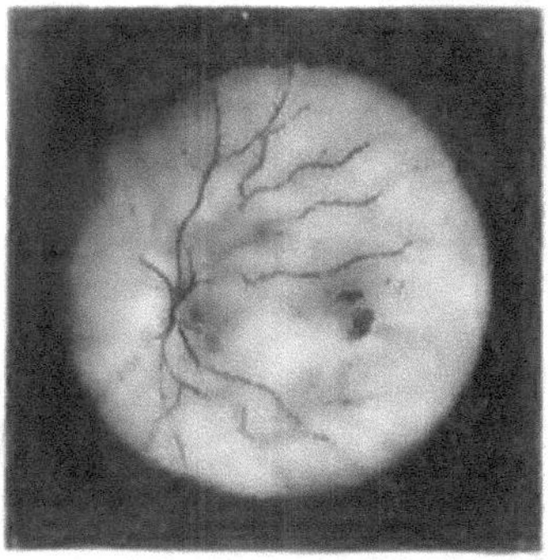

1

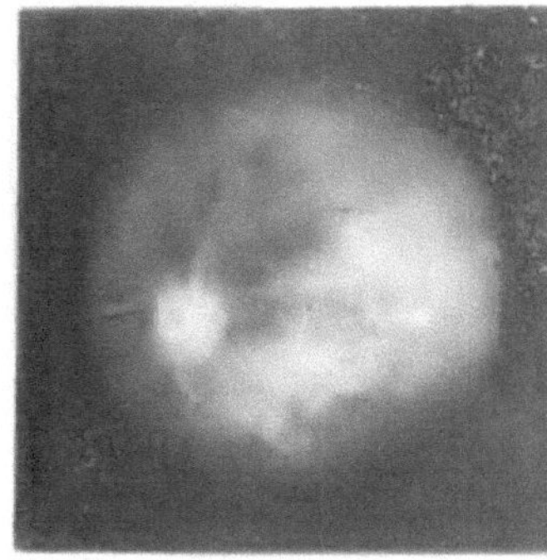

2

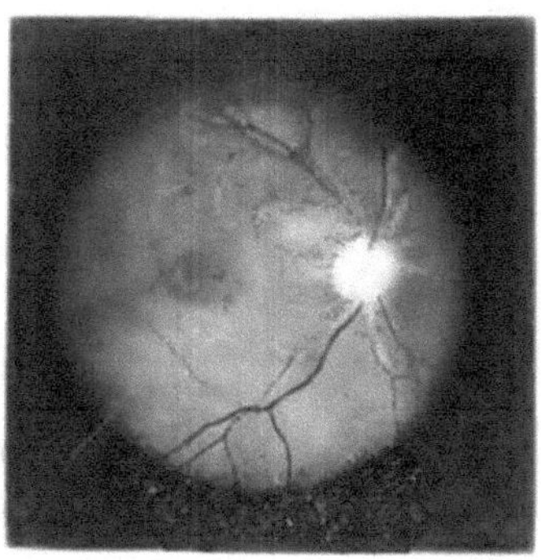

3

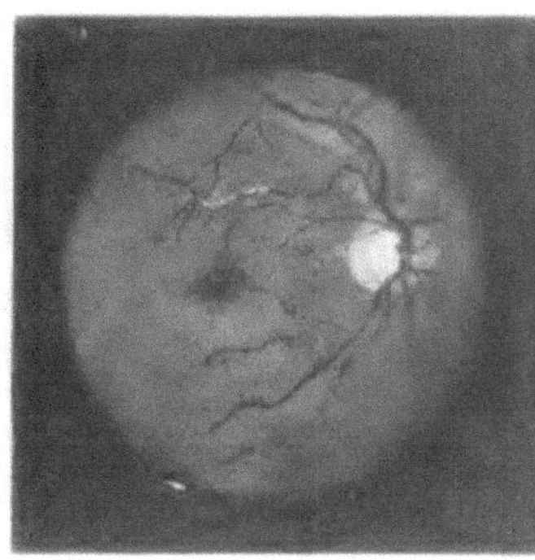

4

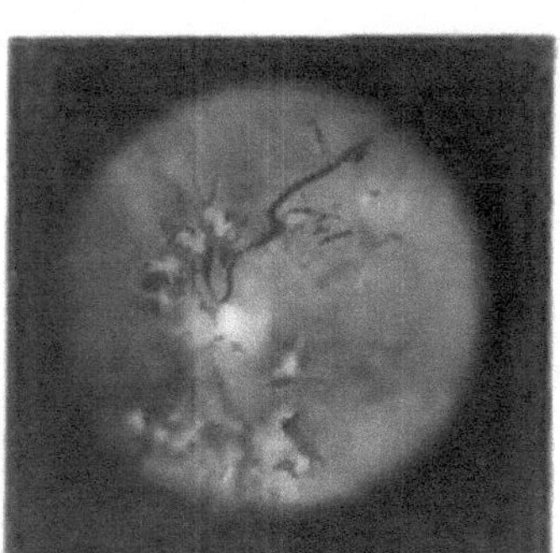

5

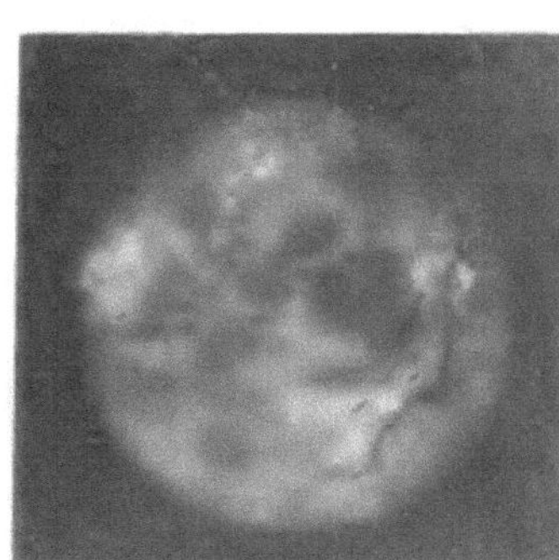

6

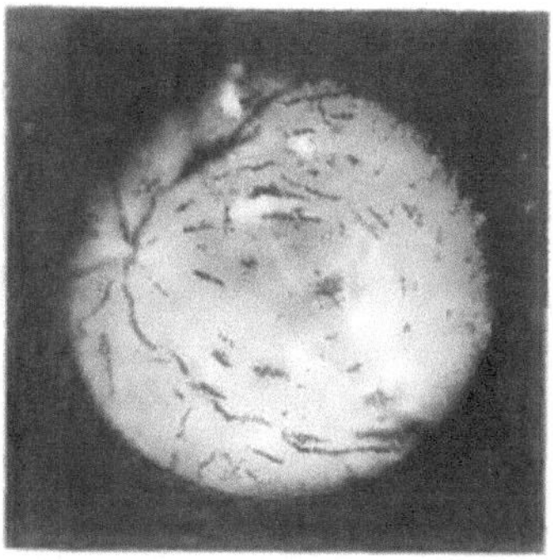

1

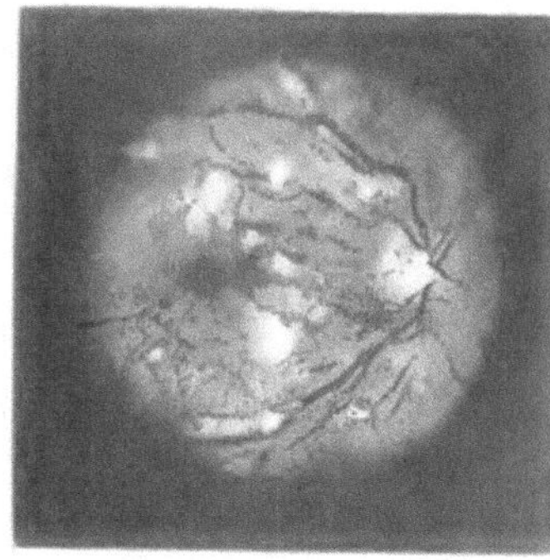

2

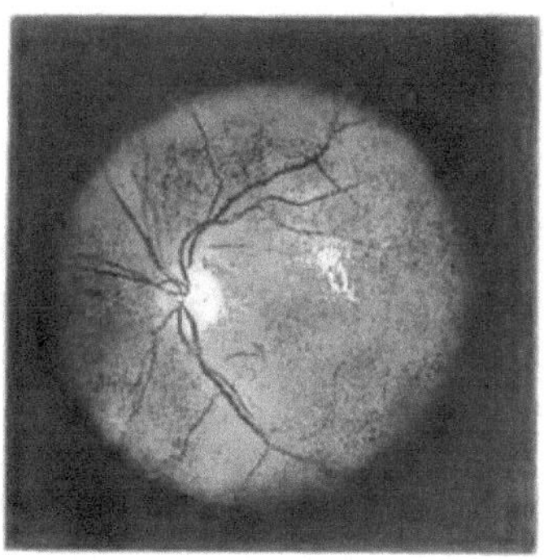

3

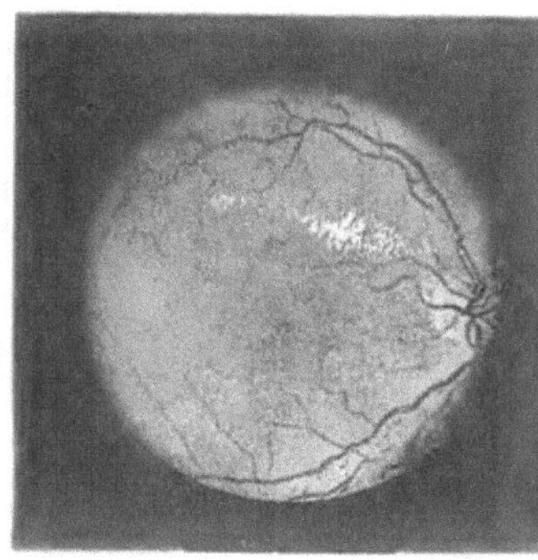

4

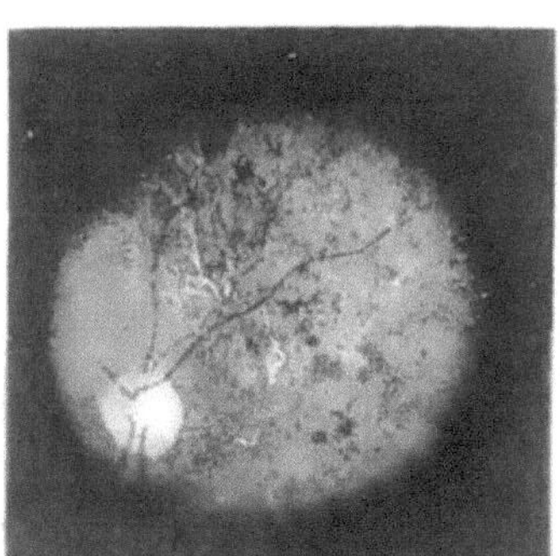

5

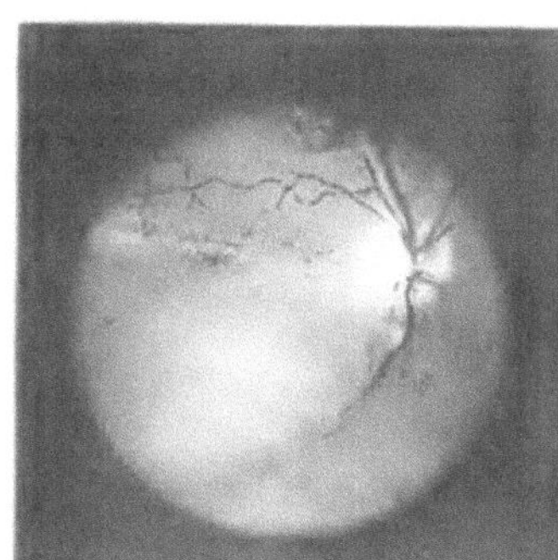

6

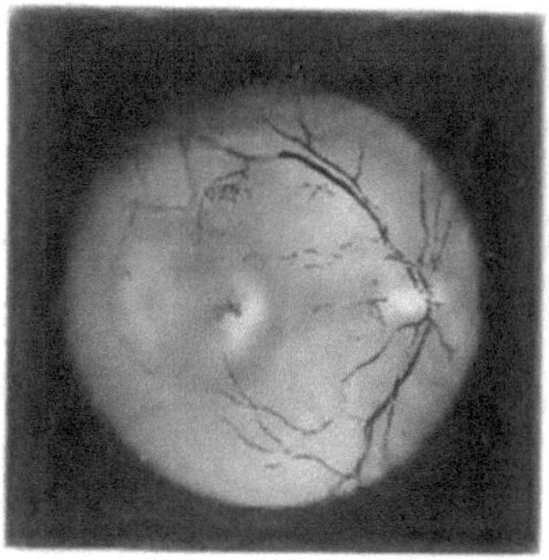

1

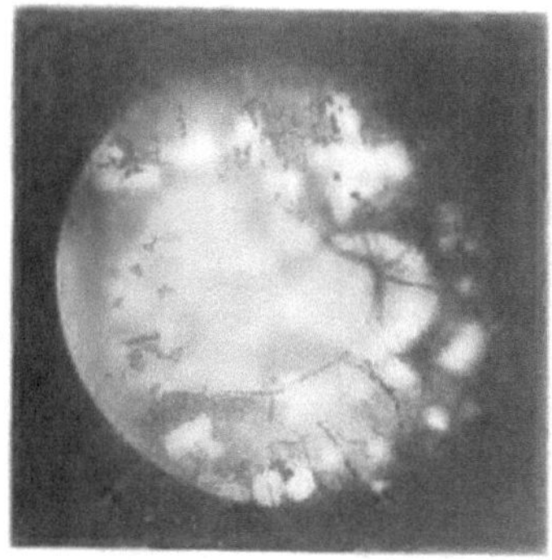

2

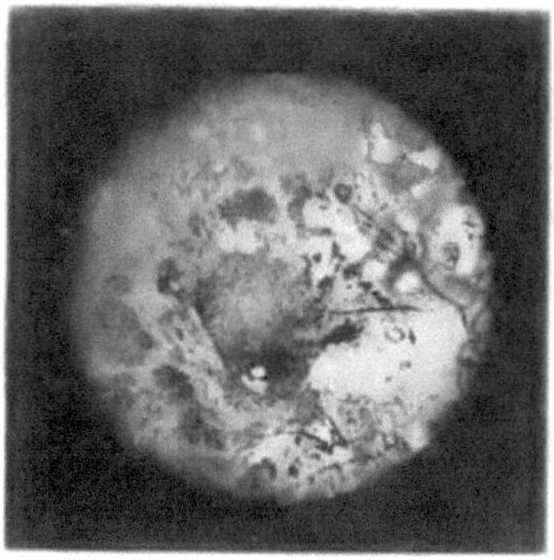

3

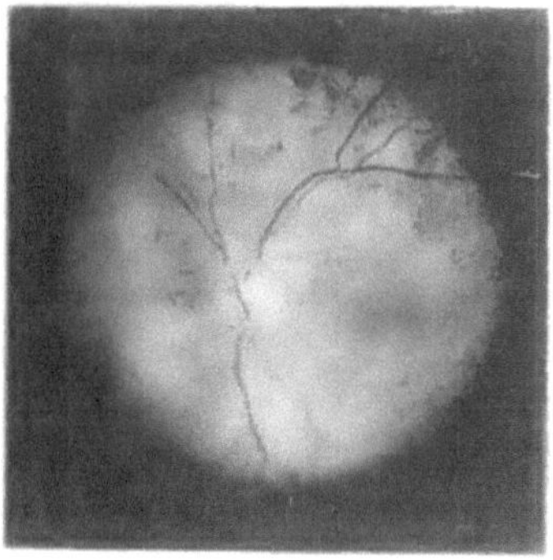

4

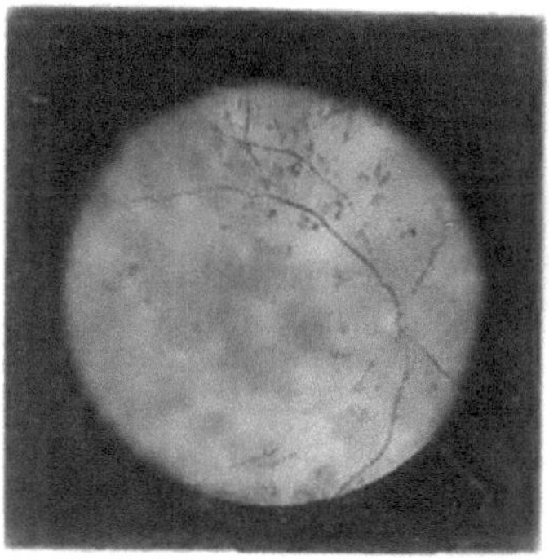

5

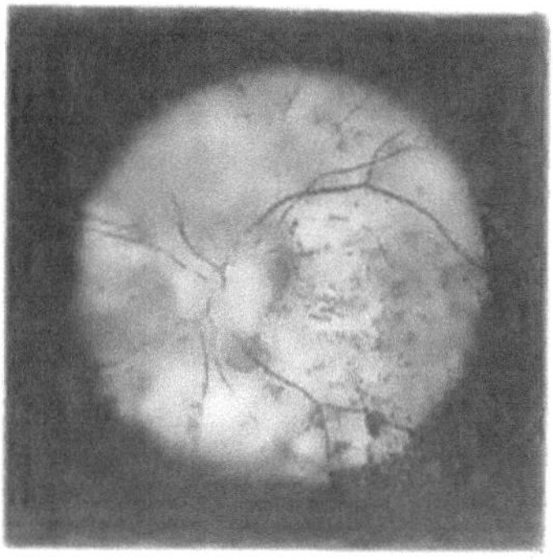

6

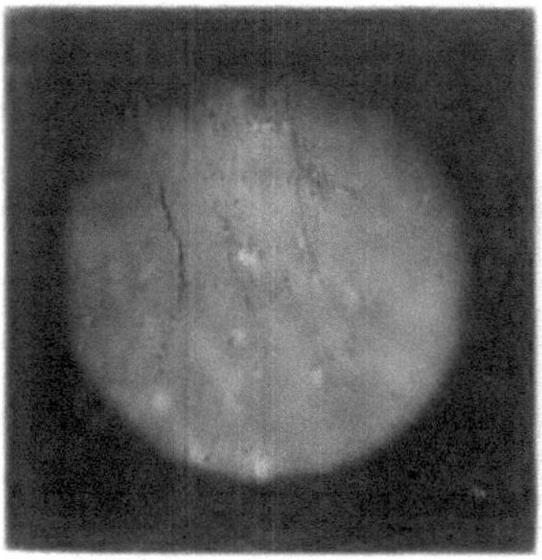

1

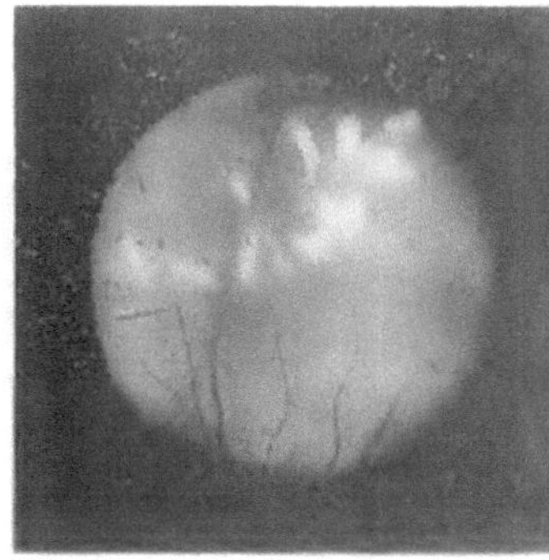

2

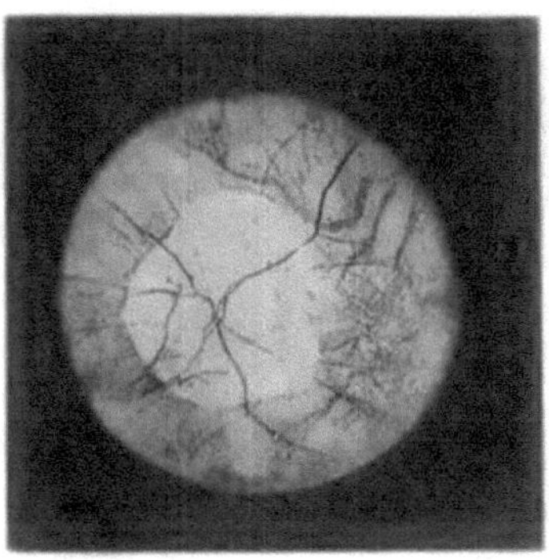

3

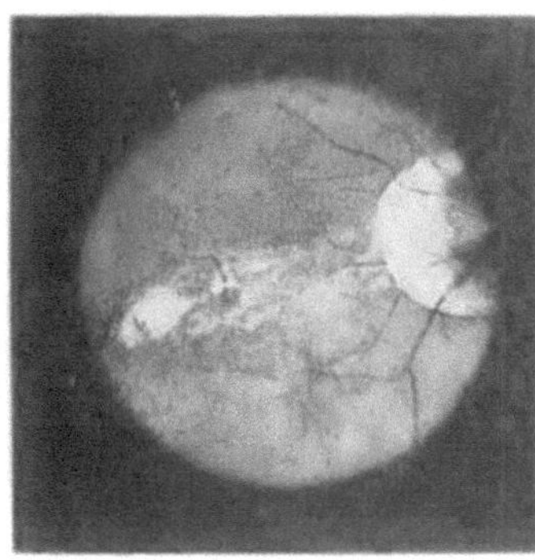

4

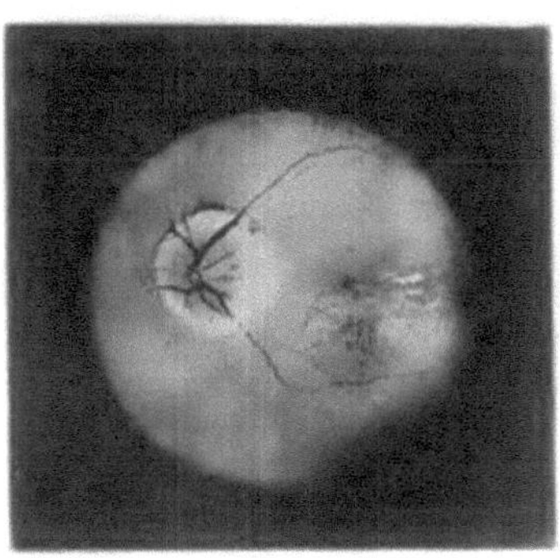

5

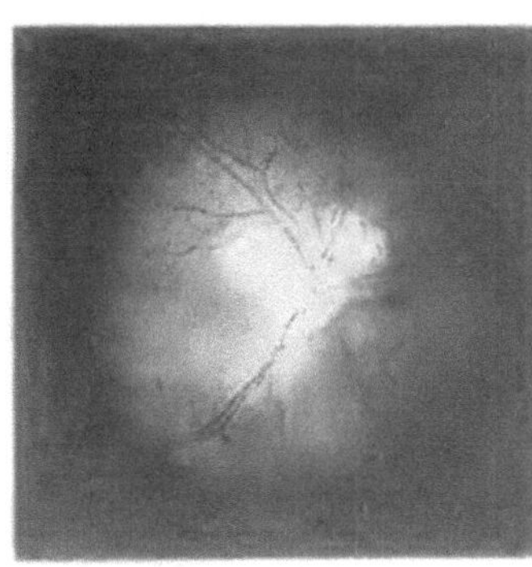

6

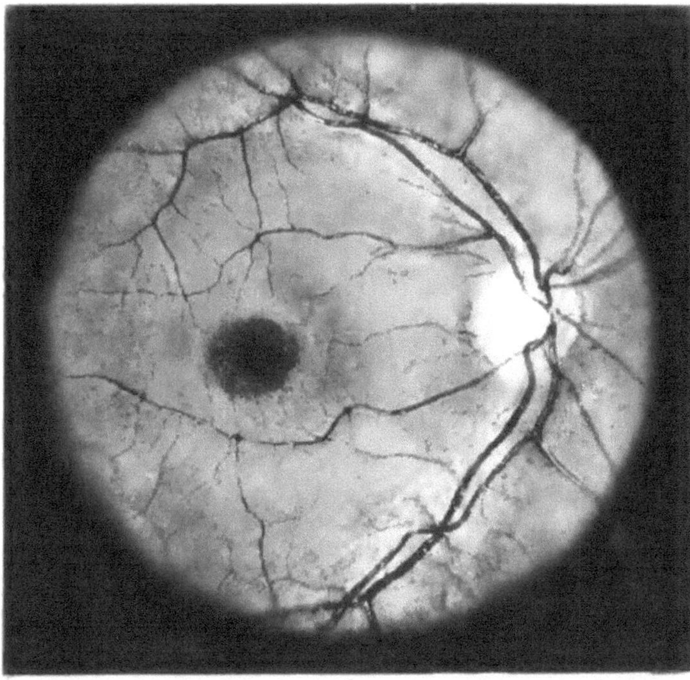

1

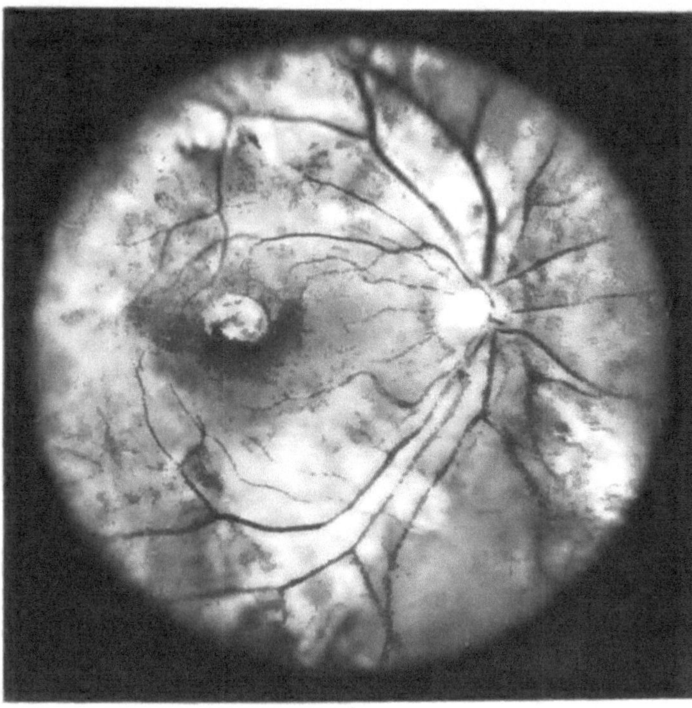

2

HELIOGRAVURE OBERNETTER MÜNCHEN.

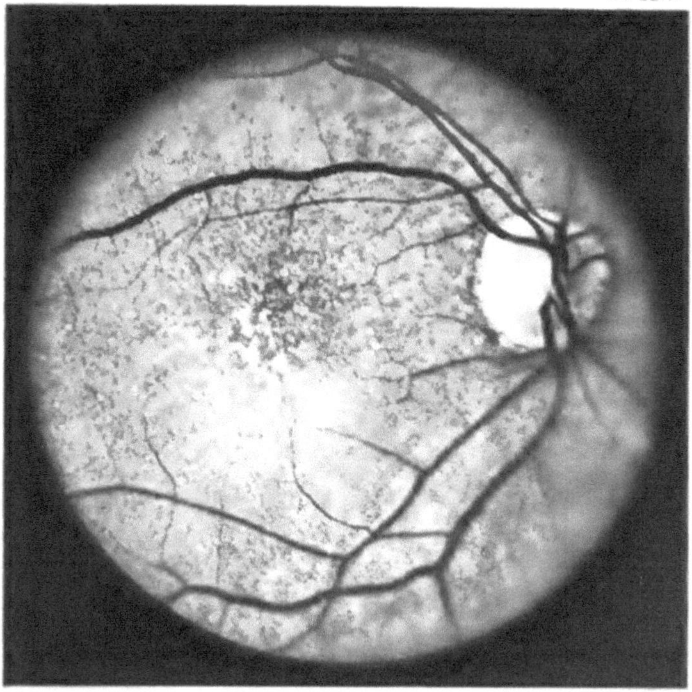

1

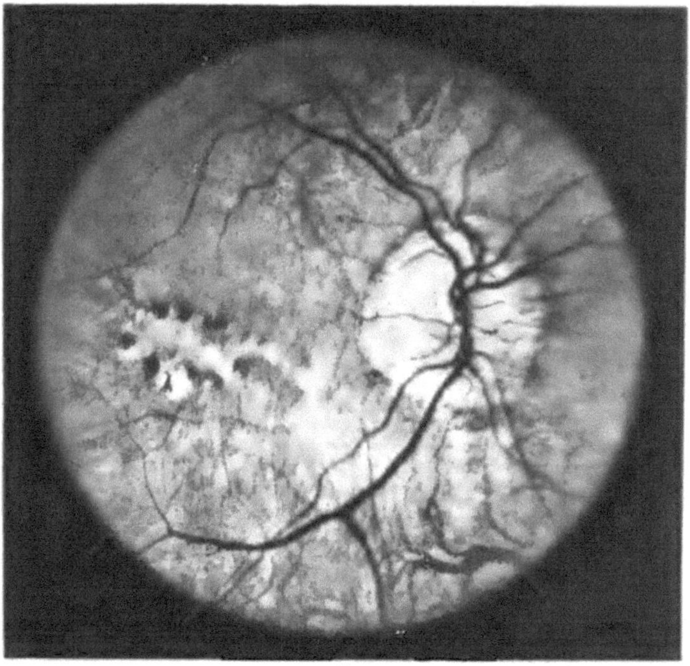

2

HELIOGRAVURE OBERNETTER MÜNCHEN

Die Photographie
des
Augenhintergrundes.

Von

Dr. **Friedrich Dimmer,**
o. ö. Professor der Augenheilkunde und Vorstand der k. k. Universitäts-Augenklinik
in Graz.

Mit 53 Figuren im Text und 15 Tafeln.

Wiesbaden.
Verlag von J. F. Bergmann.
1907.

Druck der Kgl. Universitätsdruckerei von H. Stürtz, Würzburg.